Peter Sauerbier

# Liquiditätsspreads im Gleichgewicht auf illiquiden Anleihemärkten

GABLER EDITION WISSENSCHAFT

Peter Sauerbier

# Liquiditätsspreads im Gleichgewicht auf illiquiden Anleihemärkten

Mit einem Geleitwort von Prof. Dr. Dr. h. c. Wolfgang Bühler

Deutscher Universitäts-Verlag

Bibliografische Information Der Deutschen Nationalbibliothek
Die Deutsche Nationalbibliothek verzeichnet diese Publikation in der Deutschen Nationalbibliografie; detaillierte bibliografische Daten sind im Internet über <http://dnb.d-nb.de> abrufbar.

Dissertation Universität Mannheim, 2006

1. Auflage Dezember 2006



Lektorat: Brigitte Siegel / Stefanie Brich

Der Deutsche Universitäts-Verlag ist ein Unternehmen von Springer Science+Business Media.
www.duv.de



Umschlaggestaltung: Regine Zimmer, Dipl.-Designerin, Frankfurt/Main
Druck und Buchbinder: Rosch-Buch, Scheßlitz
Gedruckt auf säurefreiem und chlorfrei gebleichtem Papier
Printed in Germany

ISBN 978-3-8350-0637-9

# Geleitwort

Investoren in Finanzmärkten sehen sich grundsätzlich drei großen Gruppen von Risiken ausgesetzt: Marktpreis-, Kredit- und Liquiditätsrisiken. Seit etwas dreißig Jahren werden Marktpreisrisiken, seit etwa zehn Jahren Kreditrisiken in methodisch anspruchsvoller Weise behandelt und in Systeme des Risikomanagements integriert. Eine vergleichbare Entwicklung hat für Liquiditätsrisiken, wie sie in der vorliegenden Dissertationsschrift verstanden werden, noch nicht stattgefunden.

Unter praktischen Gesichtspunkten sind zwei Charakterisierungen von Liquiditätsrisiken von Bedeutung. Die erste betrifft die Möglichkeit, dass ein Investor seinen Zahlungsverpflichtungen nicht nachkommt. Bei dieser in jüngster Zeit wieder in den Vordergrund tretenden Risikokategorie dominieren Aspekte der Cash-Flow-Analyse, des Kontrahentenrisikos in Form eines Settlementrisikos sowie Fragen der Gestaltung von Abwicklungssystemen für OTC-Transaktionen. Die zweite, marktorientierte Sichtweise thematisiert das Risiko, dass der Kauf oder Verkauf eines Finanztitels nicht oder nur unter adversen Preiseffekten möglich ist. Trotz der großen Bedeutung dieser Form des Liquiditätsrisikos wird es in den gängigen Systemen zum Management von Preisrisiken in der Regel nur implizit erfasst. So kann die aufsichtsrechtlich vorgegebene Frist von zehn Banktagen für die Bestimmung des Value-at-Risk in der Weise interpretiert werden, dass eine Teilliquidation einer Position zur Reduktion der Eigenkapitalbelastung innerhalb dieser Frist ohne nachteiligen Preiseinfluss möglich ist.

Die quantitative Erfassung, Steuerung und Kontrolle von handelsbedingten Preiskonsequenzen ist aus zwei wesentlichen Gründen außerordentlich schwierig:

- Die Liquidität eines Finanzinstruments umfasst mindestens drei Dimensionen: Die Zeit (ist ein Titel jederzeit handelbar), das Handelsvolumen und den zugehörigen Preiseinfluss.

- Die Erfassung von Liquiditätseffekten im Preis kann nicht mit dem in der neoklassischen Theorie vorherrschenden Modell eines repräsentativen Investors erfolgen. Dieser hält im Gleichgewicht alle Finanztitel, ein Handel findet zwischen den Marktteilnehmern nicht statt und kann somit die gleichgewichtigen Marktpreise auch nicht erklären. Damit erfordert die Modellierung von Liquiditätsrisiken die Berücksichtigung von Handelsmotiven heterogener Investoren und möglicherweise von Marktfriktionen. Als Konsequenz ist die für die neoklassische Charakterisierung von Gleichgewichten zentrale Aggregationseigenschaft nicht mehr erfüllt, und die gleichgewichtigen Preise hängen von den Anfangsausstattungen der Investoren ab.

Die Dissertationsschrift von Herrn Sauerbier zählt zu den wenigen Arbeiten, in denen eine theoretische und empirische Studie für liquiditätsbedingte Preisunterschiede in Anleihemärkten vorgelegt wird. Für Anleihen ergeben sich im Vergleich zu Aktien aufgrund ihrer in der Regel endlichen Laufzeit besondere Schwierigkeiten. So erlauben Anleihen mit identischen Ausstattungsmerkmalen, aber liquiditätsbedingten Preisunterschieden grundsätzlich die Erzielung von Arbitragegewinnen. Diese lassen sich nur durch die Einführung von Handelsfriktionen, z.B. Leerverkaufsbeschränkungen, vermeiden.

Herr Sauerbier legt nach meinem Wissen die erste Arbeit vor, in der Liquiditätsunterschiede von Finanzinstrumenten mit endlicher Laufzeit und bekannten Cash-Flows analysiert werden. Für diese Titel stellt und beantwortet er die folgenden Fragenkreise im Rahmen eines dynamischen Gleichgewichtsmodells:

- Wie werden die Handelsstrategien und die Liquiditätsspreads von Eigenschaften der Anleihemärkte, z. B. der Volatilität des kurzfristigen Zinssatzes und der Wahrscheinlichkeit von Liquiditätsschocks, beeinflusst?

- Welchen Einfluss besitzen die Ausstattungsmerkmale von Anleihen, insbesondere ihre Ursprungs- und Restlaufzeit, auf die Handelsstrategien und den Liquiditätsspread?

- Inwieweit beeinflussen Eigenschaften der Investoren, z.B. deren Risikoaversion und Anfangsausstattung, die Handelsstrategien und den Liquiditätsspread?

Die Dissertationsschrift von Herrn Sauerbier leistet durch die Beantwortung dieser Fragen eine Vielzahl weiterführender Beiträge zur Theorie liquiditätsbedingter Preisabschläge. Im Vergleich von Liquiditätsmodellen des Reduced-Form-Typs gelingt es Herrn Sauerbier, eine ökonomische Begründung für heutige liquiditätsbedingte Preisabschläge aufgrund eines zukünftigen Handels zu entwickeln. Die Resultate zeigen, dass die Höhe des Liquiditätsspreads von der Anfangsausstattung der Investoren mit liquiden und illiquiden Anleihen abhängt. Der Spread ist aber auch pfadabhängig, da die Handelsvolumina durch die Entwicklung der Zustandsvariablen, z.B. der Zinsstrukturkurve, bestimmt werden.

Ich wünsche der Monographie eine Vielzahl interessierter Leser – sie werden nicht enttäuscht werden.

Prof. Dr. Dr. h. c. Wolfgang Bühler

# Vorwort

Die vorliegende Arbeit entstand während meiner Zeit als Mitglied des Graduiertenkollegs „Allokation auf Finanz- und Gütermärkten“ und als wissenschaftlicher Mitarbeiter am Lehrstuhl für Allgemeine Betriebswirtschaftslehre und Finanzierung an der Universität Mannheim. Sie wurde im Januar 2006 von der Fakultät für Betriebswirtschaftslehre als Dissertation angenommen. Meine Forschungsarbeit wurde mit Mitteln der Deutschen Forschungsgemeinschaft (DFG) unterstützt. Neben der finanziellen Förderung habe ich von vielen Seiten wertvolle Unterstützung erhalten, für die ich mich an dieser Stelle bedanken möchte.

Mein besonderer Dank gilt meinem Doktorvater, Herrn Prof. Dr. Dr. h. c. Wolfgang Bühler, der das Dissertationsprojekt mit großem Engagement und Interesse begleitet hat. Unseren Diskussionen verdanke ich viele Anregungen, die mein Verständnis der Finanzmarkttheorie erheblich vertieft haben. Herrn Prof. Dr. Peter Albrecht danke ich für seine Bereitschaft zur Erstellung des Zweitgutachtens.

Viele wertvolle Impulse für meine Arbeit verdanke ich der Teilnahme an dem mittlerweile in das Center for Doctoral Studies in Economics and Management aufgegangenen Graduiertenkolleg „Allokation auf Finanz- und Gütermärkten“ an der Universität Mannheim. Dafür möchte ich mich bei dem damaligen Sprecher des Kollegs, Herrn Prof. Martin Hellwig, Ph. D., sowie allen weiteren beteiligten Professoren bedanken. Mein Dank gilt ebenso allen Doktoranden des Graduiertenkollegs, die für eine freundschaftliche und produktive Atmosphäre während meiner Zeit dort gesorgt haben. Insbesondere bin ich Frau Dr. Isabel Schnabel und Herrn Dr. Heiko Zuchel aus meinem Jahrgang dafür dankbar, dass sie mich – als nicht reinen Wirtschaftswissenschaftler – geduldig in zahlreiche Geheimnisse der ökonomischen Theorie eingeführt haben.

Einen großen Anteil am Gelingen der Arbeit hatte auch die gute Zusammenarbeit mit meinen Kolleginnen und Kollegen am Lehrstuhl für Allgemeine Betriebswirtschaft und

Finanzierung. Herrn Dr. Christian Koziol danke ich für die ergiebige und entspannte Zusammenarbeit an mehreren gemeinsamen Forschungsprojekten. Herrn Dipl.-Kfm. Martin Birn und Herrn Dipl.-Wi.-Inf. Jens Daum bin ich insbesondere für die kompetente Hilfe bei vielen IT-Problemen dankbar. Mein Dank gilt auch Herrn Dipl.-Kfm. Tim Thabe für seine von mir oft in Anspruch genommene Bereitschaft zur Durchsicht von Texten und unsere lebhaften Diskussionen über Politik und Management. Außerdem danke ich meinen Kolleginnen und Kollegen Herrn Dr. Klaus Düllmann, Herrn Dipl.-Wi.-Ing. Christoph Engel, Herrn Dipl.-Ök. Christoph Heumann, Herrn Dipl.-Vw. Gordian Kemen, Herrn Prof. Dr. Alexander Kempf, Herrn Prof. Dr. Olaf Korn, Herrn Dipl.-Wirtsch.-Ing. Jens Müller-Merbach, Herrn Dipl.-Wi.-Inf. Stephan Pabst, Herrn Dipl.-Wi.-Ing. Marcel Prokopczuk, Frau Dr. Antje Schirm, Herrn Dipl. rer. pol. techn. Volker Sygusch, Frau Dipl.-Math. oec. Monika Trapp, Frau Prof. Dr. Marliese Uhrig-Homburg sowie unserer Sekretärin Frau Marion Baierlein für ihre Unterstützung während meiner Zeit am Lehrstuhl.

Ohne den Rückhalt und die Unterstützung durch meine gesamte Familie wäre diese Arbeit wahrscheinlich niemals zustandegekommen. Ich möchte meinen Eltern Renate und Dieter herzlich danken, die nicht nur meine Ausbildung ermöglicht haben, sondern mir und meinen Plänen jederzeit großes Vertrauen entgegengebracht haben und mir stets hilfreich zur Seite standen. Für ihre besondere Unterstützung möchte ich meiner Frau Sabine und meinen beiden Söhnen Janik und Fabian meine tiefe Dankbarkeit ausdrücken. Sie haben durch ihre praktische Hilfe, ihren Zuspruch und ihr Vertrauen meine Arbeit in höchstem Maß positiv beeinflusst und haben mich glücklicherweise auch manchmal davon abgelenkt.

Peter Sauerbier

# Inhaltsverzeichnis

# Abbildungsverzeichnis

# Tabellenverzeichnis

# Abkürzungverzeichnis

| | |
|---|---|
| APT | Arbitrage Pricing Theory |
| ARCH | Autoregressive Conditional Heteroscedasticity |
| BOBL | Bundesobligationen |
| bp | Basispunkt(e) |
| BSA | Bundesschatzanweisungen |
| BUND | Bundesanleihen |
| CAPM | Capital Asset Pricing Model |
| CCAPM | Consumption-Based Capital Asset Pricing Model |
| CRRA | Constant Relative Risk Aversion |
| EUR | Euro |
| GARCH | Generalized Autoregressive Conditional Heteroscedasticity |
| HJB-Gleichung | Hamilton-Jacobi-Bellman-Gleichung |
| ICAPM | Intertemporal Capital Asset Pricing Model |
| KfW | Kreditanstalt für Wiederaufbau |
| NIW | Nutzenindifferenzwert |
| OTC | Over-the-Counter |

A market is a large movie theater
with a small door.

An Option's Veteran[1]

# Kapitel 1

# Einleitung

Die Liquidität eines Wertpapiers ist für viele Marktteilnehmer von zentraler Bedeutung. In einem vollkommen liquiden Markt kann eine Wertpapierposition beliebig schnell aufgebaut werden, ohne dass dadurch nachteilige Preisreaktionen ausgelöst werden. Der Handel nicht vollkommen liquider Wertpapiere[2] verursacht Kosten oder kann nur mit einiger Verzögerung abgewickelt werden. Im ökonomischen Gleichgewicht werden diese Nachteile zu einem Abschlag auf den Preis des Wertpapiers führen.

Die Bedeutung von Liquidität für die Entscheidung über Finanzanlagen wird zur Zeit sowohl von praktischer als auch von akademischer Seite intensiv diskutiert. Dazu haben nicht zuletzt die Ereignisse um den Hedgefonds Long-Term Capital Management (LTCM) geführt, der im Jahre 1998 in der Folge der Russlandkrise[3] nur durch eine gemeinsame Rettungsaktion mehrerer großer Banken vor dem drohenden Konkurs bewahrt werden konnte. Viele Beobachter führen die Schieflage von LTCM darauf zurück, dass das Risi-

1 Entnommen aus Taleb (1997, S. 68).

2 In dieser Arbeit unterscheiden wir grob zwischen drei verschiedenen Graden von Wertpapierliquidität: vollkommener Liquidität, nicht vollkommener Liquidität und totaler Illiquidität. Zur sprachlichen Vereinfachung werden wir die Begriffe „nicht vollkommen liquide" und „illiquide" bzw. „vollkommen liquide" und „liquide" synonym verwenden, sofern die entsprechende Bedeutung aus dem Zusammenhang ersichtlich ist.

3 Im August 1998 war die russische Regierung gezwungen, den Kurs des Rubels freizugeben, was zu einer erheblichen Abwertung der russischen Währung führte. Gleichzeitig verkündete die Regierung ein dreimonatiges Moratorium auf die Bedienung fälliger Fremdwährungskredite. Die Russlandkrise löste erhebliche Turbulenzen auf den internationalen Finanzmärkten aus.

komanagement des Fonds unter der Prämisse arbeitete, die sehr großen Positionen des Fonds jederzeit rasch liquidieren zu können.

Liquidität spielt aber nicht nur innerhalb solch extremer Situationen eine wichtige Rolle. Vielmehr müssen Liquiditätsüberlegungen von allen Investoren in Betracht gezogen werden, die dynamische Handelsstrategien verfolgen. Dies gilt natürlich grundsätzlich für alle Arten von Wertpapieren. Dennoch ist die Liquidität auf den Märkten für festverzinsliche Wertpapiere von besonderer Wichtigkeit, da dort oftmals Liquiditätsabschläge unmittelbar sichtbar sind. Oft existieren auf einem Markt gleichzeitig Anleihen unterschiedlicher Liquidität, die in ihren sonstigen Merkmalen wie beispielsweise Laufzeit, Kupon, Bonität und steuerliche Behandlung vergleichbar sind. Daher können Liquiditätsabschläge leicht aus den Preisunterschieden dieser Anleihen berechnet werden. Bei vielen anderen Wertpapieren wie z. B. verschiedenen Aktien ist dies nicht ohne Weiteres möglich, da sich die von Aktien generierten Zahlungen normalerweise erheblich voneinander unterscheiden.

In der Literatur steht die grundsätzliche Bedeutung der Liquidität eines festverzinslichen Instruments für seinen Preis außer Frage. Die beiden anderen wesentlichen Einflussfaktoren sind die Zinsstruktur und die Bonität des Emittenten (*Kreditrisiko*). Der Einfluss dieser drei fundamentalen Größen auf den Preis einer Anleihe wurde in einer Vielzahl wissenschaftlicher Arbeiten thematisiert und ist immer noch Gegenstand intensiver Forschungen. Für die Analyse der Preiswirkungen von Zinsänderungsrisiken steht mit dem allgemeinen Modellrahmen von Heath, Jarrow und Morton (1992) ein leistungsfähiges Instrumentarium zur Bewertung von Zinsrisiken zur Verfügung.[4] Die Literatur über die Preiseffekte von Kreditrisiken ist im Vergleich dazu etwas heterogener. Jedoch lassen sich auch hier zwei wesentliche Strömungen ausmachen. Eine Gruppe von Ansätzen, die auf Merton (1974) zurückgehenden *Strukturmodelle*, beschreiben eine potenzielle Unternehmensinsolvenz über die Modellierung des Werts der Aktiva der entsprechenden Unternehmung. Die andere Gruppe der *Reduktionsmodelle* stellen das Insolvenzereignis abstrakter dar und zwar mit Hilfe von stochastischen Sprungprozessen.[5] Im Gegensatz zu der Bewertung von Zins- und Bonitätsrisiko fehlt ein in gleichem Maße etablierter Standardansatz für die Bewertung von Liquiditätsrisiken. Für dessen Fehlen sind im Wesentlichen zwei Ursachen verantwortlich.

---

4 Duffie (2001, Kap. 7) gibt einen umfassenden Überblick über Modelle mit Zinsunsicherheit.

5 Ein guter Überblick über das Gebiet ist in Duffie (2001, Kap. 11) und Duffie und Singleton (2003) zu finden.

Zum einen ist die Modellierung von Liquidität ein sehr schwieriges Problem. Die Integration von Liquiditätsüberlegungen erhöht die Komplexität eines Modells in der Regel beträchtlich. Dies lässt sich beispielhaft am Zusammenbruch des Konzepts eines repräsentativen Investors zeigen. Dieses Konzept wird von vielen bekannten Bewertungsmodellen wie dem Capital Asset Pricing Modell oder dem allgemeinen Produktionsgleichgewichtsmodell von Cox, Ingersoll und Ross (1985a) angewendet, die vollständig von Liquiditätsüberlegungen absehen. Der repräsentative Investor erlaubt eine einfache Darstellung von Wertpapierpreisen und ihrer Dynamik. Da der repräsentative Investor jedoch sämtliche Wertpapiere einer Ökonomie in seinem Bestand hält, findet kein Handel statt. Folglich spielen Handelsmöglichkeiten und damit Liquidität keine Rolle. Eine Berücksichtigung von Liquidität ist also nur durch die Aufgabe des Konzept eines repräsentativen Investors und folglich dem Verlust der damit einhergehenden mathematischen Handhabbarkeit eines Modells möglich.

Zum anderen erschwert die Vielschichtigkeit des Begriffs Liquidität die Entwicklung von Standardansätzen. Die Liquidität eines Wertpapiers lässt sich nicht vollständig mittels einer einzigen Größe erfassen. Liquidität ist vielmehr eine Kombination mehrerer Eigenschaften. Vollkommen liquide Wertpapiere können sofort und in beliebiger Stückzahl veräußert oder gekauft werden, ohne dass dadurch ihr Preis beeinflusst wird. Liquidität hat also mindestens drei Dimensionen: Preis, Zeit und Menge (Handelsvolumen). Die Mehrdimensionalität von Liquidität erschwert wesentlich die Entwicklung einer umfassenden formalen Beschreibung von Liquidität. Oftmals beinhalten Modelle lediglich einen oder zwei Teilaspekte von Liquidität. Dies bewirkt eine starke Heterogenität in der Literatur.

Das Ziel der vorliegenden Arbeit ist die Entwicklung und Analyse eines Modells zur Quantifizierung des Einflusses von Liquidität auf die Preise von Anleihen. Aufgrund der immensen Größe des Forschungsgebiets der Liquidität auf Finanzmärkten schließen wir dabei Ansätze aus der Theorie der Marktmikrostruktur der Finanzmärkte, die sich nicht primär mit den Auswirkungen von Illiquidität auf Gleichgewichtspreise, sondern hauptsächlich mit den Ursachen unterschiedlicher Liquidität von Wertpapieren beschäftigen, weitgehend aus unserer Analyse aus. Einen Überblick über diese Gebiete findet der Leser in den Beiträgen von Madhavan (2000) und Brunnermeier (2001).

Obwohl die überwiegende Anzahl von empirischen Arbeiten zur Preiswirkung von Liquidität Daten aus Anleihemärkten untersucht, analysiert die Mehrheit der theoretischen Ansätze auf diesem Gebiet Wertpapiere mit unsicheren Cash-Flows, wie z. B. Aktien. Da Anleihen im Gegensatz zu Aktien deterministische Cash-Flows aufweisen, sind die Modelle zur Bewertung von Liquiditätsunterschieden bei riskanten Wertpapieren aufgrund der möglichen Arbitrage von Liquiditätsspreads oft nicht direkt auf Anleihemärkte übertragbar. Für Anleihemärkte sind in der Regel spezifische Modelle zu entwickeln.

In der vorliegenden Arbeit wird ein Gleichgewichtsmodell mit heterogenen Investoren entwickelt, denen zwei Anleihen mit unterschiedlicher Liquidität, aber sonst identischen Merkmalen zu Anlagezwecken zur Verfügung stehen. Die Studie steht in engem Zusammenhang mit den Arbeiten von Vayanos und Vila (1999) sowie Huang (2003), die ebenfalls Gleichgewichtsmodelle zur Ermittlung von Liquiditätsspreads zwischen Anleihen mit unterschiedlicher Liquidität entwickeln. Neben Unterschieden in der Modellierung der Heterogenität der Investoren und der Illiquidität der Wertpapiere unterscheiden sich die Ansätze darin, dass innerhalb unseres Modells mögliche Effekte der endlichen Laufzeit von Anleihen sowie die Auswirkungen von Zinsänderungsrisiken analysiert werden können.[6]

Mit Hilfe unseres Modellrahmens werden verschiedene Eigenschaften von Liquiditätsspreads theoretisch abgeleitet. Insbesondere erfolgt innerhalb des Modells eine Analyse des Zusammenhangs zwischen dem Liquiditätsspread und dem Alter von Anleihen. Der Einfluss ist je nach Wahl der anderen Modellparameter positiv oder negativ. Die Untersuchung des Einflusses des Zinssatzes für liquide Anleihen ergibt einen negativen Zusammenhang dieser Größe mit dem Liquiditätsspread. Die explizite Berücksichtigung von Zinsänderungrisiken ermöglicht die Ableitung zweier weiterer Eigenschaften der Liquiditätsspreads. Einerseits hat die Volatilität der Zinssätze liquider Anleihen nur einen kleinen Einfluss auf die Höhe des Liquiditätsspreads. Andererseits ist eine Pfadabhängigkeit des Liquiditätsspreads zu beobachten. Niedrigere Zinssätze liquider Anleihen in der Vergangenheit führen zu höheren aktuellen Liquiditätsspreads. Die aus dem Modell abgeleiteten Effekte der Zinssätze liquider Anleihen auf den Liquiditätsspread werden in einer empirischen Untersuchung überwiegend bestätigt. Von einem vollständigen Test des Modells sehen wir jedoch ab, da dieser die Schätzung einer Reihe nahezu nicht beobachtbarer Variablen erfordern würde.

Die Arbeit ist wie folgt gegliedert: Zunächst werden in Kapitel 2 die wesentlichen Komponenten eines Modells zur Bewertung von Liquiditätsrisiken herausgearbeitet. Darauf basiert der anschließende strukturierte Überblick über verschiedene bestehende Ansät-

[6] Aufgrund der Größe und Heterogenität der Literatur zur Liquidität auf Finanzmärkten zeigen wir weitere Querverbindungen unseres Modells zu bestehenden Ansätzen erst nach einer systematischen Einführung in die Literatur (siehe Kapitel 2) auf. Dies geschieht im Rahmen der Darstellung des Modells in Kapitel 3.

ze. Mit seiner Hilfe können die später analysierten Modelle in die heterogene Literatur eingeordnet werden. In Kapitel 3 wird ein Gleichgewichtsmodell zur Quantifizierung von Liquiditätsspreads verschiedener Anleihen dargestellt. In dem Modell handeln Investoren auf einem Finanzmarkt mit Anleihen von unterschiedlicher Liquidität. Durch die Heterogenität der Investoren bezüglich ihres Investitionshorizonts ist die Nachfrage nach liquiden Papieren bei den Investoren unterschiedlich hoch, so dass sich ein Liquiditätsspread ergibt. Kapitel 4 beinhaltet eine komparativ-statische Analyse des Modells, in der insbesondere der Zusammenhang von Zins- und Liquiditätsrisiko beleuchtet wird. Ferner wird das Modell einem ad-hoc Ansatz ohne Gleichgewichtsfundierung gegenübergestellt. In Kapitel 5 folgt eine empirische Analyse. Basierend auf Kursen von Anleihen der Bundesrepublik Deutschland, der Bundesländer sowie der Kreditanstalt für Wiederaufbau wird die empirische Qualität der analysierten Modelle betrachtet. Die Arbeit schließt in Kapitel 6 mit einem Fazit.

# Kapitel 2

# Modellierung von Liquidität

Es existiert eine Vielzahl von Ansätzen zur Quantifizierung von Liquiditätsabschlägen. Dennoch ist der grundsätzliche Aufbau bei allen Modellen vergleichbar. Systematische Überblicke über die bestehenden Ansätze werden von Kempf (1999) sowie Bühler und Sauerbier (2003) gegeben. Wir werden zunächst den Begriff der Liquidität formal erfassen. Anschließend folgen wir der Arbeit von Bühler und Sauerbier (2003) und identifizieren drei wesentliche Komponenten der Modelle. Anhand der konkreten Ausgestaltung dieser drei Merkmale gliedern wir die Ansätze aus der Literatur in verschiedene Gruppen.

## 2.1 Formale Erfassung von Liquidität

Die formale Abbildung der Liquidität eines Wertpapiers ist eine zentrale Komponente jedes Modells zur Bewertung von illiquiden Finanzinstrumenten. Obwohl die Investoren auf Finanzmärkten eine relativ klare und eindeutige Vorstellung von dem Begriff Liquidität haben, ist es keine leichte Aufgabe, diesen Begriff allumfassend zu definieren. Diese Schwierigkeiten rühren von der Mehrdimensionalität des Begriffs Liquidität her.

In unserer Arbeit lehnen wir uns an die Definition von Keynes (1930, S. 67) an. Dort wird Liquidität wie folgt beschrieben:

> "an asset is more liquid than another if it is more certainly realisable at short notice without a loss."

Diese Definition beinhaltet eine zentrale Eigenschaft: Liquidität umfasst mehrere Dimensionen. Die Keynessche Definition bezieht sich explizit auf eine Preis- und eine Zeitdimension. Die Preisdimension ("without a loss") beschreibt die Auswirkungen von Handel auf den Preis. Der Handel illiquider Wertpapiere verändert den Preis zuungunsten des Initiators einer Transaktion, so dass diesem zusätzliche Kosten entstehen. Die Zeitdimension ("at short notice") misst die Zeitspanne zwischen der Initiierung einer Transaktion und deren Ausführung. Eine weitere Dimension ist nur implizit in der obigen Definition enthalten – die Volumen- oder Mengendimension. Natürlich können die durch Illiquidität hervorgerufenen Auswirkungen auf den Preis und auf die Ausführungsdauer von dem beabsichtigten Transaktionsvolumen abhängen. Die Liquidität im Sinne der Preis- und der Zeitdimension wird also je nach Größe einer Transaktion variieren. In einem theoretischen Modell kann daher die Mengendimension der Liquidität durch eine volumenabhängige Modellierung der beiden anderen Dimensionen erfasst werden. In dieser Arbeit werden wir denselben Weg einschlagen und Ansätze, die sich auf die Mengendimension der Liquidität beziehen, durch entsprechende Spezifikationen der anderen Dimensionen abbilden.

An anderen Stellen in der Literatur – vor allem in der Literatur zur Marktmikrostruktur der Finanzmärkte – wird Liquidität mittels der von Garbade (1982) eingeführten Dimensionen Tiefe, Breite und Erneuerungskraft beschrieben. Ein Markt gilt als tief, wenn die Preise von Kauf- und Verkaufsangeboten dicht beieinander liegen. In anderen Worten ist ein Markt um so tiefer, je geringer die Geld-Brief-Spanne ist. Ein Markt wird als breit bezeichnet, wenn solche Aufträge mit hohen Volumina vorliegen. In diesem Fall ist auch die effektive Geld-Brief-Spanne für große Transaktionen niedrig. Eine starke Erneuerungskraft eines Marktes ist dann gegeben, wenn handelsinduzierte Preisänderungen schnell abklingen. Die zwischenzeitlichen Preisausschläge ziehen in diesem Fall schnell neue Aufträge an, die die potenziellen Transaktionspreise auf ihr ursprüngliches Niveau zurücksetzen. Tiefe, Breite und Erneuerungskraft beschreiben die Preisdimension der Liquidität. Dabei kann die Erneuerungskraft auch teilweise der Zeitdimension zugeordnet werden, da sie die Dynamik von Illiquidität im Sinne der Preisdimension beschreibt. Um Liquidität umfassender zu beschreiben, fügen einige Autoren wie z. B. Harris (1990) als vierte Dimension Sofortigkeit oder Zeit hinzu.[1] In unserer Studie werden wir die Dimensionen Tiefe, Breite, Erneuerungskraft und Sofortigkeit nicht verwenden. Stattdessen werden wir

[1] Die Nomenklatur der Dimensionen ist nicht in der gesamten Literatur einheitlich. Zum Beispiel verwendet Harris (1990) den Begriff Weite für die Dimension Tiefe gemäß unserer Definition sowie den Begriff Tiefe für die Dimension Breite.

Liquidität mittels einer Preis- und einer Zeitdimension sowie gegebenenfalls der implizit darin enthaltenen Charakterisierung der Mengendimension beschreiben. Der Zusammenhang zwischen den beiden Arten der Beschreibung von Liquidität ist in Abbildung 2.1 dargestellt.

Abbildung 2.1: Dimensionen der Liquidität

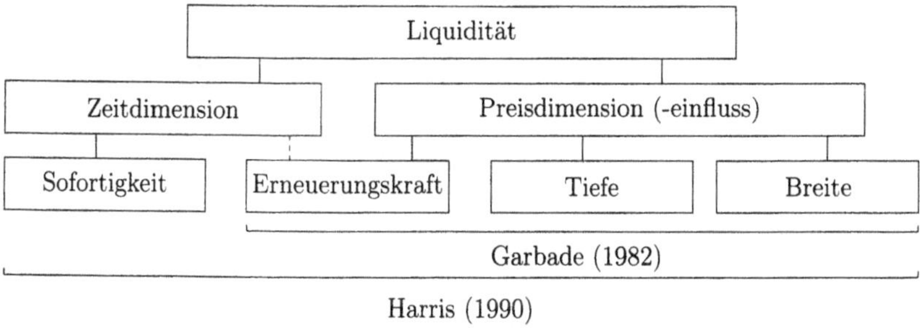


## 2.2 Prinzipieller Aufbau der Modelle

Die formale Erfassung von Liquidität ist eine wesentliche Komponente eines Liquiditätsmodells. Sie beschreibt die Verfügbarkeit von Handelsmöglichkeiten und kann somit als Angebot an Liquidität aufgefasst werden. Eine zweite Komponente besteht aus den Handelsmotiven der Investoren. Diese bilden die Nachfrage nach Handelsmöglichkeiten bzw. nach Liquidität. Der Liquiditätsabschlag – oder Preis der Liquidität – ergibt sich schließlich als Ergebnis eines Ausgleichsmechanismus zwischen Angebot und Nachfrage. Die formale Beschreibung dieses Ausgleichsmechanismus bildet die dritte Komponente eines Modells für Liquiditätsabschläge.

### 2.2.1 Sichtweise: Einzelner Investor

Betrachtet man das Phänomen Liquidität aus Sicht eines einzelnen Investors, so ist die dreiteilige Grundstruktur sofort offensichtlich. Wir geben den prinzipiellen Modellaufbau der subjektiven Bewertungsmodelle in Abbildung 2.2 schematisch wieder. Eine Komponente sind die Handelsmotive der Investoren, d. h. die Gründe für die Durchführung von Transaktionen. Zu deren Beschreibung ist es zweckmäßig, die Handelsmotive in zwei Be-

Abbildung 2.2: Komponenten eines Modells für Liquiditätsabschläge – Sichtweise: Einzelner Investor

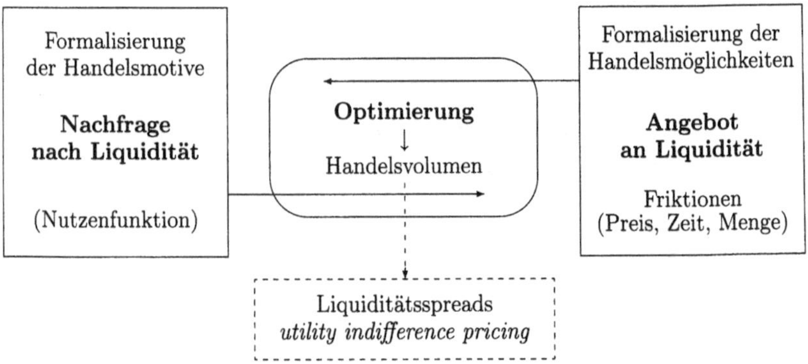


standteile zu zerlegen. Diese Bestandteile sind zum einen das übergeordnete Anlageziel des Investors und zum anderen die Ereignisse, die eine Transaktion konkret auslösen. In den meisten Modellen nimmt das Anlageziel eine von zwei Formen an. Entweder will der Investor ein Portfolio halten, das bezüglich seiner Präferenzen über erwartete Rendite und Risiko optimal ist, oder eine Position in einem Derivat absichern. Formal werden die Präferenzen des Investors üblicherweise mittels einer Nutzenfunktion erfasst. Besteht der Beweggrund zum Handeln in der Absicherung einer Derivateposition, so kann man aus der Wertdifferenz zwischen Absicherung und originärer Derivateposition leicht eine entsprechende Nutzenfunktion konstruieren. Folglich ist die zweite Form der Formalisierung streng genommen keine eigenständige Form, sondern kann in die erste Form überführt werden. Da die Modelle jedoch in der Regel in Abhängigkeit dieser beiden Anlageziele erheblich unterschiedliche Erkenntnisziele haben, behalten wir die Trennung dennoch bei.

Konkrete Transaktionen werden von Ereignissen ausgelöst, durch die das momentan vom Investor gehaltene Portfolio suboptimal in Bezug auf sein Anlageziel wird. Wir werden diese Ereignisse im Weiteren als Handelsimpulse bezeichnen. Oftmals lösen Preisänderungen Transaktionen aus. Ein Anstieg oder eine Verringerung eines Wertpapierpreises verändert den Anteil des entsprechenden Wertpapiers im Portfolio. Bei den meisten Spezifikationen des Anlageziels macht dies eine Anpassung des Portfolios notwendig. Andere wichtige Handelsimpulse sind Einzahlungen oder Auszahlungsverpflichtungen. Auch diese exogenen Cash-Flows ändern die relative Zusammensetzung des Portfolios, so dass in der Regel eine Neuanpassung notwendig wird. Ferner können Transaktionen durch den Erhalt neuer Informationen (beispielsweise über die zukünftige Preisentwicklung von Wertpapieren) ausgelöst werden. Die Kombination aus der Art des Anlageziels sowie der Häufigkeit und der Ausprägung der Handelsimpulse bestimmt die Stärke der Handelsmotive der Investoren und damit die Nachfrage nach Liquidität.

Die Modellierung des Angebots an Liquidität erfolgt in dieser Klasse von Modellen auf sehr direkte Art und Weise. Perfekte Liquidität wird durch das ständige Vorhandensein von Handelsmöglichkeiten ohne adverse Preisbeeinflussung dargestellt. Illiquidität wird auf dieselbe Weise implementiert. Hier wird angenommen, dass die Handelsmöglichkeiten durch Friktionen eingeschränkt sind. Friktionen können sich dabei auf jede Dimension der Liquidität beziehen. Viele Modelle in der Literatur modellieren Illiquidität über die Preisdimension. Aus der Perspektive eines Investors wirken diese Friktionen wie zusätzliche, implizite Kosten für den Handel von Wertpapieren. Dabei ist die Herkunft der Handelskosten für den Investor unerheblich. Formal betrachtet kann also ein Modell mit illiquiden Wertpapieren (im Sinne der Preisdimension) durch ein Modell mit entsprechend spezifizierten Transaktionskosten dargestellt werden. Andere Ansätze führen Friktionen im Sinne der Zeitdimension von Liquidität ein. Dabei kann die Menge der möglichen Handelszeitpunkte verringert werden. Weiterhin können Transaktionen gegebenenfalls nur mit einiger Verzögerung durchgeführt werden. Schließlich schränken einige Modelle Liquidität bezüglich der Mengendimension ein. Beispielsweise begrenzen einige Modelle das maximale Handelsvolumen pro Zeiteinheit. Wie wir bereits oben ausgeführt haben, werden wir diese Ansätze durch entsprechende Spezifikationen der anderen Dimensionen darstellen. Eine Beschränkung des maximalen Handelsvolumens kann auch als Friktion bezüglich der Zeitdimension aufgefasst werden, da in diesem Fall große Transaktionen nicht sofort ausgeführt werden können, sondern erst innerhalb einer bestimmten Zeitspanne.[2] Selbstverständlich können auch mehrere Friktionen innerhalb eines Modells kombiniert werden.

Ein Optimierungskalkül, in das die spezifizierten Handelsmotive und die Verfügbarkeit von Handelsmöglichkeiten eingehen, liefert die optimale Handelsentscheidung des Investors und bestimmt somit das tatsächliche Handelsvolumen. Dieses Element bildet die dritte Komponente des Modells, den Ausgleichsmechanismus. Wie wir in Abschnitt 2.3.1

[2] Die Abbildung der Mengendimension auf andere Dimensionen ist nicht eindeutig. Die Beschränkung des maximalen Handelsvolumens kann auch durch Einführung von mengenabhängigen Transaktionskosten erreicht werden. Falls die Transaktionskosten bis zu einer gewissen Menge Null betragen und dann sprunghaft gegen Unendlich gehen, ist das ökonomisch sinnvolle Handelsvolumen für jeden Investors entsprechend begrenzt.

zeigen, kann mit einer Argumentation über Nutzenindifferenzwerte (*utility indifference pricing*) unter gewissen Annahmen aus der optimalen Entscheidung auf die Höhe des Liquiditätsspreads geschlossen werden.

### 2.2.2 Sichtweise: Markt

Verlässt man die Sichtweise eines einzelnen Investors und betrachtet das Gleichgewicht auf dem Gesamtmarkt, so können weiterhin drei wesentliche Modellkomponenten identifiziert werden. Aufgrund einer Vielzahl gegenseitiger Wechselwirkungen ist die in Abbildung 2.3 schematisch dargestellte Struktur der Gleichgewichtsmodelle zur Bestimmung von Liquiditätsabschlägen jedoch erheblich komplexer als bei subjektiven Modellen. Dies führt auch dazu, dass sich die drei Komponenten eines Gleichgewichtsmodells nicht mehr so klar und eindeutig voneinander abgrenzen lassen wie in den Modellen im vorherigen Abschnitt.

Abbildung 2.3: Komponenten eines Modells für Liquiditätsabschläge – Sichtweise: Markt

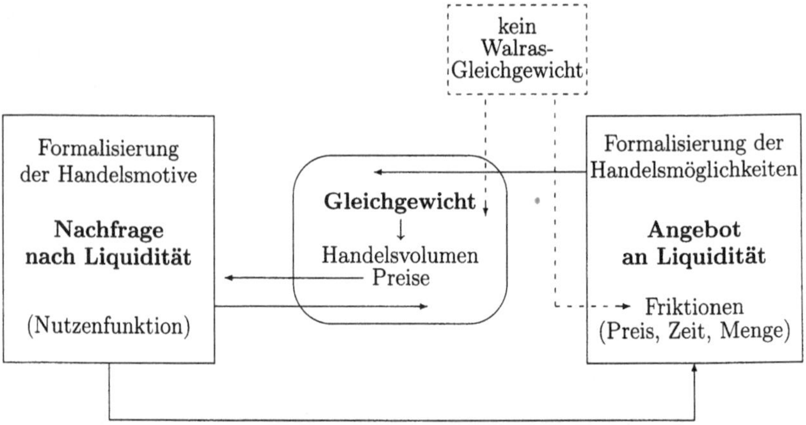


Die erste Komponente, d. h. die Nachfrage nach Liquidität bzw. die Handelsmotive der Investoren, wird wie in den subjektiven Bewertungsmodellen über Nutzenfunktionen beschrieben. Im Gegensatz zu den exogenen Preisen bei den subjektiven Bewertungsmodellen sind die Preise in Gleichgewichtsmodellen endogene Größen, d. h. sie hängen von allen anderen Variablen des Modells ab. Daher gibt es Wechselwirkungen zwischen verschiedenen Variablen des Modells, wie z. B. zwischen dem Handelsmotiv und den Preisen. Diese Rückkoppelung kann entscheidende Auswirkungen auf das Ergebnis eines Modells haben. So kann eine geeignete Höhe bzw. Entwicklung der Preise die Handelsanreize der Investoren vollständig aufheben. Beispiele für solche *No-Trade-Gleichgewichte* aus der Literatur zur Marktmikrostruktur finden sich in Brunnermeier (2001, Kap. 2).

Die zweite Komponente, das Angebot an Liquidität, ist in dieser Klasse von Modellen zwangsläufig endogen, da die Handelswünsche eines Investor in einem Markt die Handelsmöglichkeiten der anderen Investoren in diesem Markt mitbestimmen. Wie in subjektiven Bewertungsmodellen kann der Grad an Liquidität von Wertpapieren über Friktionen modelliert werden. Dies ist jedoch nicht die einzige Möglichkeit. Neben dem Fehlen von Friktionen gibt es nämlich eine weitere Voraussetzung für perfekte Liquidität. Die Preise müssen sich gemäß eines Walras-Gleichgewichts bilden. Folglich kann Illiquidität in Gleichgewichtsmodellen zusätzlich zu der Implementierung mittels Friktionen noch durch Verwendung von alternativen Gleichgewichtskonzepten abgebildet werden, in denen die das Walras-Gleichgewicht kennzeichnenden Annahmen von preisnehmenden Investoren in einem zentralen Markt unter vollkommener Konkurrenz aufgehoben sind. Ähnlich wie bei den expliziten Friktionen gibt es dabei Modifikationen, die Illiquidität im Sinne der Preis- und der Zeitdimension abbilden.

Illiquidität bezüglich der Preisdimension kann durch die Einführung von strategisch handelnden Investoren erzeugt werden, die keine Preisnehmer sind, sondern die Reaktionen ihrer Handelsentscheidungen auf den Preis berücksichtigen. In diesem Fall wird das Walras-Gleichgewicht durch spieltheoretische Gleichgewichte ersetzt. Die Preiseinflüsse können aus verschiedenen Gründen hervorgerufen werden. Eine Ursache ist eine asymmetrische Informationsverteilung. Schlechter informierte Investoren passen in diesem Fall aufgrund beobachteter Transaktionen ihre Preisvorstellungen an, da die Handelsaufträge unter Umständen von Insidern mit besseren Informationen stammen. Eine zweite Ursache ist unvollständige Konkurrenz in einem Oligopol. Illiquidität bezüglich der Zeitdimension wird durch die Aufgabe der Annahme eines zentralen Marktes erreicht, auf dem jederzeit und beliebig schnell gehandelt werden kann. Eine naheliegende Formalisierung von Illiquidität besteht darin, alle oder eine Gruppe von Investoren zwischenzeitlich von bestimmten Marktsegmenten auszuschließen. Eine andere Möglichkeit sind Modelle mit dezentralem Handel. Hier muss ein transaktionswilliger Investor zunächst eine (mit Kosten und Zeitaufwand) verbundene Suche nach einem potenziellen Handelspartner durchführen. Zusammengefasst können in Gleichgewichtsmodellen Friktionen sowohl exogen als auch endogen über eine Modifikation des Gleichgewichtskonzept implementiert werden.

Der Ausgleichsmechansimus zwischen Liquiditätsangebot und -nachfrage wird in dieser Klasse von Modellen durch ein Gleichgewichtskalkül gebildet. Diese dritte Komponente des Modells liefert nicht nur die optimalen Handelsentscheidungen der Investoren und damit das Handelsvolumen, sondern auch direkt die Preise der analysierten Wertpapiere. Dies ist ein Vorteil gegenüber den subjektiven Bewertungsmodellen, die lediglich ein abstraktes Maß für die Wertschätzung von Wertpapieren liefern, in der Regel in Form eines Nutzenniveaus. Auch wenn die resultierenden Nutzendifferenzen, wie in Abschnitt 2.3.1 demonstriert wird, prinzipiell in Preise umgerechnet werden können, gehen die so erhaltenen Preise nicht aus der Aggregation von Angebot und Nachfrage auf einem Markt hervor und können daher nicht auf die gleiche Weise wie die von einem Gleichgewichtsmodell gelieferten Werte ökonomisch interpretiert werden.

### 2.2.3 Exkurs: Alternative Unterscheidung der Modelle

In unserer Darstellung werden die Modelle anhand des Ausgleichsmechanismus in subjektive Bewertungsmodelle und Gleichgewichtsmodelle eingeteilt. Der Ausgleichsmechanismus kann jedoch auch mittels eines zweiten Kriteriums unterschieden werden. Die Bewertung der Liquidität kann simultan oder getrennt erfolgen. Bei einer getrennten Bewertung betrachten wir das gleiche Modell zunächst mit liquiden und danach mit illiquiden Wertpapieren. Ein Vergleich beider Modellberechnungen liefert den Liquiditätsabschlag. Faktisch bedeutet diese Vorgehensweise, dass der Liquiditätsabschlag mittels einer komparativstatischen Analyse (über die Variable Liquiditätsgrad der Wertpapiere) ermittelt wird. Bei einer simultanen Bewertung wird ein Modell betrachtet, das gleichzeitig sowohl liquide als auch illiquide Wertpapiere enthält. Vor allem bei Märkten für festverzinsliche Wertpapiere, auf denen Liquiditätsabschläge oft direkt sichtbar sind, ist eine simultane Bewertung zweifelsohne realitätsnäher. Allerdings erhöht eine simultane Bewertung den Komplexitätsgrad eines Modells beträchtlich. Ein Grund hierfür sind Arbitragemöglichkeiten, die die Bewertungsunterschiede zwischen liquiden und illiquiden Instrumenten eröffnen könnten. Dies gilt wiederum in besonderem Maße für Anleihemärkte, da sich die Cash-Flows von festverzinslichen Instrumente stark ähneln. Wir werden den Punkt der Liquiditätsspreadarbitrage gesondert in Abschnitt 2.4.1 betrachten. Sowohl die getrennte als auch die simultane Bewertung können im Rahmen eines Gleichgewichtsmodells oder eines subjektiven Bewertungsmodells verwendet werden. Dennoch wird in fast allen subjektiven Bewertungsmodellen eine getrennte Bewertung durchgeführt, während in der überwältigenden Mehrheit aller Gleichgewichtsmodelle eine simultane Bewertung angewendet wird. Der Grund für dieses Zusammentreffen wird durch eine Betrachtung der Komplexität der einzelnen Modelle offensichtlich. Subjektive Bewertungsmodelle werden aufgrund ihrer reduzierten Komplexität herangezogen. Die aufwändigere simultane Bewertung würde gerade den Vorteil der besseren Handhabbarkeit dieser Modelle beträchtlich einschränken.

### 2.2.4 Klassifikation der Modelle

Auf Basis der vorangegangenen Überlegungen klassifizieren wir die Modelle wie in Abbildung 2.4 dargestellt anhand des Grades der Endogenität der Modellierung. Den geringsten Grad der Endogenität weisen subjektive Bewertungsmodelle auf. Hier sind sowohl die Preise als auch die zur Illiquidität der Wertpapiere führenden Friktionen exogen spezifiziert. Gleichgewichtsmodelle mit exogenen Friktionen weisen einen höheren Grad der Endogenität auf, da in diesen Modellen die Preise modellendogen sind. Die Liquidität bzw. Illiquidität eines Wertpapiers wird jedoch exogen über Friktionen abgebildet. Dabei unterscheiden wir implizite und explizite Friktionen. In Modellen mit expliziten Friktionen sind lediglich die sich auf der Ebene eines einzelnen Investors ergebenden Konsequen-

Abbildung 2.4: Klassifikation der Modelle für Liquiditätsabschläge

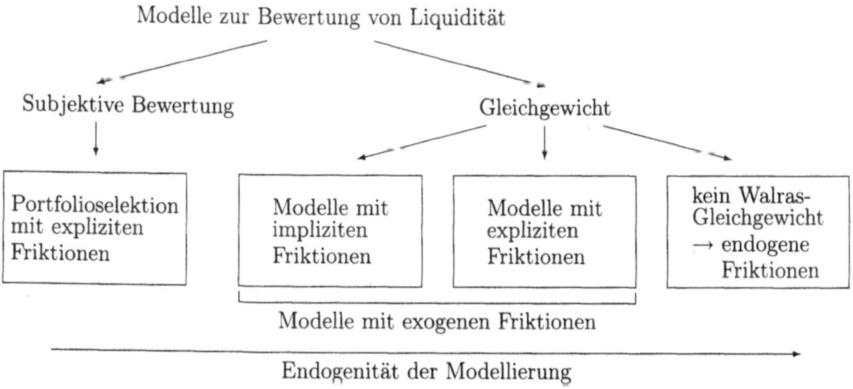

zen der Illiquidität eines Wertpapiers, wie z. B. Handelskosten oder Beschränkungen von Transaktionsvolumina, exogen spezifiziert. In Modellen mit impliziten Friktionen hingegen wird direkt der Effekt der Illiquidität auf aggregierte (Gesamtmarkt-)Variablen, wie beispielsweise den Gleichgewichtspreis, exogen spezifiziert. Da in Modellen mit impliziten Friktionen die Wirkung der Friktionen auf aggregierte Variablen nicht endogen modelliert wird, ist ihr Grad an Endogenität zwischen dem der subjektiven Bewertungsmodelle und dem der Gleichgewichtsmodelle mit expliziten Friktionen einzuordnen. Modelle, in denen Illiquidität über Abweichungen vom Walras-Gleichgewicht modelliert wird, weisen den höchsten Grad an Endogenität auf. Hier ergeben sich nicht nur die Preise, sondern auch die Konsequenzen der Illiquidität für einen individuellen Investor endogen.

## 2.3 Subjektive Bewertungsmodelle

Der Kern subjektiver Bewertungsmodelle besteht in der Durchführung einer komparativ-statischen Analyse einer Investitionsentscheidung über Finanzanlagen. Dabei wird der Grad der Liquidität der zu Investitionszwecken verfügbaren Wertpapiere variiert. Wir beschreiben zunächst die grundsätzliche Vorgehensweise. Danach stellen wir ein Portfoliowahlproblem dar, auf dem wir alle weiteren Überlegungen aufbauen. Nach der Analyse dieses Problems mit vollkommen liquiden Wertpapieren werden wir Friktionen einführen, die Illiquidität bezüglich der Preis- und der Zeitdimension hervorrufen.

### 2.3.1 Nutzenbasierte Berechnung von Liquiditätsabschlägen

Bei den meisten subjektiven Bewertungsmodellen wird eine getrennte Bewertung von liquiden und illiquiden Wertpapieren durchgeführt. Diese Vorgehensweise minimiert die Komplexität des Problems, was ein wesentliches Motiv für die Verwendung von subjektiven Bewertungsmodellen darstellt. In unserer Darstellung werden wir uns ebenfalls auf eine getrennte Bewertung beschränken. In diesem Fall ergibt sich der Liquiditätsabschlag aus einer komparativ-statischen Analyse der indirekten Nutzenfunktion. Die indirekte Nutzenfunktion gibt das maximale Nutzenniveau an, das ein Investor bei optimalem Verhalten erreichen kann.[3] Stehen dem Investor vollkommen liquide Wertpapiere zur Verfügung, ist dieses Nutzenniveau größer oder gleich dem Niveau im Fall illiquider Wertpa-

[3] Daher hängt die indirekte Nutzenfunktion nicht mehr von der Strategie des Investors, sondern nur noch von exogenen Parametern ab.

piere. Dies liegt an der durch die Illiquidität hervorgerufenen Einschränkungen der möglichen Anlagestrategien. Dadurch ist der Investor gegebenenfalls gezwungen, von seiner ursprünglichen Strategie abzuweichen, so dass er nur noch ein geringeres Nutzenniveau erreicht.

Prinzipiell liefern subjektive Bewertungsmodelle also Differenzen indirekter Nutzenfunktionen. Die absolute Größe von Nutzendifferenzen ist jedoch ökonomisch kaum sinnvoll interpretierbar, sondern lediglich ihr Vorzeichen. Es ist jedoch mit Hilfe von Nutzenindifferenz-Argumenten möglich, diese Differenzen in interpretierbare Größen zu überführen (utility indifference pricing). Die Vorgehensweise ähnelt dabei dem Verfahren der kompensierenden Variation, das Hicks (1939) in der Wohlfahrtstheorie zur Analyse von Preisänderungen einsetzt. Sei $J^{liq}(W,\cdot)$ die indirekte Nutzenfunktion eines Investors mit Anfangsvermögen $W$, der in einem vollkommen liquiden Markt anlegt. Bezeichne nun $J^{ill}(W,\cdot)$ das entsprechende maximale Nutzenniveau, das von dem gleichen Investor in einem illiquiden Markt erzielt werden kann. Wie wir bereits ausgeführt haben, ist die Differenz $J^{liq}(W,\cdot) - J^{ill}(W,\cdot)$ ceteris paribus nicht negativ. Diese Differenz kann nun mittels eines Geldbetrags ausgedrückt werden, den wir im Weiteren als Nutzenindifferenzwert ($NIW$) bezeichnen. Er gibt den Geldbetrag an, um den das Vermögen des Investors aufgestockt werden müsste, so dass er in einem illiquiden Markt den gleichen Nutzen erzielen kann, den er mit dem ursprünglichen Vermögen in einem liquiden Markt erzielt hätte, d. h.

$$J^{liq}(W,\cdot) = J^{ill}(W + NIW,\cdot). \tag{2.1}$$

Die Größe $NIW$ gibt den Preis für Illiquidität an. Da sie in Geldeinheiten gemessen wird, ist auch ihre absolute Größe interpretierbar. In Anlehnung an die Terminologie in der Wohlfahrtstheorie kann sie als metrische Nutzenfunktion (*money metric*) bezeichnet werden. Einige Autoren gehen sogar so weit, dass sie die Größe $NIW$ in Liquiditätsabschläge für einzelne Wertpapiere umrechnen. Dies ist jedoch ein zweifelhaftes Vorgehen. $NIW$ misst die Nutzeneinbußen eines Investors aufgrund illiquider Märkte. Die Größe ist somit investorenspezifisch, jedoch nicht wertpapierspezifisch. Dies kann an einem einfachen Beispiel gezeigt werden. Wir betrachten ein Portfoliowahlproblem ohne zwischenzeitlichen Konsum, bei dem der Investor sein Vermögen nur in zwei Wertpapieren anlegen kann. Sollte eines des Wertpapiere völlig illiquide sein, so kann auch das andere Wertpapier nicht gehandelt werden. Unabhängig von der Liquidität des zweiten Wertpapiers würde somit immer der gleiche Wert $NIW$ resultieren. Es gibt keinen ökonomisch vernünftigen

Schlüssel, um den $NIW$ zwischen beiden Wertpapieren zu verteilen. Im Falle dreier oder mehr Wertpapiere mit unterschiedlichen Liquiditätsgraden stellt sich dasselbe Problem.

Trotz der genannten Nachteile werden nutzenbasierte Verfahren häufig in Bewertungsproblemen eingesetzt, in denen andere Verfahren zu sehr komplexen Problemen führen. Aufgrund ihrer universellen Einsetzbarkeit finden sie in vielen verschiedenen Gebieten Anwendung. Eines der wichtigsten Gebiete ist die Bewertung von Derivaten in unvollständigen Märkten. So verwenden u. a. Hodges und Neuberger (1989) und Davis et al. (1993) diese Verfahren zur Bewertung von Optionen unter Transaktionskosten. Andere Autoren haben diese Technik aufgegriffen und sie auf anderen Gebieten wie beispielsweise der Bewertung von Wetter- und Kreditderivaten sowie von amerikanischen Optionen eingesetzt. Auch außerhalb der Derivatebewertung gibt es weitere Anwendungen. So misst Longstaff (2001) den Wert von Liquidität auf diese Weise. Andere Autoren wie z. B. Amendinger et al. (1998) bestimmen mit dieser Methode Preise für Insider-Informationen.

### 2.3.2 Portfoliowahlproblem bei perfekter Liquidität

Die Anwendung subjektiver Bewertungsmodelle erfordert zunächst die Analyse einer Anlageentscheidung bei vollkommener Liquidität. Wir untersuchen dazu ein stark vereinfachtes Portfoliowahlproblem.

Analysiert werden die Entscheidungen eines Investors mit einem Anfangsvermögen von $W(0)$, der sein Vermögen innerhalb des Zeitraums $[0,T]$ am Finanzmarkt anlegt. Um das Problem mathematisch möglichst einfach zu halten, stehen dem Investor annahmegemäß zu jedem Zeitpunkt in $[0,T]$ lediglich zwei Anlagemöglichkeiten zur Verfügung. Zum einen kann der Investor Mittel auf einem Geldmarktkonto anlegen. Dessen Wert $M(t)$ wächst mit dem risikolosen (kontinuierlichen) Zinssatz $r$. Ferner kann der Investor Geld in ein riskantes Wertpapier mit Preis $P(t)$ investieren, das keine zwischenzeitlichen Ausschüttungen verspricht. Die Preisprozesse der beiden Wertpapiere sind durch

$$dP(t) = \mu P(t)dt + \sigma P(t)dz(t) \tag{2.2}$$

$$dM(t) = rM(t)dt \tag{2.3}$$

gegeben. Dabei bezeichnet der stochastische Prozess $z(t)$ eine Brownsche Bewegung. $r$, $\mu$ und $\sigma$ sind in der obigen Darstellung Konstanten. Die Modellierung der Anlagemöglichkeiten ist hier bewusst einfach gewählt worden, um die grundsätzlichen Effekte von Liquidität klar herausarbeiten zu können. An späteren Stellen, wie beispielsweise der

Modellierung eines illiquiden Anleihemarkts in Kapitel 3, erfolgt eine komplexere Modellierung des Finanzmarkts, um anleihespezifische Effekte von Laufzeit und Zinsänderungsrisiken untersuchen zu können. Ein Portfolio wird mit der Größe $w(t)$ beschrieben, die den wertmäßigen Anteil des riskanten Wertpapiers am Gesamtvermögen angibt. Die optimale Investitionsentscheidung wird mit $w^*(t)$ bezeichnet.

### (1) Anlageziel: Ausgleich von Ertrag und Risiko

Die Präferenzen eines Investors bei Entscheidungen unter Risiko werden üblicherweise mittels einer Nutzenfunktion spezifiziert. In unserer Betrachtung wählen wir eine isoelastische Nutzenfunktion, die zu einer konstanten relativen Risikoaversion nach Pratt (1964) führt. Der Investor maximiert den erwarteten Nutzen, den sein Endvermögen in $t = T$ stiftet. Wir betrachten keinen zwischenzeitlichen Konsum. Die entsprechende Zielfunktion lautet dann:

$$\max_{w(t)} \mathbb{E}_0 \left[ \frac{W(T)^{1-\gamma}}{1-\gamma} \right], \qquad \gamma > 0. \tag{2.4}$$

Der Parameter $\gamma$ gibt den Grad der relativen Risikoaversion an.[4] Der Index 0 gibt an, dass der Erwartungswert aus Gleichung (2.4) bedingt zu den verfügbaren Informationen zum Zeitpunkt 0 gebildet wird.

Bei dem vorgegebenen Anlageziel kann es eine Reihe verschiedener Handelsimpulse geben. Einer der häufigsten Handelsimpulse sind Preisveränderungen. Sie ändern die Relation der Portfoliogewichte und machen so in den meisten Fällen eine Anpassung der Wertpapierbestände notwendig. Betrachten wir nun den Fall, dass Preisveränderungen die einzigen Handelsimpulse sind. In diesem Fall unterliegt jede zulässige Handelsstrategie der folgenden dynamischen Budgetbedingung

$$dW(t) = (r + w(t)(\mu - r))\, W(t)dt + w(t)W(t)\sigma dz(t). \tag{2.5}$$

Ökonomisch gesehen beschreibt Bedingung (2.5) selbstfinanzierende Handelsstrategien. Selbstfinanzierende Strategien weisen keine zwischenzeitlichen Ein- oder Auszahlungen

4 Die entsprechende Nutzenfunktion für einen Risikoaversionskoeffizienten von $\gamma = 1$ ist die logarithmische Nutzenfunktion. Sie ergibt sich als Grenzwert der isoelastischen Nutzenfunktion, falls man dieser einen konstanten Term zufügt:

$$\lim_{\gamma \to 1} \left( \frac{W(T)^{1-\gamma}}{1-\gamma} - \frac{1}{1-\gamma} \right) = \lim_{\gamma \to 1} \frac{W(T)^{1-\gamma} - 1}{1-\gamma} = \ln(W(T)).$$

Eine solche Transformation der Nutzenfunktion verändert die optimalen Entscheidungen des Investors nicht.

auf. Ankäufe bestimmter Wertpapiere werden durch Verkäufe anderer Wertpapiere finanziert. Das Vermögen des Investors ändert sich somit nur durch Preisschwankungen. Die optimale Strategie des Investors kann mit Hilfe der stochastischen dynamischen Optimierung ermittelt werden.[5] Diese Methode basiert auf der Betrachtung der indirekten Nutzenfunktion

$$J^{liq}(W(t),t) = \max_{w(t)} \mathbb{E}_t \left[ \frac{W(T)^{1-\gamma}}{1-\gamma} \right]. \tag{2.6}$$

Die optimale Lösung erfüllt die Hamilton-Jacobi-Bellman-Gleichung (HJB-Gleichung):

$$0 = \max_{w(t)} \left\{ J_t^{liq} + J_W^{liq}(r + w(\mu - r))W + \frac{1}{2} J_{WW}^{liq} w^2 W^2 \sigma^2 \right\}. \tag{2.7}$$

Wie in der Literatur üblich kennzeichnet der Index die entsprechende Ableitung einer Funktion. Ferner werden wir zur besseren Lesbarkeit auf die explizite Darstellung der in Funktionen eingehenden Variablen verzichten, falls Verwechslungen ausgeschlossen sind. Zusammen mit der offensichtlich am Planungshorizont erfüllten Randbedingung $J^{liq}(W(T),T) = W(T)^{1-\gamma}/(1-\gamma)$ liefert die HJB-Gleichung die Lösung des Optimierungsproblems:

$$w^*(t) = -\frac{J_W^{liq}}{J_{WW}^{liq} \cdot W(t)} \cdot \frac{\mu - r}{\sigma^2} = \frac{\mu - r}{\gamma\sigma^2} \tag{2.8}$$

$$J(W(t),t) = \frac{W(t)^{1-\gamma}}{1-\gamma} \cdot \exp\left\{ \left( (1-\gamma)r + \frac{1}{2}(1-\gamma)\frac{(\mu - r)^2}{\gamma\sigma^2} \right) \cdot (T-t) \right\}. \tag{2.9}$$

Aufgrund der isoelastischen Nutzenfunktion legt der Investor einen festen Anteil seines Vermögens in riskanten Papieren an. Wir werden nun die Lösung des Portfoliowahlproblems aus dem Blickwinkel der Liquidität betrachten. Dazu analysieren wir das Handelsvolumen $Vlm$ (gemessen in Geldeinheiten) des Investors.[6] Das Handelsvolumen kann indirekt über den wertmäßigen Bestand an riskanten Wertpapieren $w(t) \cdot W(t)$ ermittelt werden. Die Differenz zwischen der gesamten Wertveränderung und der lediglich durch

[5] Die Verwendung der stochastischen dynamischen Optimierung in finanzwirtschaftlichen Modellen unter kontinuierlicher Zeit geht auf Merton (1969) zurück. Cox und Huang (1989) haben eine zweite Lösungsmethode vorgeschlagen. Die Martingal-Methode wird mittlerweile in vielen Studien angewendet. Aufgrund ihrer größeren Anschaulichkeit werden wir jedoch die klassische Methode in unserer Studie verwenden.

[6] Handelsvolumen und Liquidität sind keinesfalls äquivalent. Vielmehr muss bei der Interpretation des Handelsvolumens als Liquiditätsindikator beachtet werden, dass es sich wie der Liquiditätsabschlag aus dem Zusammenspiel von Liquiditätsnachfrage und -angebot ergibt.

Preisveränderungen hervorgerufenen Wertänderung des Bestands liefert das Handelsvolumen

$$d(Vlm(t)) = \left| d\left(w(t) \cdot W(t)\right) - w(t) \cdot W(t) \cdot \frac{dP(t)}{P(t)} \right|. \tag{2.10}$$

Berücksichtigen wir die Struktur der optimalen Investitionspolitik, d. h. $w^*(t) = w^* = const$, lässt sich das Handelsvolumen durch die Gleichung

$$d(Vlm(t)) = \left| w^*(1 - w^*) \cdot W(t) \left((\mu - r)dt + \sigma dz(t)\right) \right| \tag{2.11}$$

beschreiben. Die unbeschränkte Variation der Brownschen Bewegung $z(t)$ führt zu einem unendlich hohen Handelsvolumen. Einzige Ausnahmen sind die beiden Sonderfälle $w^* = 0$ und $w^* = 1$. In diesen Fällen besteht das gesamte Portfolio nur aus einem Wertpapiertyp und es sind somit überhaupt keine Umschichtungen erforderlich.

Preisveränderungen sind die am häufigsten auftretenden Handelsimpulse in finanzwirtschaftlichen Modellen. Dennoch gibt es andere wichtige Klassen von Handel auslösenden Ereignissen. Eine solche Gruppe wird von zwischenzeitlichen Einzahlungen und Auszahlungsverpflichtungen gebildet. Streng genommen findet man diese Ereignisse auch in Modellen mit zwischenzeitlichem Konsum, da auch hier zwischenzeitliche Auszahlungen anfallen. Wir betrachten diese Modelle jedoch nicht separat, da sie im Wesentlichen zu den gleichen Ergebnissen bezüglich der Handelsstrategie – und somit auch in Hinblick auf Liquiditätsüberlegungen – führen wie Modelle ohne zwischenzeitliche Ein- und Auszahlungen. Der Grund hierfür ist, dass der Investor die zeitliche Struktur seiner Konsumentnahmen selbst steuern kann. In Modellen mit exogen vorgegebenen Ein- und Auszahlungen ist dies nicht mehr gegeben. Die Ergebnisse dieser Modelle unterscheiden sich deutlich von den Resultaten der Modelle mit zwischenzeitlichem Konsum. Insbesondere stochastisch auftretende Ein- und Auszahlungen werden häufig als *Liquiditätsschocks* bezeichnet. So unterliegen beispielsweise Investmentfonds Liquiditätsschocks, da neue Anleger zwischenzeitlich weitere liquide Mittel zuführen und Altbesitzer ihre Anteile an den Fonds zurückgeben. Diese Sachverhalte können auf zwei Arten in dem Optimierungsproblem (2.4) – (2.5) formal erfasst werden.

Eine Möglichkeit besteht darin, die zwischenzeitlichen Ein- und Auszahlungen über einen stochastischen Prozess $e(t)$ der kumulierten Zahlungen zu beschreiben. Dies bedeutet die Einführung einer weiteren Zustandsvariable. Die Entwicklung von $e(t)$, dessen Inkrement die momentane Ein- oder Auszahlungsrate beschreibt, ersetzt zusammen mit einer modifizierten Budgetbedingung die alte Nebenbedingung (2.5) des Optimierungsproblems:

$$dW(t) = (r + w(t)(\mu - r))W(t)dt + w(t)W(t)\sigma dz(t) + de(t) \quad (2.12)$$

$$de(t) = \mu_e(e,t)dt + \sigma_e(e,t)dz'(t). \quad (2.13)$$

Die zweite Zustandsvariable wird durch eine weitere Brownsche Bewegung $z'(t)$ getrieben. In die HJB-Gleichung des neuen Optimierungsproblems gehen nun zusätzlich die partiellen Ableitungen nach der Zustandsvariablen $e(t)$ ein. Die optimale Strategie des Investors ergibt sich wie folgt:

$$w^*(t) = -\frac{J_W^{liq}}{J_{WW}^{liq}\sigma^2 W}(\mu - r) - \frac{J_{We}^{liq}}{J_{WW}^{liq}\sigma^2 W}\sigma\sigma_e\rho_{We}. \quad (2.14)$$

Die optimale Strategie setzt sich nun aus zwei Komponenten zusammen. Die Größe der ersten Komponente, die als Spekulationskomponente bezeichnet wird, bestimmt sich aus der erwarteten Überschussrendite des riskanten Wertpapiers, dessen Risiko und der Risikoeinstellung des Investors. Diese Komponente tritt auch bei der Strategie ohne zwischenzeitliche Zahlungen auf. Im Fall zwischenzeitlicher Zahlungen sichert der Investor das zusätzliche Risiko durch die exogenen Cash-Flows so gut wie möglich über den Finanzmarkt ab. Dies führt zu einer zweiten Hedgingkomponente, die von der Korrelation $\rho_{We}$ zwischen dem Prozess des Vermögens des Investors und den auftretenden Zahlungen abhängt. Eine solche Erweiterung des Portfoliowahlproblems ist bereits von Merton (1969) diskutiert worden und wurde seitdem intensiv aus verschiedenen Blickwinkeln analysiert.[7] Vom Blickwinkel der Liquidität gesehen erzeugt die Hedgingkomponente einen zusätzlichen Bedarf zur Anpassung des Portfolios. D. h. das Handelsmotiv wird meistens verstärkt. In einigen wenigen Fällen können sich jedoch – je nach Schwankungsbreite und Korrelation der zwischenzeitlichen Zahlungen und des Vermögens des Investors – die Spekulationskomponente und die Hedgingkomponente teilweise aufheben, so dass das Handelsvolumen zurückgeht.

Es gibt eine zweite Möglichkeit zur Abbildung von Liquiditätsschocks, die oftmals in Modellen zur Bestimmung von Liquiditätskonsequenzen herangezogen wird. Dabei wird der Zeithorizont des Investors stochastisch modelliert, d. h. es herrscht Unsicherheit über den Liquidationszeitpunkt $\tilde{T}$. Das Modell kann als Extremfall einer zwischenzeitlichen Auszahlungsverpflichtung gesehen werden, die die vollständige Liquidation des Portfolios zu

[7] Solche Modelle werden als Portfoliowahlprobleme mit Hintergrundrisiko (*background risk*) bezeichnet. Einen Überblick geben Heaton und Lucas (2000).

einem ex ante unsicheren Zeitpunkt notwendig macht. Formal lässt sich der stochastische Liquidationszeitpunkt über die Zielfunktion erfassen. Wenn wir die Verteilung des Liquidationszeitpunkts $\tilde{T}$ über die Dichtefunktion $\varphi(T)$ beschreiben, lässt sich das Optimierungsproblem formal wie folgt darstellen:

$$\max_{w(t)} \mathbb{E}_0 \left[ \int_0^\infty e^{-\delta T} \frac{W(T)^{1-\gamma}}{1-\gamma} \varphi(T) dT \right]. \tag{2.15}$$

unter der Nebenbedingung (2.5). Der Erwartungswert wird über die möglichen Endvermögen zu verschiedenen Liquidationszeitpunkten gebildet. Um diese vergleichbar zu machen, nehmen wir eine konstante Zeitpräferenzrate in Höhe von $\delta$ an. Diese Variation des Portfoliowahlproblems wurde zuerst von Richard (1975) analysiert. Wir illustrieren die wesentlichen Ergebnisse anhand eines Portfoliowahlproblems, bei dem der Liquidationszeitpunkt durch den ersten Sprung eines Poissonprozesses mit konstanter Intensität $h$ gegeben ist, d. h.

$$\varphi(T) = h \cdot e^{-hT}. \tag{2.16}$$

Weiter wird angenommen, dass der Poissonprozess von allen anderen Zufallsvariablen stochastisch unabhängig sei. Unter dieser Annahme charakterisiert die folgende HJB-Gleichung die Lösung des Portfoliowahlproblems:

$$0 = \max_{w(t)} \left\{ J_t^{liq} + J_W^{liq}(r + w(\mu - r))W + \frac{1}{2} J_{WW}^{liq} w^2 W^2 \sigma^2 + h \left( e^{-\delta t} \frac{W^{1-\gamma}}{1-\gamma} - J^{liq} \right) \right\}. \tag{2.17}$$

Die Gleichung hat dieselbe Struktur wie die HJB-Gleichung (2.7) für festes $T$. Allerdings enthält sie einen zusätzlichen Term, der die Nutzenveränderung zum Liquidationszeitpunkt beschreibt. Die erste Ableitung der HJB-Gleichung nach $w(t)$ führt zu der optimalen Strategie

$$w^*(t) = -\frac{J_W^{liq}}{J_{WW}^{liq} \cdot W(t)} \cdot \frac{\mu - r}{\sigma^2} = \frac{\mu - r}{\gamma \sigma^2}. \tag{2.18}$$

Die veränderte Zielfunktion hat also offenbar keinen Einfluss auf die optimale Handelsstrategie. Das Lösen der HJB-Gleichung unter Verwendung der üblichen Transversalitätsbedingung $\lim_{t\to\infty} \mathbb{E}[\exp(-\delta t) \cdot W(t)^{1-\gamma}/(1-\gamma)] = 0$ zeigt ferner, dass auch die indirekte Nutzenfunktion

$$J(W(t), t) = e^{-\delta t} \cdot \frac{W(t)^{1-\gamma}}{1-\gamma} \cdot \frac{2h\gamma\sigma^2}{2(h + \delta + (1-\gamma)r)\gamma\sigma^2 - (1-\gamma)(\mu - r)^2} \tag{2.19}$$

die gleiche Struktur wie bei festem Investitionshorizont besitzt. Aufgrund der Zeitinvarianz der Exponentialverteilung enthält auch die indirekte Nutzenfunktion – abgesehen von dem Diskontfaktor aufgrund der Zeitpräferenzrate – keine Zeitabhängigkeit. Offensichtlich spielt ein stochastischer Liquidationszeitpunkt in liquiden Märkten keine Rolle in Bezug auf die Handlungsentscheidungen der Investoren. Dies liegt an der Unabhängigkeit des stochastischen Liquidationszeitpunkt $\tilde{T}$ und der Preisentwicklung der Wertpapiere. Da der Investor somit die Wertpapiere nicht zur Absicherung des vorzeitigen Liquidationsrisikos verwenden kann, beeinflusst die Existenz dieses Risikos die Portfolioentscheidungen nicht.

Neben den bereits diskutierten Handelsimpulsen löst der Erhalt neuer kursrelevanter Informationen, die noch nicht in den aktuellen Kursen verarbeitet sind, Handelsentscheidungen aus. Besser informierte Investoren versuchen, ihren Informationsvorsprung durch entsprechende Transaktionen auszunutzen. Auf unseren Modellrahmen übertragen hat der Investor private Informationen über den weiteren Verlauf des Wiener Prozesses $z(t)$, der den Wertpapierkurs (2.2) treibt. Solche Kenntnisse werden mathematisch über die Vergrößerung der üblichen von $z(t)$ in $[0, t]$ erzeugten $\sigma$-Algebra erfasst. Die relevante mathematische Methodik wird in den Arbeiten von Pikovsky und Karatzas (1996) sowie Amendinger et al. (1998) dargestellt. Je nach Güte der Information werden die Handelswünsche der Investoren in solchen Modellen verschieden stark beeinflusst. Ebenso wie im Fall zwischenzeitlicher Cash-Flows kann die Änderung beträchtlich sein, was sich beispielsweise am Extremfall perfekter Information (formal: $z(T)$ ist bekannt) illustrieren lässt. Genauso sind jedoch Fälle denkbar, in denen private Informationen das Handelsvolumen verringern.

### (2) Anlageziel: Absicherung einer Position in Derivaten

Ein weiteres Anlageziel kann in der völligen oder teilweisen Absicherung von Risiken aus bestehenden Positionen bestehen. Der Investor kann durch den Aufbau eines entsprechenden Portfolios die Risiken derivativer Positionen auf ein gewünschtes Maß hin absichern. Die Risikoposition muss nicht zwangsläufig durch den Erwerb eines Finanzderivats entstanden sein. Auch realwirtschaftliche Aktivitäten können zu einer entsprechenden Position führen. Zum Beispiel ist ein international tätiges Unternehmen Wechselkursrisiken ausgesetzt, wenn die Produktion und der Vertrieb eines Produkts in verschiedenen Ländern stattfinden.

Aus Gründen der Vereinfachung werden wir das Problem anhand eines europäischen Derivats analysieren, das lediglich eine Zahlung der Höhe $\tilde{e}(T)$ zum Zeitpunkt $T$ verspricht. In unserer Nomenklatur deutet sich bereits der enge Zusammenhang zu dem Portfoliowahlproblem mit exogenen Zahlungen an. Tatsächlich sind beide Probleme ökonomisch identisch, da die Herkunft der Cash-Flows für die Anlageentscheidung irrelevant ist. Typischerweise werden jedoch bei der Ermittlung einer optimalen Absicherungsstrategie andere Zielfunktionen als im vorhergehenden Abschnitt verwendet. In vielen Fällen ist das Risiko das einzige Beurteilungskriterium, d. h. es wird die Güte der Replikation der Zahlung aus dem Derivat beurteilt. Teilweise wird eine Superreplikation gefordert, d. h. die Absicherung darf in keinem möglichen Zustand der Ökonomie unter der Zahlung aus dem Derivat bleiben. Die aufgrund des Anlageziels einfachere Zielfunktion erlaubt auch noch bei komplexeren Risikoprofilen eine Ermittlung der optimalen Handelsstrategie. In unserem einfachen Modellrahmen werden beispielsweise sämtliche derivativen Positionen auf das Instrument $P(t)$ über die Delta-Hedging-Strategie abgesichert.

Die betrachteten Modelle liefern keine Preise für die Basiswertpapiere. Ihr Anwendungsgebiet liegt in der Ermittlung eines Preises oder Preisintervalls für das analysierte Derivat.

### 2.3.3 Illiquidität im Sinne der Preisdimension

Der Handel von im Sinne der Preisdimension illiquiden Wertpapieren löst nachteilige Preisreaktionen relativ zu dem theoretischen Kurs aus, der sich ohne Transaktionen eingestellt hätte (*Reservationpreis*). Die Differenz der beiden Größen wird als *Market Impact* bezeichnet. Die Kursdifferenz kann vorübergehender Natur oder dauerhaft sein. Bei einer beliebig starken Erneuerungskraft eines Marktes ist der Market Impact ausschließlich vorübergehender Natur, so dass der Preis nach einer Transaktion wieder auf das Niveau des Reservationspreises zurückschnellt. Besitzt der Markt überhaupt keine Erneuerungskraft, so ist der Market Impact permanent. Hasbrouck (1991a, 1991b) diskutiert den Unterschied zwischen vorübergehendem und dauerhaftem Market Impact, den wir in Abbildung 2.5 illustrieren. Der Autor argumentiert, dass ein dauerhafter Preiseinfluss durch Informationsübertragung beim Vorliegen einer asymmetrischen Informationsverteilung hervorgerufen wird. Demgegenüber wird ein vorübergehender Preiseinfluss durch andere, nicht auf Informationen basierende Marktunvollkommenheiten hervorgerufen, wie z. B. Handelsbestände bei Intermediären oder Effekte diskreter Preisnotierungen (tick size). Obwohl in beiden Fällen Preisänderungen durch Handel ausgelöst werden und damit von Illiquiditätseffekten gesprochen werden kann, gibt es einen bedeutenden Unterschied. Die durch den Handel aufgedeckten neuen Informationen verändern die Beurteilung des entsprechenden Wertpapiers zumindest für zuvor nicht perfekt informierte Investoren. Dies gilt nicht

Abbildung 2.5: Vorübergehender und dauerhafter Preiseinfluss

Die Abbildung zeigt den Verlauf des tatsächlichen (Transaktions-) Kurses (durchgezogene Linie) und des Reservationspreises (gestrichelte Linie) im Fall von vorübergehenden und dauerhaften Preiseinflüssen.

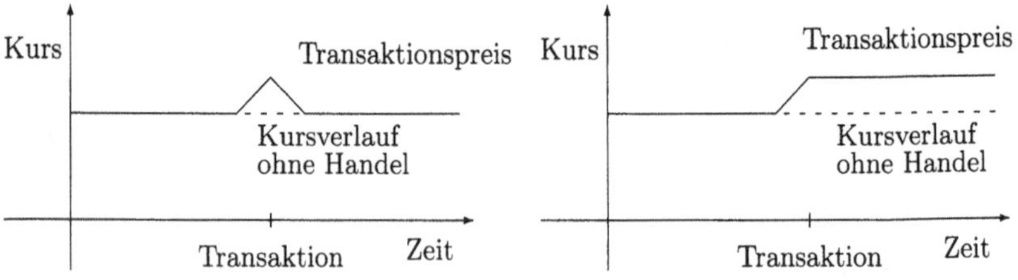


Vorübergehender Preiseinfluss — Dauerhafter Preiseinfluss

im Fall eines nicht informationsbasierten Preiseinflusses. Dieser ökonomische Unterschied hat auch Konsequenzen für die Ergebnisse der im Folgenden betrachteten Modelle. Während Ansätze mit vorübergehendem Preiseinfluss Liquiditätseffekte gut abbilden, gilt dies für die Modelle mit dauerhaftem Preiseinfluss nur eingeschränkt. Um einen vollständigen Überblick zu geben, werden wir dennoch beide Modellklassen analysieren. Selbstverständlich treten in Märkten auch Zwischenstufen zwischen beliebig hoher Erneuerungskraft und ihrem völligen Fehlen auf. Diese können durch die Kombination von vorübergehenden und dauerhaften Preiseffekten modelliert werden.

### (1) Vorübergehender Preiseinfluss

Bei Vorliegen eines vorübergehenden Preiseinflusses von Transaktionen kann ein Investor Wertpapiere nur zu einem für ihn ungünstigeren Preis erwerben bzw. verkaufen. Nach Abwicklung der Transaktion fällt der Preis wieder auf sein ursprüngliches Niveau zurück. Der Preiseinfluss erzeugt somit implizite Transaktionskosten. Aus dem Blickwinkel eines einzelnen Investors ist es jedoch unerheblich, ob durch den Handel explizite Transaktionskosten wie Provisionen oder implizite Kosten anfallen. Allein ihre Höhe ist entscheidend. Daher kann ein vorübergehender Preiseinfluss anhand von Modellen mit exogenen Transaktionskosten analysiert werden. Dabei stellt $P(t)$ den im vorhergehenden Abschnitt definierten Reservationspreis des Wertpapiers dar. Zusammen mit der Festlegung der Transaktionskosten wird damit implizit der entsprechende Transaktionspreis festgelegt. Gegenüber dem Standardproblem aus dem vorherigem Abschnitt verliert der Investor nun bei jeder Portfolioumschichtung einen Teil seines Vermögens.

Transaktionskosten bewirken eine deutliche Veränderung der Handelsentscheidungen. Im Allgemeinen nimmt das Handelsvolumen stark ab. Die optimalen Handelsstrategien weisen typische Strukturen auf. Wie wir im Folgenden zeigen werden, variieren diese mit der konkreten Spezifikation des Preiseinflusses. Trotz der deutlichen Änderung der Handelsstrategie ist der entgangene Nutzen (und damit der Rückgang des Nutzenindifferenzwerts $NIW$) für den Investor nicht zwangsläufig ebenso stark ausgeprägt. Es zeigt sich, dass das Handelsmotiv der Investoren die Stärke der Nutzeneinbuße wesentlich beeinflusst. Aufgrund der Vielzahl an möglichen Spezifikationen des Handelsmotivs lassen sich keine allgemeingültigen Aussagen über die Höhe der Nutzeneinbuße treffen. Jedoch zeigen die Ergebnisse der in der Literatur analysierten Modelle die folgende Tendenz: Ein Investor, der lediglich aufgrund von Preisveränderungen Umschichtungen in seinem Portfolio vornimmt, misst der Möglichkeit zu handeln in der Regel nur einen kleinen Wert zu. In diesem Fall fällt auch die Nutzeneinbuße aufgrund der Illiquidität entsprechend gering aus. Im Gegensatz dazu sind die Handelsanreize bei exogenen Cash-Flows typischerweise wesentlich stärker, was sich in einer hohen Nutzeneinbuße niederschlägt.

Wir werden im Weiteren die Auswirkungen verschiedener Spezifikationen des Preiseinflusses auf die Portfoliowahlentscheidung eines Investors analysieren. Zunächst werden wir den Fall betrachten, dass sich durch eine Transaktion eine adverse Preisreaktion in Höhe eines festen Anteils des Reservationspreises einstellt. Dies ist ökonomisch äquivalent zu dem Fall von zum (in Geldeinheiten gemessenen) Transaktionsvolumen proportionalen Transaktionskosten. Wir erweitern das ursprüngliche Optimierungsproblem (2.4) - (2.5) deshalb um proportionale Transaktionskosten mit dem Faktor $k$. Das riskante Wertpapier weist dann eine Geld-Brief-Spanne um den theoretischen Mittelkurs $P(t)$ auf. Das Anlageziel des Investors wird durch eine CRRA-Nutzenfunktion vorgegeben.

Die optimale Handelsstrategie wird durch zwei stochastische Prozesse $L(t)$ und $Q(t)$ spezifiziert. Sie geben das kumulierte Volumen (in Geldeinheiten) aller Käufe bzw. Verkäufe bis zum Zeitpunkt $t$ an. Das aktuelle Handelsvolumen zum Zeitpunkt $t$ ist dementsprechend durch $dL(t)$ bzw. $dQ(t)$ gegeben. Wir werden nun eine heuristische Herleitung der optimalen Strategie nach Korn (1997, Kap. 4) darstellen. Korn (1997) präsentiert auch eine exakte Lösung. Für die vereinfachte Herleitung nehmen wir zunächst an, dass die optimale Anlagestrategie von beschränkter Variation ist und dass das maximal umgesetzte Vermögen pro Zeiteinheit durch die Rate $M_{Vlm}$ nach oben begrenzt ist:[8]

$$L(t) = \int_0^t l(t)dt, \qquad Q(t) = \int_0^t q(t)dt, \qquad 0 \leq l(t), q(t) \leq M_{Vlm}. \tag{2.20}$$

Das Vermögen $W(t)$ wird in zwei Teile aufgeteilt. $W^P(t)$ misst den riskant angelegten Teil, während $W^M(t)$ den risikolos im Geldmarktkonto angelegten Teil angibt. Die Dynamik der beiden Vermögensteile ergibt sich unter Berücksichtigung der Transaktionskosten als

$$dW^P(t) = \mu W^P(t)dt + \sigma W^P(t)dz(t) + (l(t) - q(t))dt \tag{2.21}$$

$$dW^M(t) = rW^M(t)dt - (1+k)l(t)dt + (1-k)q(t)dt. \tag{2.22}$$

Das Ziel des Investors besteht weiterhin in der Maximierung des erwarteten Nutzens seines Endvermögens in $T$. Wir nehmen an, dass der Investor sein gesamtes Portfolio in $T$ liquidiert (und somit einen entsprechenden Vermögensverlust aufgrund des Bid-Ask-Spreads erleidet). Seine Zielfunktion

$$\max_{L(t),\, Q(t)} \mathbb{E}\left[\frac{((1-k)\cdot W^P(T) + W^M(T))^{1-\gamma}}{1-\gamma}\right] \tag{2.23}$$

führt zusammen mit den Dynamikgleichungen (2.21)-(2.22) auf die folgende HJB-Gleichung:

$$0 = \max_{l(t),\, u(t)} \Big\{ J_t^{ill} + J_{W^P}^{ill}(\mu W^P + l - q) + \frac{1}{2} J_{W^P,W^P}^{ill}(W^P)^2 + J_{W^M}^{ill}(rW^M - (1+k)l + (1-k)q) \Big\}. \tag{2.24}$$

Im Gegensatz zur Optimalitätsbedingung (2.7) im Fall perfekter Liquidität gehen die Kontrollvariablen $l(t)$ und $q(t)$ nur linear und nicht quadratisch in die HJB-Gleichung (2.24) ein. Die optimale Handelsstrategie besteht somit aus einer Randlösung der folgenden charakteristischen Form (*Schrankenstrategie*):

$$l(t) = \begin{cases} M_{Vlm}, & \text{falls } \left(J_{W^P}^{ill} - (1+k)J_{W^M}^{ill}\right) > 0 \\ 0, & \text{sonst} \end{cases} \tag{2.25}$$

$$q(t) = \begin{cases} M_{Vlm}, & \text{falls } \left(-J_{W^P}^{ill} + (1-k)J_{W^M}^{ill}\right) > 0 \\ 0, & \text{sonst} \end{cases} \tag{2.26}$$

[8] Die Betrachtung des vereinfachten Problems dient lediglich der Motivation der Form der optimalen Strategie in dem ursprünglichen Portfoliowahlproblem. Die Lösung des urprünglichen Problems erfüllt diese Annahmen nicht.

Der Zustandsraum wird von der optimalen Strategie in drei Bereiche aufgeteilt. In einem Bereich kauft der Investor mit der maximalen Rate riskante Wertpapiere, während er diese in einem zweiten Bereich mit der maximalen Rate verkauft. Dazwischen liegt ein Bereich ohne Handelsaktivität, die *No-Transaction-Zone.* Hebt man die Einschränkung auf Strategien mit beschränkter Variation auf, so bleibt die Grundstruktur der optimalen Strategie unverändert. Der Investor lässt sein Portfolio solange unverändert, bis die Grenzen der No-Transaction-Zone erreicht werden. Werden diese überschritten, bringt er sein Portfolio unverzüglich mit einer infinitesimal kleinen Portfolioumschichtung zurück in die No-Transaction-Zone. Aufgrund der No-Transaction-Zone liegt das Handelsvolumen deutlich unter dem Volumen im Fall ohne Transaktionskosten. Aus der Homothetie der indirekten Nutzenfunktion[9] folgt unmittelbar die Linearität der Grenzen der No-Transaction-Zone. Die Form der optimalen Strategie ist in Abbildung 2.6 dargestellt.

Abbildung 2.6: Optimale Handelsstrategie unter proportionalen Transaktionskosten

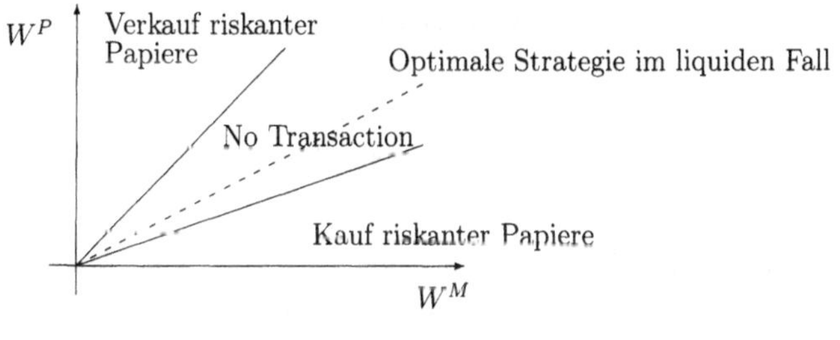


Die Bestimmung der die Strategie charakterisierenden Grenzen der No-Transaction-Zone erfolgt über die von Dumas (1991) dargestellten *Value-Matching* und *Smooth-Pasting*-Bedingungen. Die *Value-Matching*-Bedingungen

$$\text{für Kauf riskanter Papiere:} \quad J^{ill}_{W^P} - (1+k)J^{ill}_{W^M} = 0 \tag{2.27}$$

$$\text{für Verkauf riskanter Papiere:} \quad -J^{ill}_{W^P} + (1-k)J^{ill}_{W^M} = 0. \tag{2.28}$$

erscheinen bereits in der heuristischen Motivation der Form der optimalen Strategie. Ökonomisch interpretiert ist der Investor an einer Grenze der No-Transaction-Zone indifferent

9 Wie beispielsweise Korn (1997. Kap. 4) zeigt, überträgt sich die Homothetie der CRRA-Nutzenfunktion auch bei Existenz von proportionalen Transaktionskosten auf die indirekte Nutzenfunktion.

zwischen der Durchführung und der Nicht-Durchführung einer entsprechenden Transaktion. Tatsächlich sind die Bedingungen eine logische Konsequenz aus der Form der Strategie und der Stetigkeit der indirekten Nutzenfunktion. Würde sich die indirekte Nutzenfunktion an einer Grenze sprunghaft verändern, so könnte durch eine kleine Verschiebung der Grenze ein Nutzengewinn realisiert werden. Dies steht im Widerspruch zur Optimalität der Strategie. Zur eindeutigen Charakterisierung der Lage der Grenzen reichen die Value-Matching-Bedingungen alleine nicht aus. Weitere Bedingungen ergeben sich aus der Forderung der Differenzierbarkeit der indirekten Nutzenfunktion an optimal gewählten Grenzen der No-Transaction-Zone. Die Nicht-Differenzierbarkeit an diesen Stellen widerspricht der Optimalität der Strategie aus den gleichen Gründen wie eine Unstetigkeit. Die resultierenden Bedingungen, die den Ableitungen der Value-Matching-Bedingungen entsprechen, werden als Smooth-Pasting-Bedingungen bezeichnet:

$$\text{Kauf:} \quad J^{ill}_{W^P,W^P} - (1+k)J^{ill}_{W^P,W^M} = 0 \quad ; \quad J^{ill}_{W^P,W^M} - (1+k)J^{ill}_{W^M,W^M} = 0 \quad (2.29)$$

$$\text{Verkauf:} \quad -J^{ill}_{W^P,W^P} + (1-k)J^{ill}_{W^P,W^M} = 0 \quad ; \quad -J^{ill}_{W^P,W^M} + (1-k)J^{ill}_{W^M,W^M} = 0 \quad (2.30)$$

Pro Grenze existieren zwei Bedingungen. Die Ermittlung der optimalen Handelsstrategie erfordert die Lösung der HJB-Gleichung innerhalb der No-Transaction-Zone unter Berücksichtigung der von den Value-Matching- und Smooth-Pasting-Bedingungen vorgegebenen Randbedingungen an den optimalen Grenzen, die noch zu bestimmen sind (Freies Randwertproblem).

In der Arbeit von Magill und Constantinides (1976) ist die optimale Struktur der Lösung des Portfoliowahlproblems zum ersten Mal aufgezeigt worden. Aufgrund der hohen mathematischen Schwierigkeit des Problems haben sich viele Studien mit verschiedenen Lösungsmethoden beschäftigt. Wichtige Arbeiten auf diesem Gebiet sind unter anderem Davis und Norman (1990), Dumas und Luciano (1991), Shreve und Soner (1994) sowie Liu und Loewenstein (2002).[10]

Die Struktur der optimalen Handelsstrategie wird maßgeblich durch die funktionale Spezifikation des Preiseinflusses bestimmt. Wir betrachten nun den Fall, dass die Illiquidität zu Transaktionskosten führt, die eine fixe Komponente enthalten. Von der Transaktionsgröße unabhängige Fixkosten können beispielsweise in dem Fall entstehen, wenn vor der Durchführung einer Transaktion zunächst ein geeigneter Kontrahent identifiziert werden muss. Wie im Fall proportionaler Transaktionskosten auch teilt die optimale Strategie den Zustandsraum in die drei oben beschriebenen Bereiche auf. Die Durchführung infinitesimal

[10] Aufgrund der großen Zahl an Arbeiten können wir hier nur eine unvollständige Liste angeben.

kleiner Portfolioänderungen ist jedoch nicht länger optimal. Aufgrund der notwendigen Handelshäufigkeit würde der Fixkostenanteil zu einer völligen Aufzehrung des Vermögens führen. Der Investor verwendet daher eine Variante der $(S, s)$-Strategie,[11] die aus der Analyse von Lagerhaltungsproblemen mit Fixkosten stammt. Beim Erreichen einer Grenze der No-Transaction-Zone wird das Portfolio nicht nur infinitesimal umgeschichtet. Vielmehr wird eine Transaktion mit einem so hohen Volumen durchgeführt, dass sich der Zustandsvektor – wie in Abbildung 2.7 illustriert – wieder im Inneren der No-Transaction-Zone befindet.

Abbildung 2.7: Optimale Handelsstrategie unter fixen Transaktionskosten

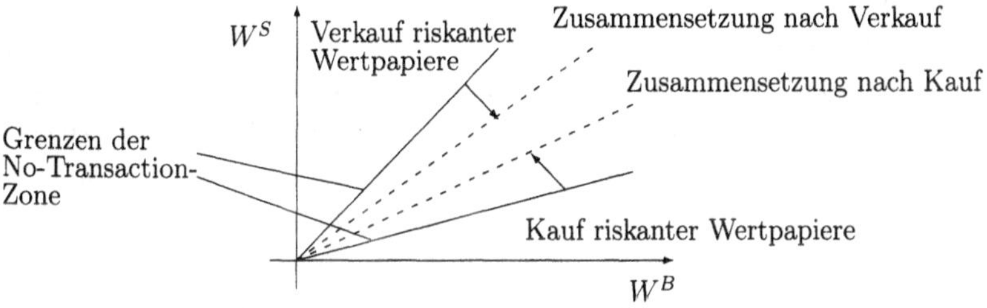


Ansätze zur Berücksichtigung von Fixkosten in Portfolioentscheidungen werden unter anderem in den Arbeiten von Eastham und Hastings (1988), Korn (1998), Bielecki und Pliska (2000) sowie Liu und Loewenstein (2002) analysiert. Duffie und Sun (1990) untersuchen eine Variante des Problems, in der die Höhe der fixen Kosten nicht konstant, sondern proportional zum aktuellen Wert des Gesamtportfolios ist. Diese spezielle Kostenfunktion vereinfacht die mathematische Komplexität des Problems beträchtlich. Morton und Pliska (1995) erweitern diesen Ansatz auf den Fall mehrerer riskanter Wertpapiere.

Die Abhängigkeit der Transaktionskosten vom Handelsvolumen kann auch von höherer Ordnung sein als eine lineare Funktion. Daraus resultiert eine andere Struktur der optimalen Lösung. Wir wollen dies am Beispiel quadratischer Transaktionskosten (bezogen auf das Handelsvolumen $Vlm$ in Geldeinheiten) betrachten. Quadratische Kosten sind ökonomisch äquivalent zu einem linear im Handelsvolumen $Vlm$ steigenden Preiseinfluss

[11] Siehe Scarf (1960).

von Transaktionen.[12] Die marginalen Transaktionskosten pro zusätzlich gehandelter Einheit sind durch die Ableitung der Kostenfunktion gegeben. Aufgrund der Spezifikation der Kostenfunktion hat die Ableitung an der Stelle Null den Wert Null. Infinitesimal kleine Portfolioumschichtungen bewirken also keinen Preiseinfluss und damit keine impliziten Transaktionskosten. Der Investor handelt somit – wie im Fall ohne Transaktionskosten – zu jedem Zeitpunkt. Eine No-Transaction-Zone gibt es nicht. Das Handelsvolumen einer Transaktion ist jedoch natürlich gegenüber dem Fall ohne Kosten reduziert. Broer und Jansen (1998) haben den Fall quadratischer Transaktionskosten analysiert. Constantinides (1979) untersucht die Effekte einer allgemeinen konvexen Kostenfunktion innerhalb eines zeitdiskreten Ansatzes.

Bisher haben wir Ansätze betrachtet, in denen das Ziel des Investors in der Zusammenstellung eines optimalen Portfolios in Hinblick auf Rendite- und Risikoaspekte besteht. Andere Ansätze untersuchen das Verhalten von Investoren, die eine Position in Derivaten in einem illiquiden Markt absichern möchten. Die Ermittlung der optimalen Hedgingstrategie dient der Bewertung von Derivaten bei im Sinne der Preisdimension illiquiden Basiswertpapieren. Die vorgeschlagenen Ansätze lassen sich dabei in zwei Klassen einteilen. Modelle der ersten Klasse, wie z. B. Leland (1985), Toft (1996) und Grannan und Swindle (1996), konzentrieren sich dabei ausschließlich auf die bestmögliche Replikation (minimaler Hedging-Fehler) des betrachteten Derivats. Eine zweite Klasse von Modellen untersucht mit Hilfe der in diesem Abschnitt dargestellten Methoden das Verhalten eines nutzenmaximierenden Investors, der ein zusätzliches Einkommen in Form von Zahlungen aus dem zu analysierenden Derivat erhält. Mit Hilfe der Nutzenindifferenzmethode kann ein Preis für das Derivat bestimmt werden. Die zweite Klasse von Modellen umfasst u. a. die Arbeiten von Hodges und Neuberger (1989), Davis et al. (1993) sowie Constantinides und Zariphopoulou (1999). Typischerweise hat die Illiquidität des Basiswertpapiers zur Folge, dass das Derivat eine Geld-Brief-Spanne aufweist.

In den bisher betrachteten Modellen hängt der Preiseinfluss einer Transaktion deterministisch von deren Größe ab. In der Realität ist es jedoch schwierig, den exakten Preiseinfluss einer Transaktion vor ihrer Ausführung zu beziffern. Eine naheliegende Erweite-

12 Im Fall quadratischer Handelskosten ohne Preiseinfluss muss ein Investor den Betrag $\Delta x P + k(\Delta x P)^2$ aufwenden, um $\Delta x$ Stück eines Wertpapiers mit Preis $P$ zu kaufen (Handelsvolumen $Vlm = \Delta x P$). Wie das Ausklammern von $\Delta x P$ zeigt, müsste der Investor die gleiche Summe für den Kauf ausgeben, wenn der Preis durch den Handel vorübergehend auf das $(1 + k \Delta x P)$-fache des ursprünglichen Preises $P$ steigen würde.

rung besteht daher in der Betrachtung von Modellen mit stochastischem Preiseinfluss. In der Literatur werden verschiedene Modellierungen vorgeschlagen. Ericsson und Renault (2005) bilden den stochastischen Preiseinfluss über ein Modell mit mehreren Market Makern ab. Jeder Market Maker stellt gemäß einer bestimmten Verteilung Kaufgebote für ein illiquides Wertpapier. Die Autoren ermitteln die resultierende Verteilung des höchsten Angebots. Dieser Gesamtmarktgeldkurs bestimmt den Preiseinfluss einer Order. Das Modell kann als eine vereinfachte Version eines Suchmarktmodells gesehen werden, das wir in Abschnitt 2.4.4 genauer betrachten. Andere Modelle modellieren den Preiseinfluss weniger aufwändig und verwenden einfach eine lineare Kostenfunktion mit einem stochastischen Koeffizienten. Die Ergebnisse dieser Modelle wie z. B. Bangia et al. (1999, 2002), Duffie und Ziegler (2003) und Nazareth (2002) ähneln in ihrer Struktur den Ergebnissen der entsprechenden deterministischen Modelle. Es gibt jedoch zwei Unterschiede: Die Preise enthalten eine zusätzliche Risikoprämie für das Risiko von Änderungen der Stärke des Preiseinflusses. Ferner können stochastische Transaktionskosten dazu führen, dass das wahre Ausmaß der Illiquidität eines Wertpapiers nicht direkt ersichtlich ist. Wir werden den zweiten Effekt stochastischer Transaktionskosten in einem Exkurs im nächsten Abschnitt näher analysieren.

### (2) Exkurs: Versteckte Illiquidität

Ohne Zweifel senken adverse Preisreaktionen die Attraktivität illiquider Wertpapiere. Im Gleichgewicht werden die Nachteile der Illiquidität durch eine zusätzliche Prämie in der Rendite der illiquiden Wertpapiere ausgeglichen. Diese besteht aus zwei Komponenten. Eine Komponente (direkte Auswirkung von Transaktionskosten) beinhaltet die erwarteten, risikoadjustiert diskontierten Handelskosten durch die hervorgerufenen adversen Preisreaktionen. Die andere Komponente (indirekte Auswirkung von Transaktionskosten) umfasst Opportunitätskosten, die der Investor erleidet, da er zur Vermeidung von Transaktionskosten auf eine ohne diese Kosten sinnvolle Umschichtung seines Portfolios verzichtet. Studien wie beispielsweise Constantinides (1997), Rogers (2001) sowie Bühler und Sauerbier (2003) zeigen, dass die indirekte Komponente im Vergleich zur direkten Komponente relativ gering ist, falls das Handelsmotiv der betrachteten Investoren darin besteht, ein optimales Portfolio aufzubauen und lediglich Anpassungen aufgrund von Preisveränderungen vorzunehmen. In diesem Fall erhöhen die Investoren die Haltedauern der illiquiden Wertpapiere erheblich, so dass die erwarteten Handelskosten gesenkt werden. Dieser Effekt ist eine Ursache für die beispielsweise in Huang (2003) dargestellte

Beobachtung, dass empirische Liquiditätsprämien in der Regel oberhalb der von theoretischen Modellen vorhergesagten Prämien liegen.

Die Höhe des Liquiditätsabschlags wird von der Nachfrage und dem Angebot an Liquidität bestimmt. Eine Möglichkeit, die Liquiditätsprämie zu erhöhen, besteht in der Stärkung der Handelsanreize. Dies wird beispielsweise von Huang (2003) vorgeschlagen, der die Handelsanreize der Investoren durch die Einführung von stochastischen Liquiditätsschocks wie im Optimierungsproblem (2.15) erhöht. Eine andere von Constantinides (1997) vorgeschlagene Möglichkeit ist die Berücksichtigung privater Informationen. Swan (2000) modelliert die Handelsanreize direkt über eine Einbeziehung des Handelsvolumens in die Nutzenfunktion.

Wir werden in diesem Abschnitt eine andere Möglichkeit betrachten, die sich auf die Angebotsseite der Liquidität bezieht. Wir nehmen an, dass die Stärke der adversen Preisreaktion und damit die Liquidität eines Wertpapiers nicht über die Zeit hinweg konstant ist, sondern zufälligen Schwankungen unterliegt. Die optimale Strategie eines Investors in solchen Märkten besteht darin, die meisten Transaktionen in Zeiten hoher Liquidität durchzuführen. Im Gegensatz dazu ist die Handelsaktivität während Zeitphasen mit geringer Liquidität relativ niedrig. Bei empirischen Untersuchungen können in der Regel nur die von tatsächlich durchgeführten Transaktionen ausgelösten Preisreaktionen beobachtet werden. Im Gegensatz dazu kann der hypothetische Preiseinfluss einer Order kaum erfasst werden.[13] Verhalten sich die Investoren optimal, so stehen damit in der Regel viele Transaktionen mit geringem Preiseinfluss wenigen Transaktionen mit starkem Preiseinfluss gegenüber. Wird die Verteilung der Handelskosten aus Transaktionsdaten geschätzt, so unterschätzt man systematisch die Handelskosten, denen sich der Investor tatsächlich gegenüber sieht. Wir werden diesen Effekt anhand einer diskreten Version des Portfoliowahlproblems aus Abschnitt 2.3.2 numerisch illustrieren.

Dazu analysieren wir eine Ökonomie mit den diskreten Zeitpunkten $t = 0, 1, 2, 3$. An jedem Zeitpunkt vor $t = 3$ können zwei Wertpapiere gehandelt werden. Das riskante Wertpapier $P(t)$ ist ein Zerobond mit Fälligkeit in $\tau = 3$. Wir notieren seinen Preis mit Hilfe seiner (kontinuierlichen) Rendite $y(t)$, d. h.

$$P(t) = e^{-y(t)(\tau - t)}. \tag{2.31}$$

[13] Eine der wenigen Ausnahmen hiervon bilden elektronische Märkte mit offenem Orderbuch, wie z. B. der Zinsfutures-Handel an der deutsch-schweizerischen Terminbörse Eurex.

Ferner kann der Investor Mittel für eine Periode risikolos auf dem Geldmarktkonto anlegen. Der Geldmarktzinssatz $r(t)$ ist jedoch nicht deterministisch, sondern schwankt wie der Preis $P(t)$ der Anleihe stochastisch gemäß des Binomialbaums in Abbildung 2.8.

Abbildung 2.8: Entwicklung des Geldmarktzinssatzes $r(t)$ und der Zerobondrendite $y(t)$ im Zeitablauf

Wie üblich bezeichnen die Zahlen in den Knoten die möglichen Ausprägungen des Geldmarktzinssatzes $r(t)$ und der Rendite $y(t)$ des Zerobonds, während die Zahlen an den Pfeilen die entsprechenden Übergangswahrscheinlichkeiten zwischen den Knoten angeben. Ist der Zerobond liquide, gibt die Rendite $y(t)$ seinen Preis an. Im illiquiden Fall charakterisiert $y(t)$ den hypothetischen Mittelkurs der Anleihe (d. h. ohne Bid-Ask-Spread).

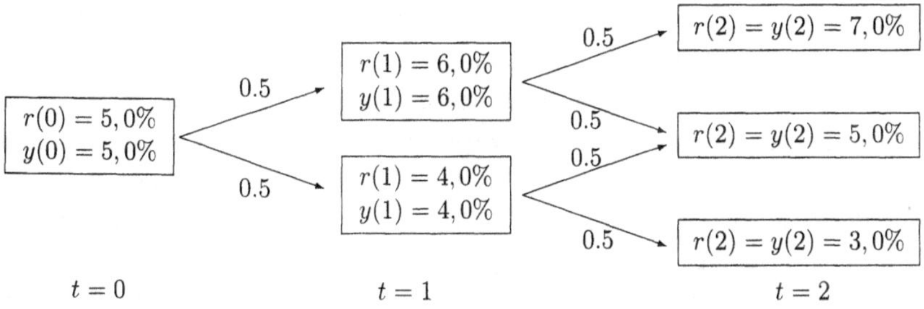


Wie man an der Baumstruktur erkennt, gibt es nur eine unabhängige Risikoquelle. Die gewählte Spezifikation der Parameter führt zu einem arbitragefreien und vollständigen Markt für Zinsinstrumente.

Wir betrachten nun das Verhalten eines Investors mit einer CRRA-Nutzenfunktion mit Risikoaversionskoeffizient $\gamma = 3$, dem zu Beginn in $t = 0$ ein Geldbetrag von $W(0) = 100$ zur Verfügung steht. Sind beide Instrumente vollkommen liquide, so legt der Investor zunächst die Hälfte seine Vermögens risikolos und die andere Hälfte in der langfristigen Anleihe an, d. h. $w^*(0) = 50,0\%$. In $t = 1$ reduziert der Investor das in die Anleihe investierte Vermögen unabhängig von der Zinsentwicklung auf $w^*(1) = 16,7\%$. Dies führt dazu, dass er die langfristigen Zerobonds im Mittel für eine Zeitdauer der Länge 1,3 hält.

In einem illiquiden Markt mit deterministischem Preiseinfluss ändert der Investor seine Strategie. Wir nehmen dazu an, dass Handel in den Zeitpunkten $t = 1$ und $t = 2$ einen vorübergehenden adversen Preiseinfluss hervorruft, der proportional (mit Faktor $k$) zu dem gehandelten Volumen (gemessen in Geldeinheiten; bewertet mit dem Preis $P(t)$ ohne Bid-Ask-Spread) ist. Zur Vereinfachung fallen in $t = 0$ keine Transaktionskosten an. Ökonomisch kann dies so interpretiert werden, dass der Investor in $t = 0$ bereits ein optimales Portfolio besitzt. Die adverse Preisreaktion führt zu einer erheblichen Änderung der optimalen Strategie. Bei Transaktionskosten in Höhe von 5 Basispunkten (bp) – d. h. $k = 0,0005$ – investiert der Investor in $t = 0$ lediglich $w^*(0) = 10,0\%$ seines Vermögens in (illiquide) Zerobonds. Ferner führt er in $t = 1$ keine Transaktion durch, so dass die Anleihen von dem Investor über die gesamte betrachtete Zeitdauer von $t = 0$ bis zur annahmegemäßen Desinvestition in $t = 2$ gehalten werden. Wie erwartet ist die Haltedauer der Anleihen im illiquiden Fall mit einer Länge von 2 etwa um die Hälfte länger als im liquiden Fall, was die erwarteten Handelskosten senkt.

In einem Markt mit stochastisch schwankender Liquidität ist für den Investor ein anderes Verhalten optimal. Zur Vereinfachung nehmen wir an, dass es nur zwei Ausprägungen der Liquidität der Anleihen gibt. Die Liquidität ist entweder hoch (und damit ist der Faktor des adversen Preiseinflusses $k = \underline{k}$) oder niedrig (Faktor $k = \bar{k} > \underline{k}$). Beide Liquiditätsgrade treten mit gleicher Wahrscheinlichkeit und unabhängig von der Zinsentwicklung und der Liquidität in der Vorperiode auf. Wir betrachten beispielhaft die optimale Strategie für die Parameterwerte $(\underline{k}; \bar{k}) = (0,0 \text{ bp}; 10,0 \text{ bp})$. Der Erwartungswert der Handelskosten in Höhe von 5 bp ist genauso hoch wie im oben betrachteten deterministischen Fall. Der Investor investiert mit $w^* = 10,0\%$ in etwa den gleichen Betrag seines Vermögens in illiquide Anleihen wie im vorhergehenden Fall. Trifft der Investor jedoch in $t = 1$ auf einen liquiden Markt ($k = \underline{k} = 0,0$ bp), so veräußert er alle Anleihen in $t = 1$. Ansonsten veräußert er sie annahmegemäß (und damit unabhängig von der Liquidität) in $t = 2$. Wie wir in Abbildung 2.9 illustrieren, führt diese Strategie dazu, dass der Investor mit 75%-iger Wahrscheinlichkeit die Anleihen in einer liquiden Phase des Markts verkauft, während die Wahrscheinlichkeit für einen Verkauf in einer illiquiden Phase nur 25% beträgt. Ermittelt man die empirische Verteilung des Preiseinflusses auf Basis der bei tatsächlichen Transaktionen beobachteten Preiseinflüsse (gewichtet mit der Zahl der entsprechenden Transaktionen), so unterschätzt man systematisch die tatsächliche Wahrscheinlichkeit des Auftretens von Phasen niedriger Liquidität. Das optimale Verhalten des Investors lässt die Märkte liquider erscheinen als sie wirklich sind. Der Effekt der versteckten Illiquidität muss bei der Interpretation der Ergebnisse empirischer Studien berücksichtigt werden. Erste Anzeichen für die mögliche Relevanz dieses Effekts können durch Betrachtung der Schiefe der Verteilung der Preiseinflüsse von Transaktionen gewonnen werden. Auch bei der Verwendungen von Quotierungen oder Orderbuchdaten kann dieser Effekt relevant sein, da diese Angaben nur für ein bestimmtes Volumen Gültigkeit haben und nicht unbedingt auf den Preiseinfluss größerer Orders geschlossen werden kann.

Abbildung 2.9: Effekt der versteckten Liquidität aufgrund stochastischer Liquidität

In der linken Grafik sind die tatsächlichen Wahrscheinlichkeiten des Auftretens hoher und niedriger Liquidität in dem diskreten Anleihe-Portfoliowahlproblem bei stochastischer Liquidität angegeben. Hohe Liquidität ist durch keinen adversen Preiseinfluss ($\underline{k} = 0,0$ bp) gekennzeichnet, während in Phasen niedriger Liquidität ein Preiseinfluss mit dem Faktor $\bar{k} = 10,0$ bp herrscht. In der rechten Grafik ist die Wahrscheinlichkeit der tatsächlichen Durchführung von Transaktionen (an den Zeitpunkten $t = 1,2$) bei hoher und niedriger Liquidität aufgetragen.

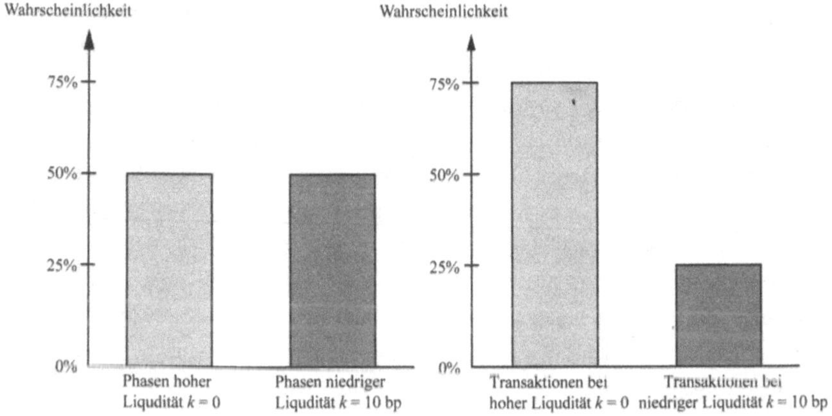


## (3) Dauerhafter Preiseinfluss

Nicht nur die Ursachen, sondern auch die ökonomischen Konsequenzen eines dauerhaften Preiseinflusses sind grundlegend anders als im Fall eines vorübergehenden Market Impacts. Der entscheidende Unterschied besteht darin, dass ein dauerhafter Preiseinfluss – selbst aus der Sicht eines individuellen Investors gesehen – nicht ökonomisch äquivalent zu Transaktionskosten ist. Folglich kann der Preiseinfluss formal auch nicht in der Budgetbedingung abgebildet werden, sondern muss in der Dynamik der Preisentwicklung berücksichtigt werden. Aus diesem Grund enthält die Preisdynamik nun Preiseinflussfunktionen $f_1(\Delta x), f_2(\Delta x)$ in Abhängigkeit der gehandelten Stücke $\Delta x$:

$$dP(t) = (\mu + f_1(\Delta x))P(t)dt + (\sigma + f_2(\Delta x))P(t)dz(t). \tag{2.32}$$

Die Funktionen $f_1(\Delta x)$ und $f_2(\Delta x)$ sollten dabei ökonomisch sinnvoll spezifiziert werden, so dass Käufe bzw. Verkäufe des Wertpapiers tendenziell dessen Preis erhöhen bzw. senken. Durch eine entsprechende Wahl der Funktionen kann im Prinzip die gleiche momentane Preisreaktion modelliert werden wie zuvor in den Beispielen für einen vorübergehenden Preiseinfluss. Allerdings muss man dabei beachten, dass die Auswirkung des Preiseinflusses auf die resultierenden Transaktionskosten einen Effekt höherer Ordnung darstellt. Wir haben diesen Effekt bereits am Beispiel quadratischer Transaktionskosten im vorhergehenden Abschnitt diskutiert. Es zeigt sich, dass ein im Handelsvolumen linearer Preiseinfluss eine quadratische Abhängigkeit der Transaktionskosten von dem Handelsvolumen bewirkt.

Ökonomisch gesehen liegt jedoch der Hauptunterschied zum Fall des vorübergehenden Preiseinflusses in der Tatsache, dass der dauerhafte Preiseinfluss nicht nur die von der aktuellen Transaktion betroffenen Wertpapiere beeinflusst, sondern auch die Wertpapiere, die der Investor bereits zu einem früheren Zeitpunkt gekauft hat. Tatsächlich ist dieser Einfluss in aller Regel ökonomisch bedeutender als der direkte Effekt auf die gerade erworbenen oder veräußerten Wertpapiere. Jarrow (1992) zeigt, dass ein Investor diesen indirekten Effekt zur Erhöhung seines Nutzens und unter Umständen sogar zur Erzeugung von Arbitragemöglichkeiten ausnutzen kann. Beispielsweise könnte ein Investor einen Preistrend erzeugen, um diesen anschließend auszunutzen. Illiquidität in der Form eines dauerhaften Preiseinflusses wäre somit ein Vorteil für den Investor. Solche Manipulationsstrategien sind jedoch nicht das Ziel unserer Untersuchung zur Illiquidität.

Will man Manipulationsstrategien in Märkten mit permanentem Preiseinfluss ausschließen, so gibt es zwei Möglichkeiten, dies zu erreichen. Beide Wege beruhen jedoch auf starken Annahmen, die die Flexibilität der Modellierung einschränken. Entweder muss die Menge der zulässigen Investmentstrategien eingeschränkt werden oder der dauerhafte Preiseinfluss muss linear modelliert werden. Modelle mit eingeschränkter Menge an Handelsstrategien umfassen u. a. Almgren und Chriss (2000), Bertsimas und Lo (1998) sowie Subramanian und Jarrow (2001). Hier werden lediglich optimale Liquidationsstrategien betrachtet und zwischenzeitliche Käufe ausgeschlossen. Manipulationsstrategien, die zwangsläufig Käufe und Verkäufe enthalten, sind somit nicht möglich. Andere Modelle wie Frey und Stremme (1997), Krakovsky (1999a, 1999b) und Schönbucher und Wilmott (2000) betrachten Investoren, die eine Derivateposition hedgen. Obwohl die Investoren in diesen Modellen sowohl Käufe als auch Verkäufe durchführen, ist die zeitliche Abfolge der Transaktionen durch das Derivat bestimmt, so dass auch hier Manipulationsstrategien ausgeschlossen sind. Der zweite Weg Manipulationsstrategien auszuschließen besteht darin, die funktionale Form des Preiseinflusses einzuschränken. Huberman und Stanzl (2004) zeigen, dass ein linearer Preiseinfluss Arbitragemöglichkeiten ausschließt. Unter gewissen Umständen ist die Linearität sogar eine notwendige Bedingung dafür. Portfolioselektionsprobleme mit dauerhaftem, linearen Preiseinfluss werden in Cuouco und Cvitanic (1998) sowie Huberman und Stanzl (2005) weiter untersucht. Zusammengefasst lässt sich sagen, dass ein dauerhafter Preiseinfluss weniger für die Analyse von Liquidität geeignet ist, sondern besser zur Analyse von Marktmacht und Marktmanipulationen eingesetzt werden kann.

## 2.3.4 Illiquidität im Sinne der Zeitdimension

Illiquide Wertpapiere können nicht jederzeit in beliebiger Stückzahl gehandelt werden. Für die Durchführung einer Transaktion in einem illiquiden Wertpapier wird ein bestimmter Zeitraum benötigt. Modelliert man Liquidität über die Preisdimension, so ergibt sich dies modellendogen. Die optimale Handelsstrategie beinhaltet No-Transaction-Zonen, so dass es zwischenzeitliche Phasen ohne Handelsaktivität gibt. Die in diesem Abschnitt betrachteten Modelle bilden diesen Effekt explizit ab und schränken die möglichen Handelszeitpunkte ein. Es ergibt sich ein Liquiditätsabschlag aufgrund der Opportunitätskosten, die den Investoren dadurch entstehen, dass ihre Handelsmöglichkeiten eingeschränkt sind.

### (1) Einschränkung der Handelszeitpunkte

Einschränkungen der Handelszeitpunkte können direkt in das Optimierungsproblem des Investors implementiert werden. Dazu wird das Kontinuum $[0, T]$ an Handelszeitpunkten auf eine Menge $\{t_1, t_2, t_3, ...\}$ diskreter Zeitpunkte eingeschränkt. Der Investor muss also den nächsten Handelszeitpunkt abwarten, um Transaktionen in einem illiquiden Instrument durchzuführen. Formal wird aus dem Optimierungsproblem (2.4)-(2.5) in kontinuierlicher Zeit ein Problem in diskreter Zeit. Dessen Lösung ist durch die optimale Vermögensaufteilung $w^*(t_i)$ des Investors an jedem Handelszeitpunkt charakterisiert. Die zugehörige HJB-Gleichung lautet

$$J^{ill}(W(t_i), t_i) = \max_{w(t_i)} \mathbb{E}\left[J^{ill}\left(W(t_i)\left((1-w(t_i))e^{r\Delta t_i} + w(t_i)e^{\mu\Delta t_i + \sigma\Delta z_{t_i}}\right), t_{i+1}\right)\right] \quad (2.33)$$

mit der Randbedingung $J^{ill}(W(T), T) = W^{1-\gamma}(T) \cdot (1-\gamma)^{-1}$. Die Lösung der HJB-Gleichung (2.33) kann mit Hilfe der üblichen aus der Theorie der stochastischen Optimierung bekannten Verfahren wie beispielsweise der Wertiteration oder der Politikiteration bestimmt werden.

Die oben beschriebene Illiquidität vermindert in der Regel den für einen Investor erreichbaren Nutzen. Ferner bewirkt die obige Modellierung, dass der Investor weder Short-Positionen $w(t) < 0$ eingeht, noch eine fremdfinanzierte Position $w(t) > 1$ zur Erzielung eines Leverage-Effekts hält. Die Ursache dafür ist der Wegfall der zwischenzeitlichen Handelsmöglichkeiten. Bei einem plötzlichen starken Abfall oder Anstieg der Preise kann das Vermögen des Investors nämlich in beiden Fällen negativ werden. Dies will jedoch ein Investor mit CRRA-Nutzenfunktion in jedem Fall vermeiden. Der Wert von Liquidität steigt also mit der Vorteilhaftigkeit von Shortpositionen.

Rogers (2001) analysiert das obige Problem. Er bestimmt die ersten Koeffizienten einer Taylorexpansion der optimalen Anlagestrategie und der indirekten Nutzenfunktion des Investors für kleine Zeitintervalle zwischen den Handelszeitpunkten. Leider sind die Vorzeichen der Koeffizienten im Allgemeinen unbestimmt. Rogers und Zane (2002) betrachten eine Variante des Problems mit stochastischen Handelszeitpunkten. Hendersen und Hobson (2002) sowie Svensson und Werner (1993) untersuchen den Fall totaler Illiquidität, in dem kein Handel zwischen 0 und $T$ möglich ist. Eine zustandsdiskrete Analyse des Problems wird von Detemple und Sundaresan (1999) mit Hilfe eines Binomialbaums durchgeführt. Im Unterschied zu den obigen Modellen untersuchen Subramanian und Jarrow (2001) ein anderes Handelsmotiv. In ihrem Modell handelt der Investor nicht nur aufgrund von Preisveränderungen, sondern muss sein Vermögen innerhalb des Intervalls $[0, T]$ vollständig liquidieren. Nach jeder Transaktion muss der Investor eine Zeitdauer warten, ohne handeln zu können. Zusätzlich wird Illiquidität noch durch von Handel ausgelöste, adverse Preisreaktionen modelliert, so dass das Modell zwei Dimensionen von Liquidität simultan berücksichtigt.

Longstaff (1995), Finnerty (1996) sowie Koziol und Sauerbier (2004) betrachten Modelle mit einer ähnlichen Struktur. Allerdings sind die Investoren noch stärker in ihren Strategien beschränkt. Sie betrachten Blockliquidationsstrategien, d. h. die Investoren können lediglich den Zeitpunkt der Liquidation bestimmen. Ferner handeln die Investoren aufgrund privater Informationen. Insbesondere kennen die Investoren den optimalen Verkaufszeitpunkt. Aufgrund der Illiquidität können die Investoren jedoch gegebenenfalls nicht zum optimalen Zeitpunkt verkaufen. Die Autoren quantifizieren diesen Nachteil illiquider Papiere (bzw. Vorteil liquider Papiere) und berechnen so den Liquiditätsabschlag. Dabei greifen sie nicht auf das in Abschnitt 2.3.1 dargestellte nutzenbasierte Verfahren zurück, sondern nutzen die Analogie der Vorteile von Liquidität zu den Auszahlungen einer Lookback-Option aus.[14] Dadurch können die Liquiditätsabschläge mit Hilfe der Optionspreistheorie bestimmt werden. Der Vorteil dieses Ansatzes besteht in der Unabhängigkeit von einer konkreten Spezifikation einer Nutzenfunktion. Ein Nachteil der Methode besteht in der speziellen Spezifikation des Handelsmotivs. Ferner wird implizit die Annahme getroffen, dass das Bewertungsproblem in einem illiquiden (und damit unvollständigen) Markt in ein einfacheres Problem in einem fiktiven, vollständigen Markt überführt werden kann. Longstaff (1995) und Finnerty (1996) wenden die *Options-Analogie* zur Bewertung vollständig illiquider, d. h. nicht handelbarer Aktien an. Koziol und Sauerbier (2004) entwickeln die Methode weiter, so dass sie auf Instrumente mit beliebiger Liquidität angewendet werden kann. Die Autoren lassen eine beliebig wählbare Menge zwischenzeitlicher Handelszeitpunkte zu. Zudem wird das Modell auf illiquide Anleihemärkte übertragen.

### (2) Einschränkung der Handelsintensität

Schränken Modelle den maximalen Umsatz pro Zeit ein, so wird streng genommen die Mengendimension von Liquidität formalisiert. Man kann dies jedoch auch als Abbildung der Zeitdimension interpretieren, da Transaktionen nun ein bestimmtes Zeitintervall beanspruchen.

Formal lässt sich diese Idee mittels der Beschränkung der Handelsstrategien auf Strategien mit beschränkter Variation abbilden. Wir haben diese Art von Strategien bereits bei der heuristischen Herleitung der optimalen Strategie bei vorübergehendem Market Impact in Abschnitt 2.3.3 eingeführt. Der Investor hat keine direkte Kontrolle über den Anteil $w(t)$ an riskanten Papieren. Vielmehr kann er lediglich das momentane Handelsvolumen und damit die nicht-preisinduzierte Änderungsrate von $w(t)$ festlegen. Das zugehörige Optimierungsproblem des Investors entspricht einem Spezialfall ($k = 0$) des Problems (2.21)-(2.23):

$$\max_{l(t),\, u(t)} \mathbb{E}\left[\frac{(W^P(t) + W^M(t))^{1-\gamma}}{1-\gamma}\right] \tag{2.34}$$

[14] Die Auszahlungen einer Lookback-Option hängen vom Maximum bzw. Minimum des Preises des zugrundeliegenden Basistitels innerhalb der Optionslaufzeit ab. Somit können diese Optionen die Gewinne einer ex post optimalen Liquidationsstrategie duplizieren.

u. d. N.

$$dW^P(t) = \mu W^P(t)dt + \sigma W^P(t)dz(t) + (l(t) - q(t))dt \tag{2.35}$$

$$dW^M(t) = rW^M(t)dt - l(t)dt + q(t)dt. \tag{2.36}$$

Die Raten der Käufe und der Verkäufe lassen sich zu der Rate der Nettokäufe $\bar{l}(t) = l(t) - q(t)$ zusammenfassen. Die optimale Strategie ergibt sich aufgrund der Linearität der HJB-Gleichung als:

$$\bar{l}(t) = l(t) - q(t) = \begin{cases} M_{Vlm} & \text{falls } J^{ill}_{W^P} > J^{ill}_{W^M} \\ 0 & \text{falls } J^{ill}_{W^P} = J^{ill}_{W^M} \\ -M_{Vlm} & \text{falls } J^{ill}_{W^P} < J^{ill}_{W^M}. \end{cases} \tag{2.37}$$

Der Investor kauft bzw. verkauft mit der maximalen Rate, falls der indirekte Grenznutzen einer Investition in dem riskanten Papier höher oder niedriger als der einer Investition im Geldmarktkonto ist.

Die Ergebnisse für die optimale Handelsstrategie unterstreichen die Ähnlichkeit des Ansatzes zu der Einschränkung der Handelszeitpunkte. In beiden Fällen geht der Investor weder eine Short-Position noch eine gehebelte Position in dem riskanten Papier ein. In diesen Fällen könnte er nämlich sein Portfolio nicht schnell genug anpassen, um negative Portfoliowerte zu vermeiden.

Longstaff (2001) untersucht das oben beschriebene Portfoliowahlproblem. Der Investor handelt ausschließlich aufgrund von Preisveränderungen, wobei die maximale Kauf- bzw. Verkaufsrate beschränkt ist. Mit Hilfe der nutzenbasierten Methode aus Abschnitt 2.3.1 berechnet Longstaff (2001) Liquiditätsabschläge. Smith (1999) analysiert einen Investor mit einem anderen Handelsmotiv, das in der Absicherung einer Derivateposition besteht. Der Autor untersucht die Performance von Delta-Hedging Strategien bei illiquiden Basistiteln.

## 2.4 Gleichgewichtsmodelle

In subjektiven Bewertungsmodellen werden die Konsequenzen von Illiquidität für einen individuellen Investor direkt über Friktionen abgebildet. In Gleichgewichtsmodellen stehen neben dieser Möglichkeit noch weitere Modellierungsalternativen zur Verfügung. Neben der expliziten Einführung von Friktionen kann Illiquidität auch durch die Abweichung vom Konzept des Walras-Gleichgewichts erfasst werden. In diesem Fall ergeben sich adverse Preisreaktionen (z. B. im Oligopol) oder eingeschränkte Handelszeitpunkte (z. B. in Suchmärkten mit bilateralem Handel) endogen. Wir sprechen dann von einem höheren Grad der Endogenität der Modellierung. Umgekehrt gibt es auch Ansätze mit einem niedrigeren Grad an Endogenität als in Modellen mit Friktionen. In diesen Modellen werden nicht nur die Konsequenzen von Illiquidität für einzelne Investoren, sondern auch die Konsequenzen für aggregierte (Gesamtmarkt-)Variablen wie beispielsweise den Gleichgewichtspreis exogen spezifiziert. Wir bezeichnen diese Ansätze als Modelle mit impliziten Friktionen. Die resultierenden Marktpreise enthalten Komponenten, deren Existenz über Friktionen gerechtfertigt wird, obwohl die Modelle formal friktionslos sind. Die Modelle

Abbildung 2.10: Überblick über Gleichgewichtsmodelle

Die Grafik zeigt den Ausschnitt von Abbildung 2.4, der die dargestellten Gleichgewichtsansätze zur Bestimmung von Liquiditätsabschlägen enthält.

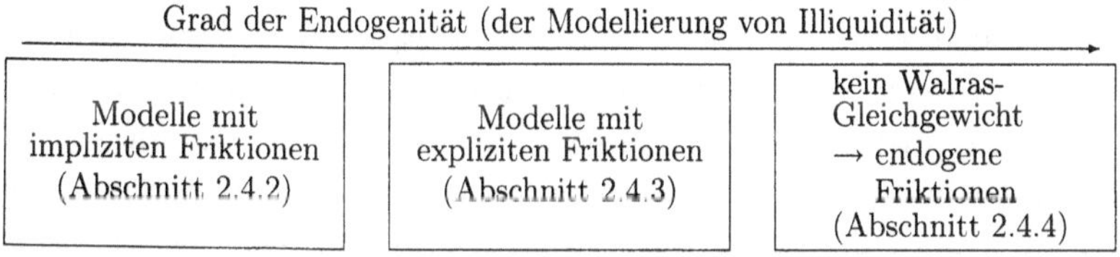


werden in diesem Abschnitt, wie in Abbildung 2.10 gezeigt wird, nach steigendem Grad der Endogenität geordnet. Zuvor werden wir jedoch die für simultane Bewertungsmodelle relevante Frage der Liquiditätsarbitrage diskutieren.

### 2.4.1 Simultane Bewertung und Liquiditätsarbitrage

Gleichgewichtsmodelle für illiquide Märkte besitzen in der Regel eine hohe Komplexität. Deswegen verliert das Argument der besseren Handhabbarkeit von Modellen mit getrennter Bewertung für diese Klasse von Modellen an Gewicht. Nahezu alle Gleichgewichtsmodelle führen daher die ökonomisch sinnvolle simultane Bewertung liquider und illiquider Instrumente durch. Grundsätzlich kann sich jedoch eine Arbitragemöglichkeit ergeben, wenn zwei Wertpapiere aufgrund unterschiedlicher Liquidität verschiedene Preise aufweisen, ansonsten aber (nahezu) austauschbar sind. Insbesondere in Anleihemärkten ist es denkbar, dass zwei Wertpapiere identische Cash-Flows, aber unterschiedliche Liquidität aufweisen. Wir werden im Folgenden diskutieren, unter welchen Umständen in dieser Situation ein Liquiditätsabschlag im Gleichgewicht auftreten kann, ohne dass eine Arbitragemöglichkeit entsteht.

Zum einen ist ein Liquiditätsabschlag mit einem arbitragefreien Markt vereinbar, falls die Illiquidität selbst mögliche Arbitragestrategien verhindert. So kann zum Beispiel in Suchmärkten ohne zentralen Markt das gleiche Wertpapier gleichzeitig in verschiedenen Transaktionen unterschiedliche Preise haben.

Zum anderen kann Arbitrage verhindert werden, wenn zwei Wertpapiere betrachtet werden, die zwar sehr ähnlich, aber nicht identisch sind. Dies gilt z. B. für zwei Wertpapiere, deren Cash-Flows zwar dieselbe Verteilung haben, die aber in verschiedenen Zuständen unterschiedliche Cash-Flows haben, so dass ihre Auszahlungen nicht perfekt korreliert sind.

Eine weitere Möglichkeit besteht darin, Leerverkäufe zu begrenzen oder ganz auszuschließen. Dies wird oft in Ansätzen mit expliziten Friktionen angenommen. Die Methode bringt jedoch zwei Nachteile mit sich. Einerseits wird der Gleichgewichtspreis von der zusätzlich eingeführten Leerverkaufsfriktion ebenfalls beeinflusst, so dass wir die kombinierte Wirkung von zwei Friktionen ermitteln. Andererseits ist die Annahme nicht sehr realistisch, da insbesondere für liquide Wertpapiere oftmals eine Form der Leerverkaufsmöglichkeit besteht. An diesem Punkt setzen weitere Ansätze an, die die Leerverkaufsmöglichkeiten auf realistischere Weise einschränken, ohne sie ganz auszuschließen. Beispielsweise schlagen Tuckman und Vila (1992) ein Modell mit Leerverkaufskosten vor. Die Autoren zeigen, dass die Arbitragemöglichkeiten verschwinden, falls die Kosten der Leerverkäufe hoch genug sind. Liu und Longstaff (2004) zeigen, dass Marginzahlungen bestimmte Arbitragestrategien verhindert. Aufgrund der Pflicht zur Hinterlegung von Sicherheiten kann ein Investor mit begrenztem Eigenkapital keine unbegrenzten Short-Positionen aufbauen. Viele vermeintliche Arbitragestrategien in theoretischen Modellen setzen aber oftmals diese Möglichkeit voraus. Diese Strategien werden daher zu riskanten Spekulationen. Zumindest die Begrenzung von Leerverkäufen kann also anhand realistischer Annahmen gerechtfertigt werden. Allerdings finden die realistischeren Ansätze zur Arbitrageverhinderung aufgrund der zusätzlichen Komplexität bisher kaum Verwendung in Modellen zur Berechnung von Liquiditätsabschlägen, sondern werden vielmehr um ihrer selbst willen untersucht.

## 2.4.2 Modelle mit impliziten Friktionen

In Modellen mit impliziten Friktionen wird Illiquidität sehr abstrakt abgebildet. Formal weisen diese Modelle keine Friktionen auf. Die Gleichgewichtspreise enthalten jedoch Komponenten, die auf nicht explizit modellierte Friktionen zurückzuführen sind. Die Wirkung von Illiquidität auf aggregierte Variablen wird also exogen vorgegeben. Auf theoretischer Ebene liefern diese Modelle kaum Erkenntnisse über die Wirkung von Liquidität, da diese bereits in den Annahmen spezifiziert ist. Die gute mathematische Handhabbarkeit der Modelle prädestiniert sie jedoch für empirische Analysen von Liquidität.

### (1) Momentaner Liquiditätsspread

Ein Großteil der Modelle mit impliziten Friktionen setzt voraus, dass sämtliche Nachteile eines illiquiden Wertpapiers durch einen momentanen Auszahlungsstrom beschrieben werden können. Dieser Cash-Flow beinhaltet sowohl die Kosten adverser Preisreaktionen als auch Opportunitätskosten für fehlende Handelsmöglichkeiten. In der Regel werden diese Kosten als Anteil am Wert des Instruments spezifiziert. Der gesamte Nachteil eines illiquiden Wertpapiers mit Wert $P(t)$ in $t$ innerhalb der nächsten infinitesimal kleinen Zeiteinheit beträgt

$$\lambda(t)P(t)dt \tag{2.38}$$

Geldeinheiten. Mathematisch ist diese Konstruktion äquivalent zu einer Dividendenrate im Modell von Black und Scholes (1973) oder einer Convenience Yield in Futurespreis-Modellen.[15] Der stochastische Prozess des momentanen Liquiditätsspreads $\lambda(t)$ unter dem risikoneutralen Maß wird exogen spezifiziert. Zusammen mit der Modellierung der anderen preisrelevanten Faktoren wie beispielsweise der Zinsentwicklung können die Preise liquider und illiquider Instrumente durch Anwendung der risikoneutralen Bewertung ermittelt werden. Beispielsweise ergibt sich der in $t$ gültige Preis $P(t, \tau)$ eines illiquiden Zerobonds (Nominalwert 1) mit Fälligkeit in $\tau$ als

$$P(t,\tau) = \mathbb{E}_t \left[ e^{-\int_t^\tau (r(t)+\lambda(t))dt} \right]. \tag{2.39}$$

Die Bewertungsgleichung weist die gleiche Struktur wie die entsprechende Gleichung eines Zinsmodells auf. Tatsächlich kann die grundlegende Bewertungstechnik bei entsprechender ökonomischer Interpretation der bewertungsrelevanten Faktoren auf unterschiedlichste Bewertungsfragen angewendet werden. Diese Gebiete umfassen beispielsweise – neben

[15] Siehe beispielsweise Brennan und Schwartz (1985).

Futurespreis-Modellen mit Convenience Yield – die Bewertung ausfallrisikobehafteter Anleihen mit *Reduktionsmodellen*[16] sowie die Bewertung von Aktienoptionsprogrammen für Mitarbeiter.[17]

Modelle mit momentanem Liquiditätsspread werden vor allem bei Fixed-Income Instrumenten eingesetzt. Während der grundsätzliche Aufbau bei allen Ansätzen gleich ist, unterscheiden sich die einzelnen Modelle durch die mathematische Beschreibung des momentanen Spreads und die untersuchten Marktsegmente. Grinblatt (2002) entwickelte das erste Modell[18] dieser Art. Der Autor beschreibt $\lambda(t)$ mittels eines Square-Root-Prozesses, so dass Liquiditätsspreads immer positiv sind. Grinblatt untersucht Swapsätze im U.S.-Markt. Kempf und Uhrig-Homburg (2000) verwenden eine ähnliche Spezifikation zur Untersuchung von Renditeabweichungen im Markt für deutsche Bundeswertpapiere. He (2000) und Liu et al. (2004) modellieren $\lambda(t)$ durch Ornstein-Uhlenbeck-Prozesse mit Mean-Reverting-Eigenschaft. Die Autoren analysieren die Märkte für Swaps bzw. für Staatsanleihen in den USA. Cherian et al. (2004) schlagen ein weiteres Modell zur Untersuchung des U.S.-Staatsanleihenmarkts vor. Ihre Spezifikation von $\lambda(t)$ enthält saisonale Komponenten, die den aus dem Emissionsrhythmus für U.S.-Staatsanleihen resultierenden *on-the-run*-Effekt berücksichtigen.[19] Weitere Studien dieser Art sind u. a. in Janosi et al. (2004), Jarrow und Turnbull (1997), Jarrow (2001) sowie Duffie und Singleton (1997) zu finden.

### (2) Liquidität als Risikofaktor

Eine weitere Art von Modellen mit impliziten Friktionen nutzt Bewertungsmodelle mit einer Faktorstruktur wie die Arbitrage Pricing Theory (APT) oder das Intertemporal Capital Asset Pricing Model (ICAPM).[20] Die Preise hängen in beiden Modellen von beliebigen Risikofaktoren ab. Liquidität kann einer dieser Faktoren sein.

---

16 Siehe beispielsweise Duffie und Singleton (1999).

17 Siehe Carr und Linetsky (2000).

18 Das zugehörige Working Paper ist aus dem Jahr 1994.

19 Die zuletzt emittierten Staatsanleihen werden *on-the-run bonds* genannt. Entsprechend bezeichnen *off-the-run bonds* Anleihen aus früheren Emissionen.

20 Ross (1976) leitet die APT auf Basis asymptotischer Arbitrage-Überlegungen her. Connor (1984) erhält das gleiche Ergebnis mit Hilfe eines Gleichgewichtsansatzes. Das ICAPM geht auf Merton (1973) zurück.

Gibson und Mougeot (2004) greifen diese Idee auf und spezifizieren ein ICAPM mit einem marktweiten Liquiditätsfaktor $L$. Sie nehmen an, dass dieser Faktor die zukünftigen Investitionsmöglichkeiten des Investors beeinflusst. In diesem Fall geht die Kovarianz des Liquiditätsfaktors mit der Entwicklung des Vermögens des repräsentativen Investors in die Bewertung ein. Die Bewertungsgleichung für das Marktportfolio $M$ hat die Form:

$$\mu_M - r = \left(-\frac{J_{WW}W}{J_W}\right)\sigma_M^2 + \underbrace{\left(-\frac{J_{WL}W}{J_L}\right)}_{\lambda_L}\sigma_M\sigma_L\rho_{ML}. \tag{2.40}$$

Dabei bezeichnet $J$ die indirekte Nutzenfunktion (bzw. deren durch die Indizes angegebenen Ableitungen) des repräsentativen Investors. $\sigma$ und $\rho$ stehen für die Standardabweichung bzw. den Korrelationskoeffizienten der entsprechenden Zufallsvariablen. Der Ausdruck $\lambda_L$ gibt den Marktpreis des Liquiditätsrisikos an.

Gibson und Mougeot (2004) führen auf Basis ihres Modells eine empirische Studie auf dem U.S.-amerikanischen Aktienmarkt durch. Dabei messen sie Liquidität mittels des Umsatzes auf dem Gesamtmarkt und überprüfen die empirische Qualität verschiedener Spezifikationen des Marktpreises für Liquiditätsrisiko.

### (3) Liquidität als zeitlich schwankende Partizipation

Weitere Modelle mit impliziten Friktionen nutzen die Anzahl der auf einem Markt aktiven Händler zur Modellierung von Liquidität. Eine größere Zahl an Händlern, d. h. eine höhere Partizipation, erleichtert die Suche nach einem geeigneten Transaktionspartner und erhöht somit die Liquidität. Dieser intuitive Zusammenhang wird beispielsweise in den empirischen Studien von Jankowitsch et al. (2003) und Houweling et al. (2005) verwendet.[21] In theoretischen Modellen wird diese Verbindung zwischen der Partizipation und dem Preis über die aggregierte Risikoaversion hergestellt. Je mehr Händler auf einem Markt agieren, desto kleiner sind die Bestände eines einzelnen Händlers. Je nach Spezifikation der Nutzenfunktionen kann dies dazu führen, dass die Händler eine geringere Risikoprämie verlangen, so dass ebenfalls niedrigere Liquiditätsspreads resultieren.

Wir illustrieren den grundlegenden Mechanismus dieses Ansatzes anhand eines einfachen Modells, das sich an die Arbeiten von Grossman und Miller (1988) und Braun (1998)

[21] Die Studien messen die Partizipation auf einem Markt durch die Anzahl der verschiedenen Institutionen (price sources), die für ein Wertpapier Preise in einem der üblichen Finanzinformationssysteme wie Reuters oder Bloomberg bereitstellen.

anlehnt. Wir nehmen an, dass es auf einem Finanzmarkt ein riskantes Wertpapier $P$ und ein risikoloses Geldmarktkonto gibt, dessen Zinssatz wir zur Vereinfachung als konstant annehmen und auf $r = 0$ normalisieren. Wir analysieren eine diskrete Ökonomie mit drei Zeitpunkten $t = 0, 1, 2$. Der Preis des riskanten Wertpapiers in $t = 2$ ist exogen gegeben und wird durch die Zufallsvariable $\tilde{P}(2)$ beschrieben. Deren Verteilung ist bereits in $t = 0$ bekannt. Die Preise in den vorhergehenden Zeitpunkten stellen sich endogen so ein, dass der Markt geräumt ist, wobei das Angebot konstant bei $\bar{S}$ liegt. In $t = 0$ gibt es $n(0)$ identische Händler auf dem Markt. Alle Händler haben einen einperiodigen Investitionshorizont. Wenn sie den Markt in $t = 1$ verlassen, tritt eine neue Generation der gleichen Händler in den Markt ein. Ihre Zahl $\tilde{n}(1)$ ist aus der Sicht von $t = 0$ stochastisch. Ferner wird unterstellt, dass die Größen $\tilde{P}(2)$ und $\tilde{n}(1)$ stochastisch unabhängig sind. Sämtliche Händler haben die gleichen Präferenzen, die zu einem Mittelwert-Varianz-Kalkül mit dem Risikoaversionskoeffizienten $\gamma$ führen. Ihr Optimierungsproblem in $t = 0$ und $t = 1$ lautet:

$$\max \mathbb{E}_t\left[W(t+1)\right] - \frac{\gamma}{2}\mathrm{Var}_t\left[W(t+1)\right]. \tag{2.41}$$

Sind zum Zeitpunkt $t$ insgesamt $n(t)$ identische Händler auf dem Markt, so muss jeder von ihnen im Gleichgewicht $\bar{S}/n(t)$ Stück des riskanten Wertpapiers halten. Der Gleichgewichtspreis muss somit die Bedingung erster Ordnung für ein Maximum an dieser Stelle erfüllen

$$\mathbb{E}_t[\tilde{P}(t+1)] - P(t) + \gamma\frac{\bar{S}}{n(t)}\mathrm{Var}_t\left[\tilde{P}(t+1)\right] = 0. \tag{2.42}$$

Aufgelöst nach dem Preis in $t$

$$P(t) = \mathbb{E}_t[\tilde{P}(t+1)] - \frac{\gamma}{n(t)}\bar{S}\mathrm{Var}_t[\tilde{P}(t+1)] \tag{2.43}$$

zeigt Gleichung (2.43), dass die Präferenzen des repräsentativen Investors durch ein Mittelwert-Varianz-Kalkül mit dem Risikoaversionskoeffizienten $\gamma/n(t)$ beschrieben werden können. Mit Hilfe dieser rekursiven Bewertungsgleichung lässt sich der Preis $P(0)$ durch sukzessives Einsetzen berechnen. Neben der Unabhängigkeit der beiden Größen $\tilde{n}(1)$ und $\tilde{P}(2)$ wird dabei ausgenutzt, dass die Verteilung von $\tilde{P}(2)$ bereits in $t = 0$ bekannt ist, d. h. insbesondere $\mathbb{E}_0[\tilde{P}(2)] = \mathbb{E}_1[\tilde{P}(2)]$ und $\mathrm{Var}_0[\tilde{P}(2)] = \mathrm{Var}_1[\tilde{P}(2)]$ gilt:

$$\begin{aligned} P(0) &= \mathbb{E}_0[\tilde{P}(1)] - \frac{\gamma}{n(0)}\bar{S}\mathrm{Var}_0[\tilde{P}(1)] \\ &= \mathbb{E}_0\left[\mathbb{E}_1[\tilde{P}(2)] - \frac{\gamma}{\tilde{n}(1)}\bar{S}\mathrm{Var}_1[\tilde{P}(2)]\right] - \bar{S}\frac{\gamma}{n_0}\mathrm{Var}_0\left[\mathbb{E}_1[\tilde{P}(2)] - \frac{\gamma}{\tilde{n}(1)}\bar{S}\mathrm{Var}_1[\tilde{P}(2)]\right] \\ &= \mathbb{E}_0[\tilde{P}(2)] - \gamma\mathbb{E}_0\left[\frac{1}{\tilde{n}(1)}\right]\cdot\bar{S}\mathrm{Var}_0[\tilde{P}(2)] - \frac{\gamma}{n(0)}\bar{S}\left(\gamma\bar{S}\mathrm{Var}_0[\tilde{P}(2)]\right)^2\cdot\mathrm{Var}_0\left[\frac{1}{\tilde{n}(1)}\right]. \end{aligned} \tag{2.44}$$

Die Anzahl der Händler bzw. Liquidität ist somit ein Risikofaktor, der die Preisbildung beeinflusst. Eine hohe erwartete Liquidität ($\mathbb{E}_0[(\tilde{n}(1))^{-1}] \rightarrow 0$) führt zu hohen Wertpapierpreisen. Eine hohe Varianz der Liquidität $\text{Var}_0[(\tilde{n}(1))^{-1}]$ setzt die Investoren einem hohen Liquiditätsänderungsrisiko aus. Dadurch sinkt der Preis des betroffenen Wertpapiers. Der Effekt der Liquidität auf die Preise überträgt sich über die aggregierte Risikoaversion, die, wie Gleichung (2.43) zeigt, bei dem unterstellten Mittelwert-Varianz-Kalkül der Investoren mit steigender Partizipation $n(t)$ sinkt. Die Auswirkungen der Liquidität hängen daher von der konkreten Spezifikation der Nutzenfunktion ab. Haben beispielsweise alle Händler CRRA-Präferenzen mit demselben Risikoaversionskoeffizienten, so ist die aggregierte Risikoaversion mit der jedes einzelnen Investors identisch und damit unabhängig von der Anzahl der Investoren. In diesem Fall hat die hier betrachtete Form von Liquidität keine Auswirkungen auf die Preise im Gleichgewicht.

### 2.4.3 Modelle mit expliziten Friktionen

Gleichgewichtsmodelle nach Walras unter Friktionen stellen die direkte Erweiterung der Portfoliowahlprobleme unter Friktionen aus Abschnitt 2.3 dar. Prinzipiell können alle Arten der vorgestellten Friktionen auch in Gleichgewichtsmodellen analysiert werden. Da ein Großteil der Modelle die Wirkungen adverser Preisreaktionen untersucht, werden wir unsere Übersicht mit diesem Teil der Literatur beginnen.

#### (1) Adverse Preisreaktion: Amihud und Mendelson (1986) und Erweiterungen

Die Arbeit von Amihud und Mendelson (1986) markiert den Beginn einer Reihe von Studien zur Analyse des Preiseinflusses von Transaktionskosten im Walras-Gleichgewicht. Wir betrachten zunächst das Grundmodell und skizzieren später die wesentlichen Erweiterungen.

Auf einem Kapitalmarkt handeln $i = 1, ..., I$ risikoneutrale Investoren $j = 1, ..., n$ riskante Wertpapiere. Zusätzlich existiert ein risikoloses Wertpapier mit Zinssatz $r$. Jeder Investor tritt zu einem zufälligen Zeitpunkt in den Kapitalmarkt und kauft Wertpapiere. Leerverkäufe sind nicht zulässig, so dass Liquiditätsspreadarbitrage ausgeschlossen ist. Jeder Investor verlässt die Ökonomie zu einem zufälligen Zeitpunkt. Die Wahrscheinlichkeit dieses Ereignisses beträgt für Investor $i$ in jeder Periode $p_i$. Beim Verlassen liquidiert er sein gesamtes Portfolio. Dabei muss er aufgrund des Bid-Ask-Spreads oder des Market Impacts für jede Position in einem Wertpapier $j = 1, ..., n$ einen anteiligen Abschlag in Höhe von $k_j$ hinnehmen. Das risikolose Wertpapier ist perfekt liquide: $k_0 = 0$. Damit ein Investor im Gleichgewicht ein riskantes Wertpapier hält, muss dessen Rendite den Investor für die erwarteten Bid-Ask-Spread-Kosten kompensieren. Unter der Annahme, dass Investor $i$ der marginale Investor ist, der zwischen der risikolosen Anlage und Wertpapier $j$ indifferent ist, gilt für die erwartete Rendite $\mu_j$ (ohne Berücksichtigung von Transaktionskosten) dieses Wertpapiers pro Periode:

$$\mu_j = r + p_i \cdot k_j. \tag{2.45}$$

Gibt es von Investor zu Investor verschiedene Austritts-Wahrscheinlichkeiten $p_i$ und damit unterschiedliche erwartete Investitionshorizonte, ergibt sich ein Klientel-Effekt. Geduldigere Investoren (niedrige Austritts-Wahrscheinlichkeit, langer Investitionshorizont) halten illiquidere Wertpapiere mit hohem Bid-Ask-Spread. Daher muss der marginale Investor $i'$ eines illiquideren Papiers $j'$ mit $k_{j'} > k_j$ geduldiger sein als der marginale Investor $i$ ($p_{i'} < p_i$) des Wertpapiers $j$. Da sich also der Bid-Ask-Spread und die Austritts-Wahrscheinlichkeit des marginalen Investors gegenläufig verhalten, ist die erwartete Rendite $\mu_j$ nicht linear, sondern konkav in $k_j$. Das Modell von Amihud und Mendelson (1986) wird von Kane (1994), Swan (2001) sowie Jacoby et al. (2001) weiter untersucht.

Im Grundmodell von Amihud und Mendelson (1986) werden die wesentlichen Faktoren für die Höhe des Liquiditätsspreads, die Nachfrage nach Liquidität (Austrittswahrscheinlichkeit $p_i$) sowie das Angebot an Liquidität (Bid-Ask-Spread $k_j$) auf einfache und direkte Weise formalisiert. Nachfolgende Modelle haben vor allem Variationen des Handelsmotivs untersucht. Es gibt auch Ansätze mit anderen Modellierungen des Preiseinflusses. Wir geben in Abbildung 2.11 eine Übersicht über die Variationen des Grundmodells, die wir im Folgenden besprechen.

Einige Ansätze verwenden keinen festen Bid-Ask-Spread bzw. zum Handelsvolumen proportionale Transaktionskosten, sondern andere Kostenfunktionen. Die Konsequenzen für die Portfoliowahl haben wir bereits in Abschnitt 2.3.3 dargestellt. In der Literatur gibt es keinen Anhaltspunkt, dass eine bestimmte funktionale Form deterministischer Transaktionskosten einen signifikanten Einfluss auf den resultierenden Liquiditätsspread hat. Teilweise werden wie in Heaton und Lucas (1995, 1996, 1997) quadratische Transaktionskosten aufgrund ihrer besseren Handhabbarkeit gewählt. Vayanos (1998, 2004) betrachtet aus dem gleichen Grund Kosten, die proportional zur gehandelten Stückzahl sind. Auch Kosten mit fixer Komponente wie in Aiyagari und Gertler (1991)[22] und Lo et al. (2004)

[22] Die Autoren prüfen mit Hilfe der Fixkosten lediglich die Robustheit ihres Modells.

Abbildung 2.11: Variationen des Modells von Amihud und Mendelson (1986)

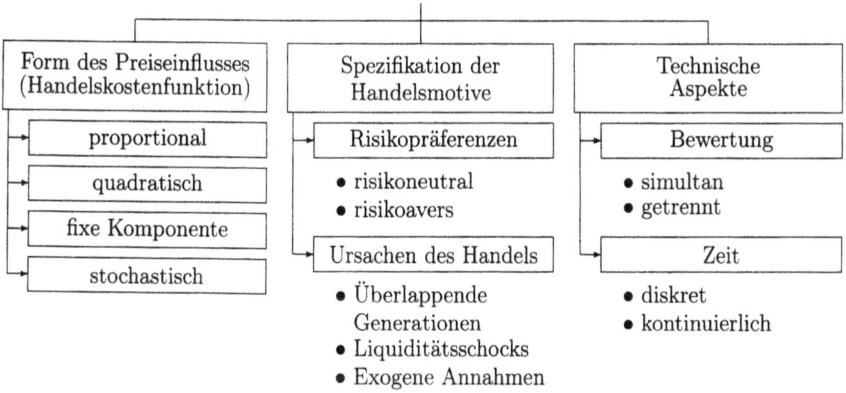


führen trotz anderer Handelsstrategien der Investoren nicht zu strukturell anderen Ergebnissen für Liquiditätsprämien. Bei der Betrachtung von stochastischen Transaktionskosten durch Acharya und Pedersen (2005) ergibt sich ein anderes Bild. Die Autoren zeigen, dass in diesem Fall die Kovarianzen zwischen den stochastischen Variablen, die die Preiseinflüsse beschreiben, und den Wertpapierrenditen bewertungsrelevant[23] sind.

Die meisten Variationen des Grundmodells beziehen sich auf das Handelsmotiv. In vielen Modellen werden risikoaverse Investoren betrachtet, was in der Regel zu einer zusätzlichen Risikoprämie im Liquiditätsspread führt. Wichtigere Änderungen betreffen aber die Modellierung der Auslöser von Handelstätigkeiten. Wir haben die große Bedeutung des Handelsmotivs für den Liquiditätsspread bereits in Abschnitt 2.2 diskutiert. Da die Preise in Gleichgewichtsmodellen endogen sind, müssen die Handelsmotive der Investoren heterogen sein. Sonst würde die Preisentwicklung zu einem Gleichgewicht ohne Handelstätigkeit führen. Die Stärke der Heterogenität bestimmt die effektive Stärke der Handelsmotive und damit den Liquiditätsspread.

Amihud und Mendelson (1986) betrachten eine Ökonomie mit überlappenden Generationen, deren Investitionshorizonte wie im Portfoliowahlproblem (2.15) stochastisch sind. Die Heterogenität resultiert aus unterschiedlichen erwarteten Längen der Horizonte. Vayanos (1998) sowie Vayanos und Vila (1999) erzielen diese Heterogenität mit Hilfe überlap-

[23] Die Liquiditätsprämien können in diesem Fall je nach Parameterwahl sowohl positiv als auch negativ sein.

pender Generationen mit deterministischer Lebensdauer. Die resultierenden Liquiditätsspreads sind jedoch relativ gering. Huang (2003) errechnet höhere Liquiditätsspreads in einem ähnlichen Modell mit stochastischen Investitionshorizonten. Die Investoren sind dabei bezüglich ihres Alters und somit ihrer Kapitalausstattung verschieden. Aufgrund der zusätzlichen Unsicherheit enthalten die Liquiditätsspreads eine weitere Risikoprämie. Vayanos (2004) koppelt die Wahrscheinlichkeit des Marktaustritts eines Investors an die Entwicklung seines Portfolios. Damit bildet der Autor die Situation von Investmentfonds ab, deren Anteilseigner Mittel aufgrund einer schlechten Performance abziehen. Vayanos kann so den Effekt der *Flucht in Liquidität* in Zeiten erhöhter Unsicherheit erklären.

Andere Ansätze wie Heaton und Lucas (1995, 1996, 1997), Aiyagari und Gertler (1991) und Lo et al. (2004) betrachten keine überlappenden Generationen, sondern unendlich lang lebende Investoren. Diese unterscheiden sich aufgrund unterschiedlicher exogener Cash-Flows, die ihnen zufließen. Je stärker sich diese Zuflüsse unterscheiden, desto höher ist die Liquiditätsprämie. In einigen Ansätzen wird das komplexe Problem eines Gleichgewichts mit heterogenen Investoren scheinbar umgangen. So betrachten z. B. Jacoby et al. (2000) ein einperiodiges Modell mit einem repräsentativen Investor, aus dem Liquiditätsspreads resultieren. Tatsächlich impliziert jedoch die Annahme der Autoren über den Liquidationspreis am Ende der Periode die Existenz weiterer Investoren mit unterschiedlichen Handelsmotiven.

Schließlich gibt es Ansätze, die verschiedene technische Gesichtspunkte des Grundmodells variieren. Zum einen führen einige Studien im Gegensatz zu Amihud und Mendelson (1986) keine simultane Bewertung liquider und illiquider Papiere durch, sondern betrachten in einer getrennten Bewertung nur jeweils einen Grad an Liquidität. Preiswirkungen von Illiquidität können anhand einer komparativ-statischen Analyse ermittelt werden. Der Grund für diese Vorgehensweise liegt in der Zielsetzung der Arbeiten. Studien wie Heaton und Lucas (1995, 1996, 1997), Aiyagari und Gertler (1991) und Lo et al. (2004) untersuchen im Wesentlichen, inwieweit Friktionen zur Erklärung des *Equity Premium Puzzle* herangezogen werden können. Die Analyse von Liquiditätsunterschieden steht nicht im Vordergrund. Zum zweiten übertragen einige Ansätze das statische Modell von Amihud und Mendelson (1986) in einen dynamischen, zeitkontinuierlichen Rahmen. Vom Standpunkt der Modellkonstruktion gesehen sind diese Arbeiten, wie beispielsweise Vayanos (1998, 2004), Vayanos und Vila (1999), Lo et al. (2004) und Huang (2003) bemerkenswert, da Modelle mit heterogenen Investoren und Friktionen zwangsläufig sehr komplex und daher schwierig zu lösen sind.

### (2) Alternative Formalisierungen der Illiquidität als Friktion

In diesem Abschnitt werden wir zwei alternative Formalisierungen von Illiquidität als Friktion darstellen. Die ersten beiden Modelle von Loewenstein und Willard (2002) und Longstaff (2005) beziehen sich auf die Zeitdimension von Liquidität, während das Modell von Holmström und Tirole (2001) liquide Wertpapiere als nahe Substitute zu Geld versteht.

Loewenstein und Willard (2002) betrachten die Preisunterschiede von Instrumenten unterschiedlicher Liquidität. Ihr Hauptaugenmerk gilt dabei aber nicht der Quantifizierung des Liquiditätsspreads, sondern der Erklärung von scheinbaren Arbitragemöglichkeiten durch Illiquidität.

Die Autoren untersuchen eine Ökonomie in kontinuierlicher Zeit im Intervall $[0, T]$. Es gibt Investoren mit kurzfristigen und mit langfristigen Planungshorizonten, die jeweils den erwarteten Nutzen ihres Endvermögens maximieren. Zu jedem Zeitpunkt sind genau ein langfristiger Investor und ein kurzfristiger Investor am Kapitalmarkt aktiv.[24] Während der langfristige Investor bis $T$ am Kapitalmarkt bleibt, scheidet der kurzfristige Investor gegebenenfalls nach einer stochastischen Zeitdauer noch vor $T$ aus. Danach tritt sofort ein neuer kurzfristiger Investoren auf den Markt. Die beiden Investoren können zwei Wertpapiere handeln. Der Preis des ersten Wertpapiers in $t = T$ ist deterministisch. Zwischenzeitlich schwankt der Preis stochastisch, so dass dieses Wertpapier den Charakter eines langfristigen Bonds hat.[25] Das zweite Wertpapier hat den Charakter eines Sparbuchs. Es hat eine feste Verzinsung über die gesamte Laufzeit und kann sofort liquidiert werden. Aus Sicht des langfristigen Investors sind beide Anlagealternativen risikolos. Die langfristige Anleihe ist jedoch aus Sicht des kurzfristigen Investors riskant, da er gegebenenfalls sein gesamtes Portfolio in einer ungünstigen Marktsituation vor $t = T$ liquidieren muss. Folglich ist der kurzfristige Investor bereit, einen geringeren Zinssatz im Austausch für die Sicherheit des Sparbuchs zu akzeptieren. Im Gleichgewicht stellt der langfristige Investor den kurzfristigen Investoren jederzeitige Liquidität zur Verfügung, indem als Gegenpartei für die Sparbuch-Kontrakte fungiert. Im Austausch dafür kann er einen Arbitragegewinn realisieren, in dem er eine Risikoprämie – den Liquiditätsspread – vereinnahmt.

---

24 Die beiden Investoren können als repräsentative Vertreter für verschiedene Gruppen von Investoren angesehen werden.

25 Die Modellierung erfolgt mittels einer Brownschen Brücke.

Die Arbeit von Longstaff (2005) konzentriert sich auf den Preisunterschied zwischen liquiden und illiquiden Wertpapieren. In dem Modell wird eine Ökonomie in kontinuierlicher Zeit $[0, \infty)$ mit heterogenen Investoren betrachtet. Die Heterogenität der Investoren wird durch unterschiedliche Zeitpräferenzraten (individuelle Diskontfaktoren) der Investoren verursacht. Die Investoren handeln zwei riskante Wertpapiere. Während eines der Wertpapiere ohne Einschränkung handelbar ist, können die Investoren das zweite Wertpapier nur zu Beginn in $t = 0$ und danach erst wieder nach $T$ handeln (Blackout-Periode $(0, T)$). Die Bestände in dem zweiten Wertpapier sind also von $t = 0$ bis $t = T$ konstant. Danach sind beide Wertpapiere kontinuierlich und friktionslos handelbar. Beide Wertpapiere zahlen kontinuierlich Dividenden, die die Investoren zu Konsumzwecken nutzen. Die Investoren wählen ihr Portfolio so aus, dass der erwartete Nutzen ihrer Konsumausgaben maximal ist.

Longstaff (2005) präsentiert verschiedene numerische Ergebnisse seines Modells. Als Benchmark wird der Fall $T = 0$ verwendet, d. h. keine Einschränkung des Handels. Longstaff (2005) untersucht die Wirkung verschieden langer Blackout-Perioden $(0, T)$ auf die Rendite der beiden Wertpapiere. In allen untersuchten Fällen werden die übrigen Parameter so gewählt, dass die Wertpapiere im Fall $T = 0$ keinen Renditeunterschied aufweisen. In einem Fall weisen die Wertpapiere bei $T = 20$ einen Preisunterschied von $42,17\%$ aus, was einem Renditeunterschied von $2,7\%$ p. a. über die Zeitdauer von 20 Jahren entspricht. Allerdings besitzen die beiden Wertpapiere in diesem Fall unterschiedlich hohe Volatilitäten. Dieser Unterschied ist jedoch aufgrund der Wahl der anderen Parameter, wie u. a. stochastische Unabhängigkeit der Dividendenentwicklung und erwartetes Dividendenwachstum in Höhe von Null, im liquiden Fall ohne Bedeutung für die Höhe des Preises. Auch wenn die Parameterwerte der stochastischen Prozesse für die Dividenden der beiden Wertpapiere gleich gewählt werden, ergeben sich bei zeitlicher Beschränkung des Handels deutliche Preisunterschiede für die beiden Wertpapiere. Allerdings sind die Wertpapiere auch in diesen Fällen nicht identisch. Aufgrund der Annahme der Unabhängigkeit der stochastischen Prozesse sind die Cash-Flows der beiden Wertpapiere nicht in jedem Umweltzustand identisch.

Zusammengefasst untersucht Longstaff (2005) die Auswirkungen von Illiquidität im Sinne der Zeitdimension. Die durch die Illiquidität entstandene Unvollständigkeit des Finanzmarkts führt dazu, dass Wertpapiere, die auf einem liquiden, vollständigen Finanzmarkt identische Preise aufweisen würden, auf einem illiquiden Finanzmarkt unterschiedliche Preise aufweisen können. Dabei umgeht Longstaff (2005) durch die Betrachtung ähnlicher, aber nicht identischer Wertpapiere die in Abschnitt 2.4.1 diskutierte Problematik der möglichen Liquiditätsspreadarbitrage bei einer simultanen Bewertung von liquiden und illiquiden Wertpapieren. Gleichzeitig macht diese Modellierung seine Ergebnisse jedoch schwer interpretierbar. Wie bereits in Abschnitt 2.4.1 dargestellt wird, überlagern sich die Auswirkungen der Illiquidität und der nicht identischen Cash-Flows der Wertpapiere zur Verhinderung der Arbitrage von Liquiditätsspreads.

Holmström und Tirole (2001) entwickeln ein auf einer anderen Friktion beruhendes Liquidity Asset Pricing Modell (LAPM). Diese Friktion bezieht sich auf die Bedeutung von Liquidität als leichte Übertragbarkeit von Vermögensgegenständen. Die Autoren sprechen von *pledgeability*, unter der sie die Möglichkeit verstehen, zukünftige Erträge einer Anlage bereits heute an andere Investoren abzutreten. Sind die zukünftigen Cash-Flows nicht handelbar, so können sie nicht in Form eines Wertpapiers o. ä. verbrieft und veräußert werden. Es kommt zu einer Unvollständigkeit des Finanzmarkts.

Wir illustrieren die Grundsätze des LAPM anhand einer einfachen Version. Hierzu betrachten wir eine Ökonomie an drei Zeitpunkten $t = 0, 1, 2$. Es gibt zwei Arten von Marktteilnehmern: Investoren und Unternehmer. Beide Gruppen sind risikoneutral und diskontieren zukünftige Erträge nicht. Die Unternehmer können zwei Projekte durchführen, die in $t = 0$ bzw. $t = 1$ beginnen und für eine Periode andauern. Die Rückflüsse aus den Projekten stehen jedoch nur den Unternehmern zu und können nicht veräußert werden. Den Investoren fließen in allen drei Zeitpunkten Geldmittel zu. Aufgrund ihrer Präferenzen sind sie bereit, in jede Anlage mit einem höheren Zinssatz als Null zu investieren. Allerdings ist ihr Einkommen in zukünftigen Perioden – genauso wie die Projektrückflüsse der Unternehmer – nicht übertragbar. Daher können die Investoren weder Zusagen für die Finanzierung zukünftiger Projekte machen noch Leerverkäufe tätigen, da beide Transaktionen die glaubhafte Sicherstellung der zukünftigen Zahlungsfähigkeit voraussetzen.

In einem solchen unvollständigen Markt kann ein risikoloses Wertpapier $L$ mit einer einperiodigen Laufzeit, dessen Rückflüsse übertragbar sind (d. h. eine liquide Anleihe), eine negative Rendite und damit einen Zuschlag auf den Preis (Liquiditätsprämie) aufweisen. Zunächst verhindern die Präferenzen der Investoren, dass die Rendite $r_L$ des Wertpapiers $L$ über Null liegt, da das Wertpapier sonst in unbegrenzter Menge nachgefragt werden würde. Eine negative Rendite $r_L < 0$ (d. h. eine positive Liquiditätsprämie) ist jedoch möglich, wie wir im Folgenden intuitiv begründen werden. In einigen Umweltzuständen sind die Rückflüsse aus dem ersten Projekts niedrig. Aufgrund der mangelnden Übertragbarkeit des Einkommens können sich die Unternehmer nicht die Anschaffungsausgaben des zweiten Projekts von den Investoren finanzieren lassen. Die einzige Möglichkeit für Unternehmer, Geldmittel für das zweite Projekt aufzubringen, besteht in dem Erwerb der liquiden Anleihe in $t = 0$. Aufgrund des angenommenen konkaven Ertragsprofils des zweiten Projekts erbringt bei einer geringen Investitionssumme eine zusätzlich investierte Geldeinheit einen Gewinn. Dieser Gewinn macht die Investition in $L$ vorteilhaft, obwohl das Wertpapier aufgrund der Liquiditätsprämie eine negative Rendite aufweist. Ist das Angebot an liquiden Wertpapieren gering, so kann sich aufgrund des Wettbewerbs unter den Unternehmern im Gleichgewicht ein positiver Zuschlag (Liquiditätsprämie) auf den Preis des Wertpapiers $L$ einstellen.

Holmström und Tirole verallgemeinern das obige Modell auf den Fall mehrerer Wertpapiere mit unterschiedlichen Liquiditätsgraden. Die Autoren erhalten eine dem CAPM ähnliche Bewertungsgleichung, in die die Übertragbarkeit bzw. Liquidität der Wertpapiere eingeht.

### 2.4.4 Variation des Gleichgewichtskonzepts

Anstatt Friktionen in ein Walras-Gleichgewicht einzuführen, die die Auswirkungen von Illiquidität für einen einzelnen Investor direkt spezifizieren, modellieren einige Ansätze Illiquidität endogen. Dazu müssen jedoch andere Gleichgewichtskonzepte als ein Walras-Gleichgewicht implementiert werden. Beispielsweise führen spieltheoretische Gleichgewichte des unvollkommenen Wettbewerbs zu Preiseinflüssen von Transaktionen und die Aufgabe eines zentralen Markts zu zeitlichen Einschränkungen des Handels.

#### (1) Endogene Preisdimension

Adverse Preisreaktionen auf Transaktionen können unterschiedliche Ursachen haben. Ein möglicher Grund ist asymmetrische Information. Sind Investoren mit privater Information in einem Markt aktiv, so interpretieren die anderen Investoren gegebenenfalls Käufe bzw. Verkäufe als Signal für gute bzw. schlechte Informationen über ein Wertpapier. Wie wir bereits in Abschnitt 2.3.3 ausgeführt haben, ist diese Art von Preiseinfluss nur bedingt als Liquidität interpretierbar. Unsere Definition von Liquidität erfassen solche Modelle besser, die Preiseinfluss über unvollkommenen Wettbewerb erzeugen. Wir werden diese Klasse von Modellen, die auch als Modelle mit Großinvestoren bezeichnet werden, in diesem Abschnitt besprechen. Für Darstellungen der Modelle mit informationsinduzierten Preiseinflüssen verweisen wir auf Madhavan (2000) und Brunnermeier (2001).

Intuitiv ist die Verbindung zwischen der Zahl der Marktteilnehmer sowie der Intensität des Wettbewerbs und der Liquidität einleuchtend. Wir werden die Funktionsweise der entsprechenden Modelle anhand einer vereinfachten Version von Lindenberg (1979) illustrieren. Auf einem einperiodigen Kapitalmarkt ($t = 0, 1$) gibt es zwei Wertpapiere: ein risikoloses Wertpapier (Geldmarktkonto) mit Zinssatz $r$ und ein riskantes Wertpapier, dessen Preis $\tilde{P}(1)$ in $t = 1$ den Erwartungswert $\mathbb{E}[\tilde{P}(1)]$ und die Varianz $\text{Var}[\tilde{P}(1)]$ aufweist. Das Angebot des Wertpapiers beträgt $\bar{S}$ Stück. Auf dem Markt handeln zwei verschiedene Typen von Investoren. Investor 1, der Großinvestor, verhält sich strategisch und berücksichtigt den Preiseinfluss seiner Handelsentscheidungen. Die übrigen Investoren sind Preisnehmer. Wir modellieren diese Gruppe über einen repräsentativen Investor $R$. Zu Anfang in $t = 0$ besitzen die Investoren $\bar{X}_1$ bzw. $\bar{X}_R$ Stück des riskanten Wertpapiers. Sie maximieren den erwarteten Nutzen ihres Endvermögens. Ihre Nutzenfunktion führt zu einem Mittelwert-Varianz-Kalkül:

$$\max_{X_i} \left\{ \bar{X}_i \cdot P(0)(1+r) + X_i(\mathbb{E}[\tilde{P}(1)] - P(0)(1+r)) - \frac{\gamma_i}{2} X_i^2 \text{Var}[\tilde{P}(1)] \right\}, \qquad i = 1, R. \tag{2.46}$$

Dabei bezeichnet $X_i$ jeweils die vom Großinvestor und den übrigen Investoren gehaltenen Stücke nach dem Handel in $t = 0$. Der Parameter $\gamma_i$ bestimmt den jeweiligen Grad der Risikoaversion. Die Bedingung erster Ordnung für die Preisnehmer $R$ lautet

$$X_R = \frac{\mathbb{E}[\tilde{P}(1)] - P(0)(1+r)}{\gamma_R \text{Var}[\tilde{P}(1)]}. \tag{2.47}$$

Über die Markträumungsbedingung $X_1 + X_R = \bar{S}$ kann der Preiseinfluss einer Order des Großinvestors ermittelt werden:

$$P(0) = \frac{\mathbb{E}[\tilde{P}(1) - (\bar{S} - X_1)\gamma_R \text{Var}[\tilde{P}(1)]}{1+r} \qquad \Rightarrow \qquad \frac{\partial P(0)}{\partial X_1} = \frac{\gamma_R \text{Var}[\tilde{P}(1)]}{1+r}. \tag{2.48}$$

Die adverse Preisreaktion ist linear in der Zahl der gehandelten Wertpapiere. Diese Eigenschaft wird in den Modellen von Vayanos (1998, 2004) exogen vorausgesetzt. In diesen Ansätzen verwendet Vayanos ebenfalls eine ähnliche Spezifikation der Präferenzen. Lösen wir das Optimierungsproblem (2.46) für den Großinvestor, so erhalten wir

$$X_1 = \frac{\mathbb{E}[\tilde{P}(1)] - P(0)(1+r)}{\gamma_1 \text{Var}[\tilde{P}(1)]} + \frac{\partial P(0)}{\partial X_1} \cdot \frac{(1+r)(\bar{X}_1 - X_1)}{\gamma_1 \text{Var}[\tilde{P}(1)]}. \tag{2.49}$$

Unter Verwendung des in Gleichung (2.48) ermittelten Preiseinflusses können wir die optimale Portfoliowahl des Großinvestors in Abhängigkeit exogener Variablen angeben:

$$X_1 = \frac{\mathbb{E}[\tilde{P}(1)] - P(0)(1+r)}{(\gamma_1 + \gamma_R)\mathrm{Var}[\tilde{P}(1)]} + \frac{\gamma_R}{\gamma_1 + \gamma_R}\bar{X}_1. \tag{2.50}$$

Zusammen mit der Markträumungsbedingung erhalten wir auch den Preis des Wertpapiers in Abhängigkeit exogener Variablen. Die Kernaussagen des Modells sind jedoch bereits aus Gleichung (2.50) ersichtlich. Allokation und Preise im Gleichgewicht hängen von dem Bestand des illiquiden Wertpapiers im Portfolio des Großinvestors ab. Dieser Bestand ist eine zusätzliche Zustandsvariable des Modells. Natürlich wird ein Großinvestor versuchen, seinen Preiseinfluss zu seinem Vorteil zu nutzen. Entsprechend muss im Gleichgewichtspreis der Wertpapiere eine Prämie enthalten sein, die diese Instrumente auch für die Investoren ohne Preiseinfluss attraktiv macht. Da im obigen Modell eine getrennte Bewertung liquider und illiquider Papiere erfolgt,[26] gelten die mehrfach geäußerten Kritikpunkte an der direkten Interpretation der Ergebnisse einer komparativ-statischen Analyse.

Lindenberg (1979) analysiert eine allgemeinere Version des obigen Modells mit mehreren Wertpapieren und mehreren Großinvestoren. Basak (1997) erhält ähnliche Ergebnisse für ein Modell mit allgemeineren Nutzenfunktionen. Im Gegensatz zur oben beschriebenen, statischen Analyse entwickelt der Autor ein dynamisches Modell in kontinuierlicher Zeit. Eine komparativ-statische Analyse zeigt, dass der Großinvestor die Volatilität des riskanten Wertpapiers erhöht. In gewissen Parameterkonstellationen erreicht der Investor mit Preiseinfluss ein höheres Nutzenniveau als im Fall ohne Marktmacht. Pritsker (2002a) analysiert den Fall mehrerer Großinvestoren, die in einem Cournot-Oligopol gegeneinander konkurrieren, in einem dynamischen Modell. Diese und weitere Ansätze aus der Literatur werden in der Übersichtsarbeit über Großinvestoren und Liquidität von Pritsker (2002b) dargestellt.

### (2) Endogene Zeitdimension – Dezentraler Handel

Illiquidität im Sinne der Zeitdimension ergibt sich endogen, falls die Annahme einer sofortigen, vollständigen Markträumung aufgegeben wird. Wenn es im Gegensatz zu einem

[26] Wir haben nur den Fall des illiquiden Wertpapiers dargestellt. Die Analyse muss noch einmal für den als Benchmark fungierenden Fall durchgeführt werden, in dem auch Investor 1 keinen Preiseinfluss besitzt.

Walras-Gleichgewicht keinen zentralen Markt gibt, auf dem sämtliche Handelspartner gleichzeitig zusammentreffen, muss jeder Investor seine Handelspartner unter Aufwendung von Zeit und Kosten suchen. Diese Kosten senken zusammen mit den Opportunitätskosten nicht sofort durchführbarer Transaktionen den Preis der entsprechenden Wertpapiere. Im Folgenden werden wir zwei Ansätze diskutieren, die diese Idee formal erfassen.

Tychon und Vannetelbosch (2004)[27] konstruieren ein Strukturmodell, das simultan Kredit- und Liquiditätsrisiken von Wertpapieren erfasst. Die Autoren modellieren ein dynamisches Gleichgewicht in einem dezentralisierten Markt für Unternehmensanleihen. In $t = 0$ emittiert ein Unternehmen Anleihen an verschiedene, zufällig ausgewählte Investoren. In jeder folgenden Periode $t = 1, 2, \ldots$ treffen die Inhaber der Anleihen zufällig auf einen anderen Investor. Falls dessen Wertschätzung für die Unternehmensanleihe höher ist, kommt eine Transaktion zustande. Der Transaktionspreis ergibt sich als Lösung eines asymmetrischen Nash-Bargaining-Spiels.[28] Die Handelsmöglichkeiten sind also – im Vergleich zu einem zentralen Markt – stark eingeschränkt.

Damit Handel zustande kommt, müssen die Investoren somit unterschiedliche Wertschätzungen der Anleihe besitzen. Ihre Risikopräferenzen sind jedoch identisch. Alle Investoren sind risikoneutral. Im Falle einer Insolvenz, die durch Überschuldung ausgelöst wird, wenn der exogen modellierte Wert der Unternehmensaktiva unter einen Grenzwert fällt, erhalten die Investoren einen entsprechenden Teil des Firmenvermögens abzüglich Insolvenzkosten. Die Höhe der Insolvenzkosten sind von Investor zu Investor verschieden. Ökonomisch können unterschiedliche Insolvenzkosten als stilisierte Darstellung asymmetrischer Informationen über die Entwicklung der Firma interpretiert werden. Die unterschiedlichen Kosten sorgen für unterschiedliche Bewertungen der Anleihen. Somit existieren heterogene Handelsmotive, die Liquidität wertvoll machen.

In einem Walras-Gleichgewicht würden die Investoren mit den niedrigsten Insolvenzkosten sämtliche Unternehmensanleihen halten. Im Modell mit illiquiden Märkten von Tychon und Vannetelbosch (2004) ist dies nicht der Fall. Daher kann durch eine komparativ-

[27] Der Aufsatz ist eine revidierte Fassung des Arbeitspapiers "Debt Valuation and Marketability Risk" von 1997.

[28] Der konkrete Transaktionspreis $p$ liegt zwischen der Wertschätzung des Verkäufers $V_{Vk}$ und der des Käufers $V_K$:

$$p := \text{argmax} \left\{ (p - V_{Vk})^{\omega} \cdot (V_K - p)^{1-\omega} \right\}$$

Dabei beschreibt $\omega \in (0, 1)$ die Marktmacht des Verkäufers. Siehe z. B. Osborne und Rubinstein (1990).

statische Analyse ein Liquiditätsabschlag ermittelt werden. Die Autoren verwenden jedoch nicht das Walras-Gleichgewicht als Referenzfall liquider Märkte, sondern definieren eine modifizierte Form des Zuordnungsmechanismus als Benchmark, der regelt, welche Paare von Investoren sich zu Verhandlungen über eine Transaktion treffen. Der liquide Zuordnungsmechanismus unterscheidet sich vom illiquiden, rein zufälligen Mechanismus darin, dass der Inhaber einer Anleihe nicht einen beliebigen Investor trifft, sondern nur solche Investoren, deren Wertschätzung mindestens genauso hoch ist wie seine eigene. Der liquide Auswahlmechanismus stellt sicher, dass in keinem Zeitpunkt eine Transaktion für beide Parteien nachteilig wäre. Er erhöht damit den Wert der Unternehmensanleihe, da er ihren Wiederverkauf erleichtert. Tychon und Vannetelbosch errechnen numerisch die Differenz der erwarteten Preise für die Anleihe für beide Spezifikationen des Zuordnungsmechanismus. Kommt es bei einem Paar von Investoren zu keiner Transaktion, so gilt die Wertschätzung des Inhabers der Anleihe als Preis.

In dem betrachteten Modell mit illiquiden Märkten lässt sich beobachten, dass die Liquidität der Anleihen mit steigendem Alter abnimmt. Der Effekt, der sich auch empirisch beobachten lässt, rührt von der Tatsache her, dass mit fortschreitender Zeit immer mehr Unternehmensanleihen in den Portfolios der Investoren mit den geringsten Insolvenzkosten liegen. Diese können durch eine Transaktion keinen Gewinn erzielen. Das Modell hat jedoch den unvermeidlichen Nachteil, dass es für das gleiche Wertpapier gleichzeitig verschiedene Preise gibt. Zudem stammen die Liquiditätsspreads aus eine komparativstatischen Analyse und sind daher nur eingeschränkt interpretierbar.

Duffie et al. (2000) schlagen ein Modell vor, das einige dieser Schwierigkeiten umgeht. In der analysierten Ökonomie handeln risikoneutrale, unendlich lang lebende Investoren ein Wertpapier, das Dividenden ausschüttet. Auch hier gibt es keinen zentralen Markt. Vielmehr treffen sich Paare von Investoren zufällig und verhandeln über eine Transaktion. Die Verhandlung wird wieder über das asymmetrische Nash-Bargaining-Spiel abgebildet. Die erforderliche Heterogenität der privaten Wertschätzungen resultiert aus investorspezifischen Diskontfaktoren, die entweder hoch oder niedrig sein können. Zudem variieren sie stochastisch im Zeitablauf. Ein Investor kann ferner nur entweder ein oder gar kein Stück des Wertpapiers besitzen. Eine Transaktion ist genau dann sinnvoll, wenn ein Inhaber einer Anleihe mit einem hohen Diskontfaktor (d. h. niedriger Wertschätzung) auf einen Investor mit niedrigem Diskontfaktor trifft, der nicht im Besitz eines Wertpapiers ist. Aufgrund der stochastischen Änderungen der Diskontfaktoren sind die Anteile von potenziellen Käufern (Nicht-Inhaber mit niedrigen Diskontfaktoren) und potenziellen Verkäufern (Inhaber mit hohen Diskontfaktoren) an der Gesamtzahl der Investoren über die Zeit stationär. Es ist somit kein Austrocknen der Liquidität wie bei Tychon und Vannetelbosch (2004) zu beobachten. Ferner ist der Wertpapierpreis eindeutig, da es nur eine Konstellation der Merkmale zweier aufeinandertreffender Investoren gibt, in der Handel möglich ist.

Duffie et al. (2000) berechnen den Liquiditätsabschlag als Differenz des Transaktionspreises im stationären Gleichgewicht des Suchmarkts und dem sich in einem Walras-Gleichgewicht ergebenden Preis. Der Walras-Preis entspricht der hohen privaten Wertschätzung, da in einem zentralen Markt ausschließlich Investoren mit niedrigen Diskontfaktoren das Wertpapier halten würden. Neben numerischen Berechnungen ihres Modells analysieren Duffie et al. verschiedene Erweiterungen, wie beispielsweise asymmetrische Information oder die Einführung von Market Makern.

Beide diskutierten Modelle von dezentralen Suchmärkten und bilateralem Handel bilden insbesondere die tatsächlichen Gegebenheiten auf OTC-Märkten realistisch ab. Die realitätsnahe Beschreibung von Illiquidität hat jedoch ihren Preis. Aufgrund der Komplexität der Modellierung des Zustandekommens einer Transaktion sind die Modelle in anderer Hinsicht relativ einfach gehalten. So betrachten beide Ansätze nur den Handel in einem einzelnen Wertpapier. Ferner werden durch die Wahl der Präferenzen der Investoren Risikoaspekte ausgeblendet, so dass beispielsweise die Zusammenhänge zwischen dem Grad der Unsicherheit und Liquidität nicht berücksichtigt werden. Trotz dieser Einfachheit liefern die Modelle einige theoretische Erkenntnisse über die Entwicklung von Liquidität und die ihr zugrundeliegenden Faktoren.

## 2.5 Fazit

Die vorgeschlagenen Ansätze zur Ermittlung von Liquiditätsabschlägen sind sehr heterogen. Zum einen existieren subjektive Bewertungsmodelle, in denen eine große Bandbreite von Friktionen zur Abbildung von Illiquidität implementierbar ist. Da die so ermittelten Liquiditätsspreads aber nicht aus dem Ausgleich von Angebot und Nachfrage resultieren, ist ihre Interpretation schwierig. Zum anderen gibt es Gleichgewichtsmodelle, deren resultierende Liquiditätsspreads ökonomisch sinnvoll interpretiert werden können. Wir unterscheiden gemäß dem Grad der Endogenität der Modellierung von Illiquidität Modelle mit impliziten Friktionen, Modelle mit expliziten Friktionen und Nicht-Walras-Gleichgewichtsmodelle. Je höher der Grad an Endogenität ist, desto weniger starke Annahmen bezüglich der Liquidität werden in den Modellen getroffen. Dabei ist ein Trade-Off zwischen der Stärke der getroffenen Annahmen und der mathematischen Handhabbarkeit festzustellen. Die mathematische Handhabbarkeit bestimmt wiederum, wie komplex die weiteren Bestandteile eines Modells wie z. B. die Modellierung von anderen Risikofaktoren sein können. Daher gibt es keinen in allen Belangen überlegenen Typ von Modell.

In unserer Studie wird ein Modell zur Ermittlung von Liquiditätsabschlägen von Anleihen konstruiert. Generell sollte ein Bewertungsmodell auf einem Gleichgewichtskalkül beruhen, damit ökonomisch sinnvolle Abschläge berechnet werden. Darüberhinaus sollten mögliche Effekte aufgrund der endlichen Laufzeit von Anleihen sowie andere wesentliche Einflussfaktoren von Anleihepreisen wie beispielsweise Zinsänderungsrisiken in das Modell integriert werden können, so dass nur Modelle mit einer gewissen mathematischen Handhabbarkeit in Frage kommen. Wir werden ein solches Modell im nächsten Kapitel vorstellen.

# Kapitel 3

# Dynamisches Gleichgewichtsmodell zur Bestimmung von Liquiditätsspreads in illiquiden Anleihemärkten

In diesem Kapitel entwickeln wir ein Modell zur Quantifizierung von Liquiditätsspreads für Anleihen. Gemäß den Überlegungen in Abschnitt 2.5 spezifizieren wir ein Gleichgewichtsmodell mit expliziten Friktionen. Der Modellrahmen ist damit hinreichend flexibel, um charakteristische Eigenschaften von Anleihen (wie z. B. feste Laufzeit und Zinsänderungsrisiko) zu integrieren, ohne die starken Annahmen der Modelle mit impliziten Friktionen oder der subjektiven Bewertungsmodelle zu beinhalten. Das Modell wird für ausfallrisikofreie Anleihen aufgestellt. Kreditrisiken sind jedoch in den bestehenden Rahmen integrierbar.

Die wesentlichen Komponenten eines Gleichgewichtsmodells zur Quantifizierung von Liquiditätsspreads beinhalten gemäß Abschnitt 2.2 die Spezifikation der Nachfrage nach Liquidität, des Angebots an Liquidität und der Art des Gleichgewichts. Das Gleichgewichtskonzept des vorliegenden Modells entspricht dem der konsumbasierten Bewertungsmodelle, wie sie von Lucas (1978) in diskreter Zeit und Breeden (1979) in stetiger Zeit betrachtet werden. Die Nachfrage nach Handelsmöglichkeiten wird durch Heterogenität der Investoren bezüglich ihres Investitionshorizonts (langfristig oder kurzfristig) hervorgerufen. Die Illiquidität einer Gruppe von Anleihen resultiert aus der Tatsache, dass diese Anleihen nur von wenigen Investoren gehandelt werden. Wir beschreiben die Details unseres Modells in Abschnitt 3.2. Zuvor geben wir jedoch einen kurzen Einblick in das Prinzip der konsumbasierten Bewertung.

## 3.1 Prinzip der konsumbasierten Bewertung

Das vorliegende Bewertungsmodell basiert auf der Analyse der optimalen Konsumentscheidungen der Investoren. Zum besseren Verständnis der Ergebnisse des Modells mit illiquiden Märkten werden wir vor der Spezifikation der Modellkomponenten einen kurzen Einblick in die konsumbasierte Bewertung von Anleihen auf vollkommenen und damit liquiden Märkten geben. Wir gehen dabei kurz auf einige relevante Erweiterungen des Grundmodells ein.

### 3.1.1 Konsumbasierte Bewertung von Anleihen in vollständigen, vollkommenen Finanzmärkten

Zunächst betrachten wir als Grundmodell ein Modell einer reinen Tauschökonomie mit vollständigen und friktionslosen Märkten in stetiger Zeit. Diese Variante eines konsumbasierten Bewertungsmodells ist zuerst von Breeden (1979) vorgeschlagen und später von Duffie und Zame (1989) verallgemeinert worden. Wir betrachten Investoren auf einem Finanzmarkt, die innerhalb des Intervalls $[0, T]$ Wertpapiere handeln können. Zur Vereinfachung beschränken wir uns dabei auf zwei Wertpapiere. Eines der Wertpapiere ist lokal risikolos mit einer Rendite von $r(t)$. Die Preisentwicklung des anderen Wertpapiers wird durch einen Itô-Prozess $P(t)$ beschrieben. Sie hängt von einer hier nicht näher spezifizierten Zustandsvariablen $s(t)$ ab. Beide Zufallsgrößen werden von der selben zweidimensionalen Brownschen Bewegung $(z_1(t), z_2(t))^\top$ getrieben.[1]

$$dP(t) = \mu_P(s(t),t)P(t)dt + \big(\sigma_{1,P}(s(t),t),\ \sigma_{2,P}(s(t),t)\big)P(t) \cdot \begin{pmatrix} dz_1(t) \\ dz_2(t) \end{pmatrix} \quad (3.1)$$

$$ds(t) = \mu_s(s(t),t)dt + \big(\sigma_{1,s}(s(t),t),\ \sigma_{2,s}(s(t),t)\big) \cdot \begin{pmatrix} dz_1(t) \\ dz_2(t) \end{pmatrix}. \quad (3.2)$$

Die gegebenenfalls zustandsabhängigen Parameter $\mu_i$ und $\sigma_{j,i}$ für $i = P, s$ und $j = 1, 2$ bestimmen die Drift- und Volatilitätsraten sowie die Korrelation der stochastischen Größen.[2] Während des Anlagezeitraums $[0, T]$ erhalten die Investoren insgesamt einen Zufluss $e(t)$ an liquiden Mitteln, der ebenfalls durch einen Itô-Prozess beschrieben werden kann:

$$de(t) = \mu_e(s(t),t)e(t)dt + \big(\sigma_{1,e}(s(t),t),\ \sigma_{2,e}(s(t),t)\big)e(t) \begin{pmatrix} dz_1(t) \\ dz_2(t) \end{pmatrix}. \quad (3.3)$$

In diesem Einkommen sind sämtliche Einkünfte der Ökonomie – also insbesondere auch Zahlungen aus Wertpapieren – erfasst. Die Parameter dieses Prozesses können ebenfalls von der Zustandsvariablen $s(t)$ abhängen. Wir nehmen an, dass die Nachfrage aller Investoren mit Hilfe eines repräsentativen Investors mit einer zeitadditiven Nutzenfunktion beschrieben werden kann. Dieser Investor maximiert den Ausdruck

$$\mathbb{E}_0 \left[ \int_0^T u(c(t), t)dt \right], \quad (3.4)$$

wobei $c(t)$ die aggregierte Konsumrate des repräsentativen Investors zum Zeitpunkt $t$ angibt. Während die Analyse für liquide Märkte auch für den Fall einer allgemeinen zeitadditiven Nutzenfunktion analysiert werden kann, gehen wir im Folgenden von einer

[1] Die der Stochastik des Modells zugrundeliegende Brownsche Bewegung wird als zweidimensional angenommen. Wir unterstellen ferner, dass die beiden Komponenten der Brownschen Bewegung unkorreliert sind. Die Korrelation der stochastischen Größen des Modells lässt sich durch eine entsprechende Wahl der Parameter steuern. Diese Annahmen stellen die Modellierungsvariante mit der geringsten Komplexität dar, in der die Zustandsvariablen des Modells nicht vollkommen korreliert sind. Die Dimensionalität des Wiener Prozesses und die Anzahl der Zustandsvariablen können beliebig erhöht werden.

[2] Um die Darstellung der prinzipiellen Vorgehensweise der konsumbasierten Bewertung auf das Wesentliche zu konzentrieren, verzichten wir in diesem einführenden Abschnitt weitgehend auf eine explizite Darstellung technischer Regularitätsbedingungen, die die Parameter bzw. Parameterfunktionen erfüllen müssen.

Nutzenfunktion mit konstanter relativer Risikoaversion (CRRA) und konstanter Zeitpräferenz aus:

$$u(c(t),t) = e^{-\delta t} \cdot \frac{c(t)^{1-\gamma}}{1-\gamma}. \tag{3.5}$$

Die Parameter $\delta > 0$ und $\gamma > 0$ geben die Koeffizienten der Zeitpräferenz bzw. der relativen Risikoaversion an. Wie in Abschnitt 2.3.2 angeführt wird, umfasst die CRRA-Nutzenfunktion als Grenzfall $\gamma \to 1$ den Spezialfall der logarithmischen Nutzenfunktion. Die Ableitung der CRRA-Nutzenfunktion ist durch

$$u_c(c(t),t) = e^{-\delta t} \cdot c(t)^{-\gamma} \tag{3.6}$$

gegeben. Als Nebenbedingung muss die Strategie $w(t)$ des Investors, die die Aufteilung des Vermögens $W(t)$ des Investors in riskante und (lokal) risikolose Wertpapiere angibt, zu jedem Zeitpunkt der Budgetbedingung genügen. Diese ist durch

$$\begin{aligned} dW(t) &= \Big( \big[r(t) + w(t)(\mu_P(s(t),t) - r(t))\big] W(t) + \big(e(t) - c(t)\big) \Big) dt \\ &\quad + w(t)\big[\sigma_{1,P}(s(t),t),\ \sigma_{2,P}(s(t),t)\big] W(t) \cdot \begin{pmatrix} dz_1(t) \\ dz_2(t) \end{pmatrix} \end{aligned} \tag{3.7}$$

gegeben. Die Lösung des Optimierungsproblems des Investors ist durch die zugehörige HJB-Gleichung

$$\begin{aligned} \max_{w(t),\ c(t)} \quad & \Big\{ u(c(t),t) + \frac{\partial J}{\partial t} + \frac{\partial J}{\partial W}\left((r + w(\mu_P - r)) W + (e - c)\right) + \frac{\partial J}{\partial s}\mu_s \\ & + \frac{1}{2}\left(\frac{\partial^2 J}{\partial W^2} w^2 W^2 (\sigma_{1,P}^2 + \sigma_{2,P}^2)\right) + \frac{1}{2}\left(\frac{\partial^2 J}{\partial s^2}(\sigma_{1,s}^2 + \sigma_{2,s}^2)\right) \\ & + \frac{\partial^2 J}{\partial W \partial s} wW(\sigma_{1,P}\sigma_{1,s} + \sigma_{2,P}\sigma_{2,s}) \Big\} = 0 \end{aligned} \tag{3.8}$$

bestimmt, wobei wir von obiger Gleichung an die explizite Darstellung der in die Funktionen eingehenden Variablen zur besseren Lesbarkeit vernachlässigen, falls Verwechslungen ausgeschlossen sind. $J(W, s(t), t)$ bezeichnet die indirekte Nutzenfunktion. Die Bedingungen erster Ordnung für ein Maximum lauten:

$$\frac{\partial u}{\partial c} = \frac{\partial J}{\partial W} \tag{3.9}$$

$$\frac{\partial^2 J}{\partial W^2} wW(\sigma_{1,P}^2 + \sigma_{2,P}^2) = -\frac{\partial J}{\partial W}(\mu_P - r) - \frac{\partial^2 J}{\partial W \partial s}(\sigma_{1,P}\sigma_{1,s} + \sigma_{2,P}\sigma_{2,s}). \tag{3.10}$$

Aus Gleichung (3.9) folgt direkt

$$\frac{\partial J}{\partial W} = e^{-\delta t} c^{-\gamma} \tag{3.11}$$

und damit

$$\frac{\partial^2 J}{\partial W \partial s} = -e^{-\delta t}\gamma \cdot c^{-\gamma-1}\frac{\partial c}{\partial s} \qquad \frac{\partial^2 J}{\partial W^2} = -e^{-\delta t}\gamma \cdot c^{-\gamma-1}\frac{\partial c}{\partial W}. \tag{3.12}$$

Setzt man diese Beziehungen in Gleichung (3.10) ein, so erhält man:

$$\begin{aligned} wW(\sigma_{1,P}^2 + \sigma_{2,P}^2)\frac{\partial c}{\partial W} &= \frac{c}{\gamma}(\mu_P - r) - (\sigma_{1,P}\sigma_{1,s} + \sigma_{2,P}\sigma_{2,s})\frac{\partial c}{\partial s} \\ wW(\sigma_{1,P}^2 + \sigma_{2,P}^2)\frac{\partial c}{\partial W} + (\sigma_{1,P}\sigma_{1,s} + \sigma_{2,P}\sigma_{2,s})\frac{\partial c}{\partial s} &= \frac{c}{\gamma}(\mu_P - r). \end{aligned} \tag{3.13}$$

Neben den Optimalitätsbedingungen kann die Dynamik des optimalen Konsums auch als Funktion der Zustandsvariablen $s(t)$ und $W(t)$ dargestellt werden. Für den Volatilitätsterm des optimalen Konsums $c^*(W(t), s(t), t)$ ergibt sich gemäß des Lemmas von Itô:

$$\boldsymbol{\sigma}_{c^*} = wW\frac{\partial c}{\partial W}\begin{pmatrix}\sigma_{1,P}\\ \sigma_{2,P}\end{pmatrix} + \frac{\partial c}{\partial s}\begin{pmatrix}\sigma_{1,s}\\ \sigma_{2,s}\end{pmatrix}. \tag{3.14}$$

Da der Gütermarkt im Gleichgewicht geräumt sein muss, $e(t) = c^*(t)$, ist die Volatilitätsrate des Konsums im Gleichgewicht gleich der entsprechenden Rate des den Investoren zur Verfügung stehenden Einkommens:

$$\boldsymbol{\sigma}_{c^*} = e\begin{pmatrix}\sigma_{1,e}\\ \sigma_{2,e}\end{pmatrix}. \tag{3.15}$$

Setzt man diesen Zusammenhang in Gleichung (3.13) ein, erhält man die fundamentale Bewertungsgleichung des konsumbasierten Gleichgewichtsmodells:

$$\mu_P - r(t) = \gamma(\sigma_{1,P},\ \sigma_{2,P}) \cdot \begin{pmatrix}\sigma_{1,e}\\ \sigma_{2,e}\end{pmatrix}. \tag{3.16}$$

Gibt es mehrere riskante Wertpapiere, so ist diese Gleichung für jedes Wertpapier erfüllt. Die Gleichung lässt sich auch mit Hilfe des aus dem Capital Asset Pricing Modells bekannten Beta-Faktors ausdrücken. Dazu nutzen wir die Vollständigkeit des Marktes aus. Unter dieser Voraussetzung lässt sich ein Portfolio konstruieren, dessen Rendite zu jedem Zeitpunkt der des aggregierten Konsums bzw. der Gesamtausstattung $e(t)$ entspricht. Auch für dieses Portfolio muss die obige Bewertungsgleichung erfüllt sein, d. h.

$$\mu_e - r(t) = \gamma(\sigma_{1,e}^2 + \sigma_{2,e}^2). \tag{3.17}$$

Die Kombination der beiden Gleichungen (3.16) und (3.17) liefert eine Version der fundamentalen Bewertungsgleichung, in der die Bewertung mit Hilfe eines Beta-Faktors ausgedrückt wird:

$$\mu_P - r(t) = \underbrace{\frac{\sigma_{1,P}\sigma_{1,e} + \sigma_{2,P}\sigma_{2,e}}{\sigma_{1,e}^2 + \sigma_{2,e}^2}}_{=:\beta_P}(\mu_e - r(t)). \tag{3.18}$$

Aufgrund der strukturellen Ähnlichkeit der Bewertungsgleichung zu der des Capital Asset Pricing Modells wird das konsumbasierte Gleichgewichtsmodell auch *Consumption-Based Capital Asset Pricing Model* (CCAPM) genannt. In vielen Modellen zur Bewertung von Anleihen wird diese Bewertungsgleichung in Form einer partiellen Differentialgleichung für den Preis einer Anleihe ausgedrückt. Wir werden die obige Gleichung auch in dieser Form für einen Zerobond mit Fälligkeit in $\tau$ darstellen.[3] Im Gleichgewicht ist der Preis $B(t,\tau)$ des Zerobonds im Zeitpunkt $t$ eine Funktion des aktuellen Werts der Zustandsvariablen $s(t)$. Wendet man Itôs Lemma auf diesen Preis an, ergibt sich

$$dB = \left(\frac{\partial B}{\partial t} + \frac{\partial B}{\partial s}\mu_s + \frac{1}{2}\frac{\partial^2 B}{\partial s^2}(\sigma_{1,s}^2 + \sigma_{2,s}^2)\right)dt + \frac{\partial B}{\partial s}(\sigma_{1,s},\ \sigma_{2,s}) \cdot \begin{pmatrix} dz_1(t) \\ dz_2(t) \end{pmatrix}. \tag{3.19}$$

Setzt man die entsprechende Driftrate und Volatilitätsrate in die fundamentale Bewertungsgleichung (3.16) ein, so erhält man die Bewertungsbeziehung in Form einer partiellen Differentialgleichung für den Preis des Zerobonds (bzw. eines Wertpapiers ohne Ausschüttungen im Allgemeinen):

$$\frac{\partial B}{\partial t} + \frac{\partial B}{\partial s}\mu_s + \frac{1}{2}\frac{\partial^2 B}{\partial s^2}(\sigma_{1,s}^2 + \sigma_{2,s}^2) - rB = \gamma\frac{\partial B}{\partial s}(\sigma_{1,s}\sigma_{1,e} + \sigma_{2,s}\sigma_{2,e}). \tag{3.20}$$

Zusammen mit geeigneten Randbedingungen, wie beispielsweise der Eigenschaft, dass der Zerobond bei Fälligkeit seinen Nominalwert zurückzahlt

$$B(\tau,\tau) = 1, \tag{3.21}$$

kann der Preis der Anleihe grundsätzlich bestimmt werden.

Das Gleichgewichtsmodell erlaubt ebenso eine Ableitung der Höhe des risikolosen Zinssatzes $r(t)$. Dazu werten wir die HJB-Gleichung für die optimale Konsum- und Anlage-

[3] Die Vorgehensweise ist bei jedem Wertpapier mit nur einer Zahlung identisch. Wertpapiere mit zwischenzeitlichen Ausschüttungen wie z. B. Kuponanleihen können beispielsweise als Portfolio aus mehreren einfachen Wertpapieren mit einmaligen Zahlungen bewertet werden.

strategie $c^*(t)$ bzw. $w^*(t)$ aus:

$$\begin{aligned} 0 &= u(c^*,t) + \frac{\partial J}{\partial t} + \frac{\partial J}{\partial W}\big([r + w(\mu_P - r)]W + (e - c^*)\big) + \frac{1}{2}\frac{\partial^2 J}{\partial W^2}(w^*W)^2(\sigma_{1,P}^2 + \sigma_{2,P}^2) \\ &+ \frac{\partial J}{\partial s}\mu_s + \frac{1}{2}\frac{\partial^2 J}{\partial s^2}(\sigma_{1,s}^2 + \sigma_{2,s}^2) + \frac{\partial^2 J}{\partial W \partial s}w^*W(\sigma_{1,P}\sigma_{1,s} + \sigma_{2,P}\sigma_{2,s}). \end{aligned} \tag{3.22}$$

Differenziert man Gleichung (3.22) nach dem Vermögen $W(t)$ des Investors, erhält man:

$$\begin{aligned} 0 &= \frac{\partial^2 J}{\partial W \partial t} + \frac{\partial J}{\partial W}[r + w(\mu_P - r)] + \frac{\partial^2 J}{\partial W^2}\big([r + w(\mu_P - r)]W + (e - c^*)\big) \\ &+ \frac{\partial^2 J}{\partial W^2}(w^*)^2 W(\sigma_{1,P}^2 + \sigma_{2,P}^2) + \frac{1}{2}\frac{\partial^3 J}{\partial W^3}(w^*W)^2(\sigma_{1,P}^2 + \sigma_{2,P}^2) + \frac{\partial^2 J}{\partial W \partial s}\mu_s \\ &+ \frac{1}{2}\frac{\partial^3 J}{\partial W \partial s^2}(\sigma_{1,s}^2 + \sigma_{2,s}^2) + \frac{\partial^2 J}{\partial W \partial s}w^*(\sigma_{1,P}\sigma_{1,s} + \sigma_{2,P}\sigma_{2,s}) \\ &+ \frac{\partial^3 J}{\partial W^2 \partial s}w^*W(\sigma_{1,P}\sigma_{1,s} + \sigma_{2,P}\sigma_{2,s}). \end{aligned} \tag{3.23}$$

Wir betrachten nun die Dynamik der ersten Ableitung $\partial J/\partial W$ der indirekten Nutzenfunktion nach dem Vermögen auch als Funktion der Zustandsvariablen $s(t)$ und $W(t)$. Nach Itôs Lemma ergibt sich der Driftterm der entsprechenden Dynamik als:

$$\begin{aligned} \mu\left(\frac{\partial J}{\partial W}\right) &= \frac{\partial^2 J}{\partial W \partial t} + \frac{\partial^2 J}{\partial W^2}\big([r + w(\mu_P - r)]W + (e - c^*)\big) \\ &+ \frac{1}{2}\frac{\partial^3 J}{\partial W^3}(w^*W)^2(\sigma_{1,P}^2 + \sigma_{2,P}^2) + \frac{\partial^2 J}{\partial W \partial s}\mu_s + \frac{1}{2}\frac{\partial^3 J}{\partial W \partial s^2}(\sigma_{1,s}^2 + \sigma_{2,s}^2) \\ &+ \frac{\partial^3 J}{\partial W^2 \partial s}w^*W(\sigma_{1,P}\sigma_{1,s} + \sigma_{2,P}\sigma_{2,s}). \end{aligned} \tag{3.24}$$

Setzt man nun (3.23) ein, so erhält man den folgenden Ausdruck für den Driftterm:

$$\begin{aligned} \mu\left(\frac{\partial J}{\partial W}\right) &= -\frac{\partial J}{\partial W}\big(r + w^*(\mu_P - r)\big) - \frac{\partial^2 J}{\partial W^2}(w^*)^2 W(\sigma_{1,P}^2 + \sigma_{2,P}^2) \\ &- w^*\frac{\partial^2 J}{\partial W \partial s}(\sigma_{1,P}\sigma_{1,s} + \sigma_{2,P}\sigma_{2,s}). \end{aligned} \tag{3.25}$$

Unter Berücksichtigung der Bedingung erster Ordnung (3.10) für die optimale Auswahl der Anlagealternativen lässt sich der Driftterm weiter vereinfachen. Die Driftrate der ersten Ableitung der indirekten Nutzenfunktion nach dem Vermögen entspricht dem negativen risikolosen Zinssatz:

$$\mu\left(\frac{\partial J}{\partial W}\right) \Big/ \frac{\partial J}{\partial W} = -r(t)\frac{\partial J}{\partial W}. \tag{3.26}$$

Nach Gleichung (3.9) stimmen im Gleichgewicht der Grenznutzen des momentanen Konsums mit dem indirekten Grenznutzen des Vermögens des Investors überein:

$$d\frac{\partial J}{\partial W} \Big/ \frac{\partial J}{\partial W} = d\frac{\partial u}{\partial c} \Big/ \frac{\partial u}{\partial c}. \tag{3.27}$$

Da im Gleichgewicht der Markt für reale Güter geräumt ist, kann die Dynamik des Grenznutzens des optimalen Konsums $u_c(c^*(t), t)$ über Itôs Lemma direkt aus der Dynamik (3.3) des Einkommens aller Investoren abgeleitet werden:

$$d\frac{\partial u}{\partial c}\Big/\frac{\partial u}{\partial c} = \left(-\delta - \gamma\mu_e + \frac{1}{2}\gamma(\gamma+1)(\sigma_{1,e}^2 + \sigma_{2,e}^2)\right) dt - \gamma(\sigma_{1,e},\ \sigma_{2,e}) \begin{pmatrix} dz_1(t) \\ dz_2(t) \end{pmatrix}. \quad (3.28)$$

Aus dem Driftterm dieser stochastischen Differentialgleichung ist der risikolose Zinssatz sofort ersichtlich:

$$r(t) = \delta + \gamma\mu_e(s(t), t) - \frac{1}{2}\gamma(\gamma+1)(\sigma_{1,e}^2(s(t), t) + \sigma_{2,e}^2(s(t), t)) \quad (3.29)$$

In dem vorgestellten Modell einer Tauschökonomie sind verschiedene Bewertungsmodelle für Anleihen aus der Literatur enthalten. Beispielsweise lässt sich das Ein-Faktor-Modell von Cox, Ingersoll und Ross (1985b) als Spezialfall ableiten.[4] Cox, Ingersoll und Ross gehen von einer Produktionsökonomie aus. Es lässt sich aber leicht eine äquivalente Tauschökonomie konstruieren, indem die Ausstattung der Investoren an realen Gütern in der reinen Tauschökonomie mit dem Output an realen Gütern im Gleichgewicht der Produktionsökonomie gleichgesetzt wird. Dies wird beispielsweise durch die folgende Spezifikation erreicht. Die Dynamik der Zustandsvariablen $s(t)$ wird durch den Prozess

$$ds(t) = \kappa_s(\theta_s - s(t))dt + \sigma_s\sqrt{s(t)}dz(t) \quad (3.30)$$

abgebildet, der lediglich von einer eindimensionalen Brownschen Bewegung $z(t)$ getrieben wird. Ferner wird angenommen, dass das Einkommen der Investoren von dieser Zustandsvariablen und $z(t)$ in der folgenden Weise abhängt:

$$de(t) = \left(-\frac{\delta}{\gamma} + \left(\frac{1}{\gamma} + \frac{1}{2}(\gamma+1)\sigma_e^2\right) s(t)\right) e(t)dt + \sigma_e\sqrt{s(t)}e(t)dz(t). \quad (3.31)$$

Aufgrund der eindimensionalen Formulierung sind Zinssatz $r(t)$ und Zustandsvariable $s(t)$ perfekt korreliert. Bei unserer Spezifikation entspricht der risikolose Zinssatz $r(t)$ sogar genau der Zustandsvariablen $s(t)$

$$\begin{aligned} r(t) &= \delta + \gamma\left(-\frac{\delta}{\gamma} + \left(\frac{1}{\gamma} + \frac{1}{2}(\gamma+1)\sigma_e^2\right) s(t)\right) - \frac{1}{2}\gamma(\gamma+1)\sigma_e^2 s(t) \\ &= s(t), \end{aligned} \quad (3.32)$$

[4] Es sind weitere Modelle als Spezialfälle in unserem Ansatz enthalten. Das Beispiel von Cox, Ingersoll und Ross (1985b) wird zum einen aufgrund seiner weiten Verbreitung dargestellt. Zum anderen bildet es die Basis der Zinsdynamik der liquiden Anleihen unseres Gleichgewichtsmodells und des in Kapitel 4.5.1 vorgestellten Ansatzes von Kempf und Uhrig-Homburg (2000) zur Bewertung illiquider Anleihen.

wie man durch Einsetzen in Gleichung (3.29) erkennt. Genauso wie die Zustandsvariable $s(t)$ folgt somit der risikolose Zinssatz $r(t)$ dem für das Modell von Cox, Ingersoll und Ross (1985b) typischen Square-Root-Prozess mit den Parametern aus Gleichung (3.30). Allerdings gilt dies zunächst nur für die Bewegung unter dem physischen Maß. Eine Analyse der Bondpreise zeigt, dass dies auch unter dem risikoneutralen Maß der Fall ist.[5] Dies kann aus der fundamentalen Bewertungsgleichung (3.20) abgeleitet werden. Da der risikolose Zinssatz genau der Zustandsvariablen $s(t)$ entspricht, können wir die fundamentale Bewertungsgleichung mit Hilfe einer partiellen Differentialgleichung in den Variablen $r(t)$ und $t$ angeben:

$$\frac{\partial B}{\partial t} + \frac{\partial B}{\partial r}\left(\kappa_s(\theta_s - r(t)) - \gamma\sigma_s\sigma_e r(t)\right) + \frac{\partial^2 B}{\partial r^2}\frac{1}{2}\sigma_s^2 r(t) - r(t)B = 0 \qquad (3.33)$$

Die Randbedingung lautet unverändert $B(\tau, \tau) = 1$. Die Bewertungsgleichung stimmt mit der Bewertungsformel für Zerobonds in einer Ein-Faktor-Produktionsökonomie von Cox, Ingersoll und Ross (1985b) überein. Aus den resultierenden Anleihepreisen ist erkennbar, dass der risikolose Zinssatz auch unter dem risikoneutralen Martingalmaß einem Square-Root-Prozess folgt. Man erhält ihn durch die Girsanov-Transformation des physischen Maßes mit dem Marktpreis des Risikos $\gamma\sigma_e\sqrt{r(t)}$.

### 3.1.2 Konsumbasierte Bewertung in unvollkommenen und unvollständigen Märkten

Das im vorhergehenden Abschnitt 3.1.1 vorgestellte konsumbasierte Gleichgewichtsmodell von Lucas (1978) und Breeden (1979) zeigt, dass die Existenz perfekt liquider Märkte die Lösung des Bewertungsproblems mathematisch gut handhabbar macht. Mit Hilfe der relativ einfachen Gleichung (3.16) kann die Bewertung auch innerhalb komplexer dynamischer Mehr-Faktor-Modelle durchgeführt werden. Allerdings wird die Gültigkeit des Modells durch viele empirische Studien[6] abgelehnt. In der Folge wurden verschiedene Erweiterungen des Grundmodells vorgeschlagen, die nicht mehr zu der einfachen Charakterisierung von erwarteten Gleichgewichtsrenditen wie in Gleichung (3.16) führen. Soweit sie für die Modellierung von Liquidität relevant sind, haben wir sie bereits in Kapitel 2

[5] Das Prinzip der risikoneutralen Bewertung in kontinuierlicher Zeit wird in Harrison und Pliska (1981) dargestellt. Eine ausführlichere Darstellung findet sich beispielsweise in Duffie (2001, Kap. 6).

[6] Zu den ersten empirischen Tests des Modells zählen die Arbeiten von Hansen und Singleton (1982, 1983). Auch das von Mehra und Prescott (1985) aufgeworfene Equity Premium Puzzle stellt die Gültigkeit des konsumbasierten Modells mit vollkommenen Märkten in Frage.

dargestellt. Wir sprechen sie daher hier nur kurz an. Im Wesentlichen beinhalteten die Modifikationen die folgenden Aspekte:

- heterogene Investoren
- unvollständige Märkte
- Friktionen wie Transaktionskosten, Verbot von Leerverkäufen, eingeschränkte Teilnahme am Wertpapierhandel

Die Arbeiten von Heaton und Lucas (1995) sowie Saito (1999) geben einen Überblick über entsprechende Modelle. Die grundsätzliche Wirkung dieser Veränderungen auf die Preise und die Allokation im Gleichgewicht haben wir bereits in Kapitel 2 herausgearbeitet. Heterogene Investoren führen zu Handel im Gleichgewicht. Ist der Handel in bestimmten Wertpapieren durch unvollständige Märkte oder andere Friktionen eingeschränkt, gewinnen liquide Wertpapiere ohne diese Einschränkungen relativ zu den illiquiden Instrumenten an Wert. Arbeiten wie Vayanos und Vila (1999) und Huang (2003) nutzen diesen Mechanismus zur Bewertung von Anleihen unendlich langer Laufzeit (consol bonds) in einer Ökonomie ohne Zinsrisiko.

## 3.2 Modellrahmen mit illiquidem Anleihemarkt

Betrachtet man ein konsumbasiertes Bewertungsmodell mit illiquiden Märkten, so ist keine ähnlich gute mathematische Handhabbarkeit wie die des Modells aus Abschnitt 3.1.1 zu erwarten, da eine Modellierung der Gesamtheit der Investoren mittels eines repräsentativen Investors ausgeschlossen ist. Vielmehr müssen mehrere heterogene Investoren in der Ökonomie präsent sein, damit im Gleichgewicht Handel stattfindet. Zusätzlich sind diese durch Illiquidität in ihren Handelsstrategien eingeschränkt. Aufgrund der zwangsläufig resultierenden Komplexität analysieren wir eine zeitdiskrete Variante der im vorigen Abschnitt betrachteten Ökonomie und beschränken uns auf die explizite Modellierung von zwei Investoren bzw. Gruppen von Investoren. Im Gegensatz zu Vayanos und Vila (1999) und Huang (2003) betrachten wir jedoch ein Ökonomie mit Zinsrisiko. Ferner untersuchen wir Anleihen mit endlicher Laufzeit und keine consol bonds, die – wie Aktien auch – theoretisch eine unendlich lange Laufzeit besitzen.

### 3.2.1 Finanzmarkt

Wir betrachten eine Tauschökonomie in den Zeitpunkten $t = 0, 1, 2, ..., T$. Zu jedem Zeitpunkt $t$ können zwei Anleihen gehandelt werden: ein liquider Zerobond mit Preis $B(t,T)$ und ein illiquider Zerobond mit dem Preis $P(t,T)$. An vielen Stellen drücken wir die Preisdifferenz zwischen den beiden Papieren durch den Liquiditätsspread $\lambda(t)$ aus, der annualisierten Differenz der Logarithmen der beiden Preise. Es gilt:

$$e^{-\lambda(t)(T-t)} = \frac{P(t,T)}{B(t,T)}. \tag{3.34}$$

Beide Bonds tragen kein Ausfallrisiko und zahlen bei Fälligkeit in $T$ ihren zu 1 normierten Nominalbetrag zurück. Die Illiquidität des zweiten Zerobonds ergibt sich aus der Enge des Markts, in dem er gehandelt wird. Während der liquide Bond von einer großen Zahl von Investoren gehandelt wird, handelt nur ein kleiner Teil dieser Investoren auch den illiquiden Bond. In unserem Modell betrachten wir lediglich diese Investoren explizit. Sie halten zusammen das gesamte Angebot von $\bar{A}$ Stücken an illiquiden Anleihen. Da der liquide Bond zusätzlich von einer großen Zahl weiterer, nicht explizit modellierter Anleger gehandelt wird, haben die betrachteten Investoren nur einen vernachlässigbaren Einfluss auf dessen Preis $B(t,T)$. Wir bilden $B(t,T)$ daher als exogene Variable ab.

Während Transaktion im liquiden Zerobond annahmegemäß auf einem großen Markt ohne Preiseinfluss abgewickelt werden können, stehen für Transaktionen im illiquiden Zerobond also nur vergleichsweise wenige Handelspartner zur Verfügung. Neben dieser Segmentierung des Markts gibt es ferner Leerverkaufsbeschränkungen. Weder im liquiden noch im illiquiden Zerobond kann eine Short-Position aufgebaut werden. Diese Annahme schließt die in Abschnitt 2.4.1 diskutierte Arbitrage von Liquiditätsspreads aus.

### 3.2.2 Investoren

In der Ökonomie gibt es für die liquiden Anleihen einen großen Markt mit vielen Teilnehmern. Diese Marktteilnehmer werden nur implizit über den resultierenden Zerobondpreis $B(t,T)$ erfasst. Explizit modelliert werden nur die Investoren, die auch auf dem deutlich kleineren Markt für die illiquiden Anleihen aktiv sind. Wie im Walras-Gleichgewicht sind die Investoren Preisnehmer. Sie lassen sich in zwei Gruppen einteilen, die wir jeweils mittels eines repräsentativen Investors $i = 1, 2$ modellieren, der den erwarteten Nutzen seines Konsums $c_i(t)$ in den Zeitpunkten $t = 0, 1, 2, ..., T$ maximiert. Beide Investoren haben die gleiche zeitadditive CRRA-Nutzenfunktion. Der Risikoaversionskoeffizient wird mit $\gamma$ und die Zeitpräferenzrate mit $\delta$ bezeichnet. Die Investoren maximieren den Ausdruck:

$$\mathbb{E}\left[\sum_{t=0}^{T} u(c(t),t)\right] = \mathbb{E}\left[\sum_{t=0}^{T} e^{-\delta t}\frac{c(t)^{1-\gamma}}{1-\gamma}\right]. \tag{3.35}$$

In Finanzmärkten ohne Friktionen würde diese Wahl der Präferenzen dazu führen, dass die gesamte Nachfrage der Investoren wie in Abschnitt 3.1 mit Hilfe eines repräsentativen Investors mit CRRA-Nutzenfunktion modelliert werden könnte. Die Investoren können in jedem Zeitpunkt die beiden Anleihen auf dem Kapitalmarkt handeln. Zu Beginn besitzt Investor $i = 1,2$ jeweils $a_i(0)$ Stücke der liquiden und $A_i(0)$ Stücke der illiquiden Anleihe. Zusätzlich fließt jedem Investor ein Einkommen in Form exogener Cash-Flows zu, die nicht aus Kapitaleinkünften resultieren. Diese werden durch die Größen $e_i(t)$ beschrieben. Die Handelsstrategien der Investoren werden durch die gehaltenen Bestände an liquiden und illiquiden Anleihen charakterisiert. Dabei bezeichnet $a_i(t+1)$ die Anzahl an liquiden Anleihen, die Investor $i$ nach den Transaktionen in Periode $t$ besitzt. Gleichzeitig gibt diese Menge seinen Anfangsbestand in Periode $t+1$ an. $A_i(t+1)$ gibt die entsprechende Stückzahl des illiquiden Zerobonds an. Für diese Variablen gilt aufgrund der Leerverkaufsbeschränkungen $a_i(t), A_i(t) \geq 0 \quad \forall i,t$. Der Konsum $c_i(t)$ von Investor $i$ in Periode $t$ ist implizit durch die Budgetbedingung bestimmt:

$$c_i(t) = e_i(t) - (a_i(t+1) - a_i(t))B(t,T) - (A_i(t+1) - A_i(t))P(t,T). \tag{3.36}$$

Im bisher beschriebenen Teil des Modellrahmens könnte die notwendige Heterogenität der Investoren durch unterschiedliche Anfangsausstattungen und/oder unterschiedliche Einkommen in Form exogener Cash-Flows erzeugt werden, wie dies beispielsweise in den Modellen von Heaton und Lucas (1996) oder Lo et al. (2004) erreicht wird. In unserem Modell wird der grundlegende Unterschied zwischen den Investoren jedoch nicht auf diese Weise, sondern wie beispielsweise in dem Modell von Loewenstein und Willard (2002) durch unterschiedlich lange Investitionshorizonte erzeugt. Durch die Zuordnung in Klassen gemäß der Fristigkeit ihrer Investitionen lässt sich das Verhalten der beiden Gruppen von Investoren leichter interpretieren.

Investor 1 ist ein langfristiger Investor, der mit Sicherheit bis zum Zeitpunkt $T$ am Kapitalmarkt aktiv ist. Investor 2 kann jedoch gegebenenfalls an einem Zeitpunkt $\tau_{LQ} < T$ einen Liquiditätsschock erfahren, d. h. gezwungen sein, sein Portfolio umgehend zu liquidieren und seine Kapitalmarktaktivitäten einzustellen. Die Struktur der Modellierung von Investoren und Märkten ähnelt derjenigen aus den Modellen von Bryant (1980) und Diamond und Dybvig (1983) aus der theoretischen Literatur zu Banken. Dies gilt insbesondere für die Erweiterungen dieser Modelle auf mehr als drei Zeitpunkten wie beispielsweise von Thadden (1998). Das Ziel dieser Modelle liegt jedoch nicht in der Bewertung illiquider Wertpapiere. Vielmehr wird die Effizienz der Bereitstellung von Liquidität durch Märkte und Bankensysteme untersucht.

Der Grund für die Liquidierung des Portfolios des kurzfristigen Investors wird im Modell nicht näher spezifiziert. Er kann jedoch auf verschiedene Arten ökonomisch interpretiert werden. Beispielsweise können sich dem Investor alternative Investitionsmöglichkeiten erschlossen haben, die zu einem Abzug seines Geldes aus dem Anleihemarkt führen. Ferner kann Investor 2 ähnlich wie im Modell von Vayanos (2004) auch als Investmentfonds interpretiert werden, dessen Eigner die Rückzahlung ihrer Anteile fordern.

Die Wahrscheinlichkeit eines Liquiditätsschocks wird mit Hilfe eines Poissonprozesses mit konstanter Intensitätsrate $h > 0$ abgebildet. Der Poissonprozess sei stochastisch unabhängig von der Entwicklung des Preises der liquiden Anleihe. Auf dem Intervall $(t, t+1)$ beträgt seine Sprungwahrscheinlichkeit $1 - e^{-h}$. Offensichtlich hat innerhalb unseres Modellrahmens ein Liquiditätsschock im letzten Zeitpunkt $T$ keine Auswirkung mehr auf die Preise, da in diesem Zeitpunkt die Anleihen ohnehin zu 100% zurückgezahlt werden. Umfasst das Modell nur wenige Handelszeitpunkte $t = 0, 1, 2, ..., T$, hat dies erhebliche Auswirkungen auf den Liquiditätsspread. Beispielsweise ist Liquidität im einperiodigen Fall ($T = 1$) ohne Bedeutung. Beinhaltet der Investitionshorizont $T + 1 \geq 3$ Zeitpunkte, so setzen wir die Wahrscheinlichkeit eines Liquiditätsschocks in jedem Handelzeitpunkt auf

$$h = \frac{T}{T-1} h_{eff} \quad \Rightarrow \quad p_{LQ-Schock} = 1 - e^{-\frac{T}{T-1} h_{eff}}. \tag{3.37}$$

Durch diese Modellierung wird sichergestellt, dass die Wahrscheinlichkeit für das Auftreten eines preisrelevanten Liquiditätsschocks unabhängig von der Zeitdauer zwischen zwei aufeinanderfolgenden Zeitpunkten und damit unabhängig von der zeitlichen Diskretisierung ist.[7] Ferner entspricht diese Wahrscheinlichkeit der entsprechenden Wahrscheinlich-

[7] Zur Vereinfachung der Darstellung des Gleichgewichtsmodells beträgt in diesem Kapitel der Abstand zwischen zwei Handelszeitpunkten ohne Beschränkung der Allgemeinheit immer 1, so dass es $T + 1$ Handelszeitpunkte gibt. In Kapitel 4 werden wir diese Annahme aufheben und den Zeitabstand $\Delta t$ zwischen zwei Handelszeitpunkten variieren.

keit in einer zeitkontinuierlichen Variante des Modells mit Liquiditätsschocks, die gemäß eines Poissonprozesses mit einer Intensität von $h_{eff}$ auftreten:

$$\sum_{t=1}^{T-1}(1-e^{-h})e^{-(t-1)h} = \sum_{t=1}^{T-1}(1-e^{-\frac{T}{T-1}h_{eff}})e^{-\frac{(t-1)\cdot T}{T-1}h_{eff}} = 1-e^{-h_{eff}T}. \tag{3.38}$$

## 3.3 Gleichgewicht

In der analysierten Ökonomie gibt es zwei unterschiedliche Phasen. Zunächst sind sowohl kurzfristige als auch langfristige Investoren auf dem Kapitalmarkt aktiv. Gegebenenfalls kommt es vor $T$ zu einem Liquiditätsschock, so dass sich die kurzfristigen Investoren vorzeitig vom Markt zurückziehen und es nur noch langfristige Investoren gibt. Gemäß dem für dynamische Gleichgewichte typischerweise anzuwendenden Lösungsverfahrens der Rückwärtsinduktion werden wir zunächst das Gleichgewicht bei Ausscheiden der kurzfristigen Investoren darstellen. Daran schließt sich die Beschreibung des Gleichgewichts mit kurz- und langfristigen Investoren an.

### 3.3.1 Gleichgewicht bei Auftreten eines Liquiditätsschocks

Kommt es in $\tau_{LQ} < T$ zu einem Liquiditätsschock, so muss der Investor 2 seinen gesamten Bestand an illiquiden Wertpapieren auflösen. Als Handelspartner steht ihm dabei nur der langfristige Investor 1 zur Verfügung, der ihm Liquidität im Sinne der Zeitdimension bereitstellt. Nach dem Ausscheiden von Investor 2 stehen auch Investor 1 keine Handelspartner für illiquide Bonds mehr zur Verfügung. Die Situation ist mit einer extremen Form des *Bond-Aging-Effekts* auf realen Märkten vergleichbar. Der Handel in der illiquiden Anleihe ist nach dem Liquiditätsschock vollkommen ausgetrocknet. Diese Anleihen werden bis zur Fälligkeit gehalten, so dass in diesem illiquiden Markt keine Transaktionen mehr stattfinden.

Wir untersuchen die Frage, welchen Preis der langfristige Investor für die Bereitstellung von Liquidität (im Sinne der Zeitdimension) verlangt. Konkret ermitteln wir den Preis $P_{LQ}(\tau_{LQ}, T)$ für den illiquiden Zerobond zum Zeitpunkt eines Liquiditätsschocks. Dessen Differenz zu $B(\tau_{LQ}, T)$ misst die Illiquidität im Sinne der Preisdimension. Die relative Differenz bildet somit die Kosten $k_{LQ}(\tau_{LQ})$ der Liquidierung zum Zeitpunkt $\tau_{LQ}$:

$$k_{LQ}(\tau_{LQ}) = \frac{B(\tau_{LQ}, T) - P(\tau_{LQ}, T)}{B(\tau_{LQ}, T)}. \tag{3.39}$$

In unserer Notation werden wir im Weiteren zwischen dem Preis $P_{LQ}(\tau_{LQ}, T)$ der illiquiden Anleihe bei Auftreten eines Liquiditätsschocks und dem Preis $P(t, T)$ vor einem gegebenenfalls auftretenden Schock unterscheiden. Zur Ermittlung von $P_{LQ}(\tau_{LQ}, T)$ analysieren wir das Entscheidungsproblem des langfristigen Investors in $\tau_{LQ}$. Er bestimmt die Zusammensetzung seines Portfolios $(A_1^*(\tau_{LQ}+1), a_1^*(\tau_{LQ}+1))$ an illiquiden und liquiden Anleihen. Die illiquiden Anleihen hält er bis zu deren Fälligkeit, d. h. $A_1^*(T) = A_1^*(\tau_{LQ}+1)$. Der Bestand an liquiden Anleihen kann noch in den Zeitpunkten $\tau_{LQ}+1, \tau_{LQ}+2, ..., T$ verändert werden. Über seine Handelsstrategie ist implizit auch sein Konsumplan $c_1^*(\tau_{LQ}), ..., c_1^*(T)$ festgelegt. Formal lautet sein Problem:

$$\max_{a_1(t),\ A_1(T)} \mathbb{E}_{\tau_{LQ}} \left[ \sum_{t=\tau_{LQ}}^{T} e^{-\delta(t-(\tau_{LQ}))} \frac{c_1(t)^{1-\gamma}}{1-\gamma} \right] \tag{3.40}$$

u. d. N.

$$a_1(t+1) = a_1(t) + \frac{e(t) - c_1(t)}{B(t,T)} \qquad \text{für } \tau_{LQ} < t < T \tag{3.41}$$

$$a_1(t) \geq 0 \qquad \text{für } \tau_{LQ} \leq t \leq T \tag{3.42}$$

$$A_1(T) \geq 0 \tag{3.43}$$

$$c_1(T) = e(T) + a_1(T) + A_1(T) \tag{3.44}$$

$$\begin{aligned} c_1(\tau_{LQ}) &= e(\tau_{LQ}) - (a_1(\tau_{LQ}+1) - a_1(\tau_{LQ}))B(\tau_{LQ}, T) \\ &\quad -(A_1(T) - A_1(\tau_{LQ}))P_{LQ}(\tau_{LQ}, T) =: c_{1,LQ}(\tau_{LQ}). \end{aligned} \tag{3.45}$$

Die dynamische Budgetbedingung (3.41) beschreibt den Zusammenhang zwischen Portfolioveränderungen und Konsummöglichkeiten. Die Portfolioveränderungen müssen zu jedem Zeitpunkt den Leerverkaufsbeschränkungen (3.42) und (3.43) genügen. An den Randzeitpunkten $\tau_{LQ}$ und $T$ gelten andere Budgetbedingungen: Am Ende der Laufzeit konsumiert der Investor sein Einkommen sowie die Rückzahlungen aus den liquiden und den illiquiden Anleihen (3.44). Zu Beginn muss der Investor neben seinem Konsum auch noch den Kaufpreis für die illiquiden Anleihen finanzieren, die er von Investor 2 erwirbt (3.45). Wir bezeichnen die resultierende indirekte Nutzenfunktion mit $J_{LQ}(a_1(\tau_{LQ}), A_1(\tau_{LQ}), \tau_{LQ})$. Wie wir in Anhang A zeigen, kann die Lösung des Problems mittels der entsprechenden Euler-Gleichungen charakterisiert werden. Ist die Leerverkaufsbedingung in $t$ nicht bindend, ergibt sich jeweils für jeden Zeitpunkt $t$ mit $\tau_{LQ} < t < T$ die Euler-Gleichung:

$$c_1^*(t)^{-\gamma} B(t,T) = e^{-\delta} \mathbb{E}_t \left[ c_1^*(t+1)^{-\gamma} B(t+1,T) \right]. \tag{3.46}$$

Falls die Leerverkaufsbeschränkung für den Investor in $t$ bindend ist, gilt statt Gleichung (3.46) der Zusammenhang:

$$c_1^*(t)^{-\gamma}B(t,T) \geq e^{-\delta}\mathbb{E}_t\left[c_1^*(t+1)^{-\gamma}B(t+1,T)\right] \quad (3.47)$$

$$c_1^*(t) = e(t) + a_1(t)B(t,T). \quad (3.48)$$

In diesem Fall verkauft der Investor in $t$ sämtliche liquiden Anleihen: $a_1^*(t+1) = 0$. Für den Zeitpunkt $\tau_{LQ}$ gibt es zwei Euler-Gleichungen für die beiden gehandelten Instrumente. Die resultierende Beziehung für die liquide Anleihe

$$c_1^*(\tau_{LQ})^{-\gamma}B(\tau_{LQ},T) \geq e^{-\delta}\mathbb{E}_t\left[c_1^*(\tau_{LQ}+1)^{-\gamma}\cdot B(\tau_{LQ}+1,T)\right] \quad (3.49)$$

kann durch sukzessives Einsetzen der Ungleichung (3.47) in Abhängigkeit des Konsums im Zeitpunkt $T$ ausgedrückt werden. Zusammen mit der Euler-Gleichung für die illiquide Anleihe gilt somit unter Berücksichtigung von $P(T,T) = B(T,T) = 1$:

$$c_1^*(\tau_{LQ})^{-\gamma}B(\tau_{LQ},T) \geq e^{-\delta(T-\tau_{LQ})}\mathbb{E}_t\left[c^*(T)^{-\gamma}\cdot 1\right] \quad (3.50)$$

$$c_1^*(\tau_{LQ})^{-\gamma}P_{LQ}(\tau_{LQ},T) = e^{-\delta(T-\tau_{LQ})}\mathbb{E}_t\left[c^*(T)^{-\gamma}\cdot 1\right]. \quad (3.51)$$

Die Gleichheit in (3.51) ist erfüllt, da Investor 1 im Gleichgewicht den gesamten Bestand an illiquiden Anleihen hält. Die Markträumungsbedingung

$$A_1^*(T) = \bar{A} \quad (3.52)$$

charakterisiert zusammen mit den Euler-Gleichungen (3.46) bis (3.51), der Budgetbedingung (3.41) und den Randbedingungen (3.44) und (3.45) das Gleichgewicht in der Ökonomie.

Obwohl unser Modell nach einem Liquiditätsschock nur homogene Investoren aufweist, ist es insbesondere aufgrund der Leerverkaufsbeschränkung nicht möglich, eine geschlossene Formel für den Preis des illiquiden Wertpapiers oder den Liquiditätsspread anzugeben. Eine qualitative Aussage ist jedoch möglich:

**Satz (Liquiditätsabschlag zum Zeitpunkt eines Liquiditätsschocks):** *Zum Zeitpunkt $\tau_{LQ}$ des Ausscheidens der kurzfristigen Investoren aus dem Markt weist das illiquide Wertpapier einen nichtnegativen Liquiditätsspread auf:*

$$P_{LQ}(\tau_{LQ},T) \leq B(\tau_{LQ},T) \qquad \textit{bzw.} \quad \lambda_{LQ}(\tau_{LQ}) \geq 0 \quad (3.53)$$

**Beweis:** Die Kombination von Gleichung (3.50) und Gleichung (3.51) liefert unmittelbar das Ergebnis (3.53).■

Aus der Herleitung der Nichtnegativität des Liquiditätsspreads wird die Bedeutung der Einschränkung der Leerverkäufe deutlich. Bei Aufhebung dieser Restriktion wäre der entsprechende Schattenpreis gleich Null. Dadurch wäre die Beziehung (3.50) für alle $t \geq \tau_{LQ}$ mit Gleichheit erfüllt. Der Preis des illiquiden Wertpapiers würde dem des liquiden Wertpapiers entsprechen, so dass ein Liquiditätsspread von Null resultiert.

### 3.3.2 Vereinfachtes Modell bei Auftreten eines Liquiditätsschocks

Liquide Anleihen sind nach Satz (3.53) in $\tau_{LQ}$ für die langfristigen Investoren unter keinen Umständen weniger wertvoll als illiquide Anleihen, da sie durch die Möglichkeit eines vorzeitigen Verkaufs die Option auf zusätzlichen Konsum vor $T$ beinhalten. Fragen die langfristigen Investoren diese zusätzlichen Konsummöglichkeiten vor $T$ tatsächlich nach, ist der Liquiditätsspread positiv.

Die Ermittlung der Lösung für das Konsum- und Portfoliowahlproblem des langfristigen Investors erfordert aufgrund der Leerverkaufsbeschränkungen eine aufwändige numerische Berechnung. Die Ergebnisse bilden jedoch nur eine Randbedingung für die Ermittlung des Liquiditätsspreads vor $\tau_{LQ}$. Auf dieser Größe $\lambda(t)$ bzw. $P(t,T)$ liegt jedoch das Hauptaugenmerk unseres Modells, da sie als Liquiditätsabschlag unter normalen Marktbedingungen beobachtbar ist. Hingegen sind zuverlässige Werte für den Abschlag während einer solch extremen Situation wie einem Liquiditätsschock, d. h. für $k_{LQ}(\tau_{LQ})$, aufgrund der Marktstruktur kaum ermittelbar.

Wir werden daher den hohen Aufwand für die Ermittlung der für $P(t,T)$ relevanten Größen $P_{LQ}(\tau_{LQ},T)$ und $c^*_{1,LQ}(\tau_{LQ}+1)$ reduzieren. Dies geschieht über zwei weitere Annahmen, die die Komplexität des Optimierungsproblems des langfristigen Investors erheblich verringern.

Zunächst abstrahieren wir von Zinsunsicherheit nach Auftreten eines Liquiditätsschocks. Wir nehmen an, dass die Rendite $y$ des liquiden Zerobonds konstant bleibt, nachdem die kurzfristigen Investoren den Markt verlassen haben:

$$\forall t > \tau_{LQ}: \qquad B(t,T) = e^{-y(T-t)} \qquad \text{mit } y = -\frac{\ln B(\tau_{LQ},T)}{T-\tau_{LQ}}. \tag{3.54}$$

Ferner beschränken wir die zulässigen Strategien des langfristigen Investors nach einem Liquiditätsschock. Die langfristigen Investoren konsumieren in jeder Periode zwischen dem Ausscheiden der kurzfristigen Investoren und der Fälligkeit der Anleihen (Randpunkte exklusive) den gleichen Betrag.

$$\forall \tau_{LQ} < t < T: \qquad c_1(t) = \bar{c}_1. \tag{3.55}$$

Nachdem die langfristigen Investoren die illiquiden Anleihen der kurzfristigen Investoren in ihr Portfolio übernommen haben, verfolgen sie also eine Strategie der Konsumglättung. Bei Fälligkeit weichen sie aufgrund der Rückzahlungen aus den Anleihen davon ab. Mit den beiden Annahmen (3.54) und (3.55) vereinfacht sich das Problem (3.40) bis (3.45) der langfristigen Investoren nach $\tau_{LQ}$ zu:

$$\max_{c_1(\tau_{LQ}),\ \bar{c}_1,\ c_1(T)} \left\{ \sum_{t=\tau_{LQ}}^{T} e^{-\delta(t-(\tau_{LQ}))} \frac{c(t)^{1-\gamma}}{1-\gamma} \right\} \tag{3.56}$$

u. d. N.

$$\begin{aligned}
a_1(t+1) &= a_1(t) + \frac{e(t) - \bar{c}_1}{B(t,T)} && \text{für } \tau_{LQ} + 1 < t < T && (3.57)\\
a_1(t) &\geq 0 && \text{für } \tau_{LQ} \leq t \leq T && (3.58)\\
A_1(T) &\geq 0 && && (3.59)\\
a_1(\tau_{LQ}+1) &= a_1(\tau_{LQ}) + \frac{e(\tau_{LQ}) - c_1(\tau_{LQ}) - (A(T) - A(\tau_{LQ})P_{LQ}(\tau_{LQ},T)}{B(\tau_{LQ},T)} && && (3.60)\\
a_1(T) &= c_1(T) - e(T) - A_1(T). && && (3.61)
\end{aligned}$$

Auch in der reduzierten Version des Optimierungsproblems entsteht der Liquiditätsspread durch die Tatsache, dass die liquiden Anleihen flexiblere Konsummöglichkeiten in den Perioden $t < T$ generieren. Während also der ökonomische Mechanismus des Modells erhalten bleibt, wird die Komplexität des Problems von Ordnung $O(3^N)$ auf $O(1)$ reduziert, so dass die benötigte Rechenzeit erheblich reduziert wird. Dies ist von großer Bedeutung für die praktische Umsetzung des Modells, da wir für die Lösung des Gleichgewichts auf dem illiquiden Anleihemarkt ebenfalls auf numerische Methoden zurückgreifen müssen.

Da die in unserem Ansatz modellierte Situation eines Liquiditätsschocks nur eine grobe Abbildung der Liquiditätsbedürfnisse realer Investoren darstellt, ist die Höhe des Liquiditätsabschlags im Zeitpunkt $\tau_{LQ}$ nicht direkt beobachtbar. Demzufolge ist weniger die exakte Höhe des Abschlags während eines Liquiditätsschocks von Interesse als die sie beeinflussenden ökonomischen Faktoren. Zudem zeigen wir in Anhang B, dass die Vereinfachungen keine oder nur geringe Auswirkungen auf die Höhe der relevanten Größen $P_{LQ}(\tau_{LQ}, T)$ und $c^*_{1,LQ}(\tau_{LQ}+1)$ besitzen. Da die Rechenzeit erheblich gesenkt werden kann und die qualitativen Eigenschaften des Liquiditätsspreads in beiden Modellierungsvarianten gleich sind, werden wir im Weiteren das reduzierte Problem zur Bestimmung des Gleichgewichts in $\tau_{LQ}$ verwenden.

Auch im reduzierten Modell ist die optimale Strategie der langfristigen Investoren nur numerisch ermittelbar. Wäre es dem Investor gestattet, Short-Positionen im liquiden Zerobond einzugehen, so würde in jedem Zeitpunkt $t > \tau_{LQ}$ Euler-Gleichung (3.46) erfüllt sein:

$$c^*_1(t)^{-\gamma}B(t,T) = e^{-\delta}\mathbb{E}_t\left[c^*_1(t+1)^{-\gamma}B(t+1,T)\right] \tag{3.62}$$

Löst man diese rekursive Gleichung explizit, so ergibt sich dadurch:

$$c_1(t) = e^{(t-\tau_{LQ})(y-\delta)/\gamma}c_1(\tau_{LQ}) \qquad \text{für } t > \tau_{LQ} \tag{3.63}$$

Entspricht die Zeitpräferenzrate $\delta$ genau der Verzinsung $y$ der liquiden Anleihe, so konsumieren die langfristigen Investoren in jeder Periode den gleichen Betrag. Ist der Zinssatz höher als die Zeitpräferenzrate, so steigt der Konsum mit der Zeit an. Der Investor legt also im Vergleich zum vorherigen Fall mehr Mittel in der Anleihe an, um den aus seiner Sicht attraktiven Kapitalmarktzinssatz für Anlagen und somit letztlich für spätere Konsummöglichkeiten auszunutzen. Im umgekehrten Fall konsumiert der Investor zunächst mehr. Zusätzlich müssen die langfristigen Investoren im Zeitpunkt $\tau_{LQ}$ des Liquiditätsschocks den Kauf der illiquiden Anleihen finanzieren, aus denen ihnen bei Fälligkeit $T$ Rückzahlungen zufließen. Aufgrund der Leerverkaufsbeschränkungen können diese zusätzlichen liquiden Mittel nicht aus $T$ in die Vorperioden übertragen werden. Die optimale Strategie im ursprünglichen Problem wird aufgrund dieser Struktur eine ähnliche Dreiteilung wie in Annahme (3.55) aufweisen. Der Investor wird lediglich zusätzlich etwaige Unterschiede zwischen seiner Zeitpräferenzrate und der erwarteten Rendite liquider Anleihen ausnutzen. In Anhang B stellen wir die sich ergebenden optimalen Strategien ausführlich dar und zeigen die geringe Größenordnung der quantitativen Unterschiede beider Modellierungsarten.

Auch für das reduzierte Problem ist die Aussage (3.53) gültig. Der Beweis kann analog zu dem vorhergehenden Abschnitt geführt werden. Dazu fasst man das reduzierte Modell gedanklich als ein Drei-Zeitpunkt-Modell auf, indem man alle Zeitpunkte zwischen $\tau_{LQ}$

und $T$ gedanklich zu einem Zeitpunkt aggregiert. Auf dieses Drei-Zeitpunkt-Modell kann Aussage (3.53) direkt übertragen werden.

### 3.3.3 Gleichgewicht vor Auftreten eines Liquiditätsschocks

Vor einem Liquiditätsschock sind beide Investoren auf dem Markt für liquide und illiquide Anleihen aktiv. Neben dem zwischenzeitlichen Kursrisiko der Anleihen besteht bei den Investoren Unsicherheit über das Auftreten eines Liquiditätsschocks. Beide Größen zusammen bestimmen den Preis $P(t,T)$ der illiquiden Anleihe vor einem Liquiditätsschock.

Wir betrachten zunächst das Optimierungsproblem des langfristigen Investors 1. Falls ein Liquiditätsschock auftritt, verhält er sich gemäß der im letzten Abschnitt hergeleiteten Strategie. Diese geht nun in Form der indirekten Nutzenfunktion $J_{LQ}(\cdot)$ bei Auftreten eines Liquiditätsschocks in das Optimierungsproblem ein, das sein Verhalten vor Auftreten eines Liquiditätsschocks beschreibt.

$$\max_{a_1(t),A_1(t)} \mathbb{E}_0 \left[ \sum_{t=0}^{\min\{\tau_{LQ}-1,T\}} e^{-\delta t} \frac{c_1(t)^{1-\gamma}}{1-\gamma} + e^{-\delta \tau_{LQ}} J_{LQ}(A_1(\tau_{LQ}), a_1(\tau_{LQ}), \tau_{LQ}) \cdot \mathbf{1}_{\{\tau_{LQ}<T\}} \right] \tag{3.64}$$

u. d. N.

$$c_1(t) = e(t) - (a_1(t+1) - a_1(t))B(t,T) - (A_1(t+1) - A_1(t))P(t,T) \quad \text{für } 0 \le t < \min\{\tau_{LQ}, T\} \tag{3.65}$$

$$A_1(t) \ge 0 \quad \text{für } 0 \le t \le \min\{\tau_{LQ}, T\} \tag{3.66}$$

$$a_1(t) \ge 0 \quad \text{für } 0 \le t \le \min\{\tau_{LQ}, T\} \tag{3.67}$$

$$c_1(T) = e(T) + a_1(T) + A_1(T) \tag{3.68}$$

Das Auftreten eines Liquiditätsschocks wird über die Indikatorfunktion $\mathbf{1}_{\{\tau_{LQ}<T\}}$ formal erfasst. Die langfristigen Investoren erzielen nach einem Schock einen erwarteten Nutzen in der im vorhergehenden Abschnitt hergeleiteten Höhe. Die Budgetbedingung (3.65) besagt, dass der Konsum aus Einkommen und Kapitalmarkteinkünften bestritten wird. Neben den Leerverkaufsbeschränkungen (3.66) und (3.67) gibt es eine Randbedingung (3.68) für den Konsum in $T$: Falls bis $T$ kein Liquiditätsschock auftritt, verwendet der Investor die Rückzahlungen der Anleihen zu Konsumzwecken. Die Anfangsausstattungen $A_1(0), a_1(0)$ an Wertpapieren bilden zwei weitere Randbedingungen.

Das Optimierungsproblem des zweiten Investors ist nahezu identisch. Der einzige Unterschied besteht in den Konsequenzen eines Liquiditätsschocks, der für Investor 2 mit der Liquidation seines Portfolios und dem Konsum des gesamten Vermögens in $t = \tau_{LQ}$ einhergeht. Formal lautet das entsprechende Optimierungsproblem:

$$\max_{a_2(t),A_2(t)} \mathbb{E}_0 \left[ \sum_{t=0}^{\min\{\tau_{LQ},T\}} e^{-\delta t} \frac{c_2(t)^{1-\gamma}}{1-\gamma} \right] \tag{3.69}$$

u. d. N.

$$\begin{aligned}
c_2(t) &= e_2(t) - (a_2(t+1) - a_2(t))B(t,T) - (A_2(t+1) - A_2(t))P(t,T) \\
& \qquad\qquad \text{für } 0 \le t < \min\{\tau_{LQ},T\} && (3.70)\\
A_2(t) &\ge 0 \qquad\qquad \text{für } 0 \le t \le \min\{\tau_{LQ},T\} && (3.71)\\
a_2(t) &\ge 0 \qquad\qquad \text{für } 0 \le t \le \min\{\tau_{LQ},T\} && (3.72)\\
c_2(T) &= e_2(T) + a_2(T) + A_2(T) && (3.73)\\
c_2(\tau_{LQ}) &= e_2(\tau_{LQ}) + a_2(\tau_{LQ})B(\tau_{LQ},T) + A_2(\tau_{LQ})P_{LQ}(\tau_{LQ},T) =: c_{2,LQ}(\tau_{LQ}) && (3.74)
\end{aligned}$$

Im Vergleich zu dem Problem von Investor 1 erzielt Investor 2 natürlich nach $\tau_{LQ}$ keinen Nutzen mehr. Sein Konsum im Zeitpunkt des Ausscheidens aus dem Finanzmarkt wird in der zusätzlichen Randbedingung (3.74) spezifiziert.

Im Gleichgewicht ist der Markt für illiquide Wertpapiere geräumt:

$$A_1(t) + A_2(t) = \bar{A} \qquad 0 \le t \le \min\{\tau_{LQ},T\}. \tag{3.75}$$

Zur Definition des Gleichgewichts gehören neben den Budgetbedingungen (3.65) und (3.70) sowie den entsprechenden Randbedingungen die im Anhang A dargestellten Euler-Gleichungen. In jedem Zeitpunkt $t$ vor $\tau_{LQ}$ bzw. $T$ gelten unter der Voraussetzung, dass keine Leerverkaufsbeschränkung in $t$ bindend ist, die folgenden vier Gleichungen (je eine Gleichung pro Investor und Wertpapier):

$$\begin{aligned}
c_1^*(t)^{-\gamma}B(t,T) &= e^{-(\delta+h)}\mathbb{E}_t\left[c_1^*(t+1)^{-\gamma}B(t+1,T)\right] \\
&\quad +e^{-\delta}(1-e^{-h})\mathbb{E}_t\left[c_{1,LQ}^*(t+1)^{-\gamma}B(t+1,T)\right] \qquad (3.76)\\
c_1^*(t)^{-\gamma}P(t,T) &= e^{-(\delta+h)}\mathbb{E}_t\left[c_1^*(t+1)^{-\gamma}P(t+1,T)\right] \\
&\quad +e^{-\delta}(1-e^{-h})\mathbb{E}_t\left[c_{1,LQ}^*(t+1)^{-\gamma}P_{LQ}(t+1,T)\right] \qquad (3.77)\\
c_2^*(t)^{-\gamma}B(t,T) &= e^{-(\delta+h)}\mathbb{E}_t\left[c_2^*(t+1)^{-\gamma}B(t+1,T)\right] \\
&\quad +e^{-\delta}(1-e^{-h})\mathbb{E}_t\left[(c_{2,LQ}^*(t+1))^{-\gamma}B(t+1,T)\right] \qquad (3.78)\\
c_2^*(t)^{-\gamma}P(t,T) &= e^{-(\delta+h)}\mathbb{E}_t\left[c_2^*(t+1)^{-\gamma}P(t+1,T)\right] \\
&\quad +e^{-\delta}(1-e^{-h})\mathbb{E}_t\left[(c_{2,LQ}^*(t+1))^{-\gamma}P_{LQ}(t+1,T)\right] \qquad (3.79)
\end{aligned}$$

Aufgrund der Unabhängigkeit des Auftretens eines Liquiditätsschocks von den anderen stochastischen Variablen können wir bei der Darstellung der Euler-Gleichungen den Erwartungswert auf der rechten Seite in die wahrscheinlichkeitsgewichtete Summe zweier Terme aufspalten (je ein Term bei Auftreten eines/keines Liquiditätsschocks in $t$). Falls eine oder mehrere Leerverkaufsbeschränkungen in $t$ bindend sind, so wird die entsprechende Gleichung aus (3.76) bis (3.79) durch eine der Gleichungen (3.80) bis (3.83) ersetzt.

$$\begin{aligned}
a_1(t) &= 0 \qquad (3.80)\\
A_1(t) &= 0 \qquad (3.81)\\
a_2(t) &= 0 \qquad (3.82)\\
A_2(t) &= 0 \qquad (3.83)
\end{aligned}$$

Insgesamt ist also in jedem Zeitpunkt ein System von fünf Gleichungen (Markträumungsbedingung und vier Euler-Gleichungen) mit fünf Unbekannten ($A_1(t+1)$, $a_1(t+1)$, $A_2(t+1)$, $a_2(t+1)$, $P(t,T)$) zu lösen. Die Komplexität des Problems lässt die Herleitung einer expliziten Lösung für das Gleichgewicht mit heterogenen Investoren unter Friktionen nicht zu. Es ist jedoch möglich die qualitative Aussage (3.53) über den Liquiditätsspread von dem Zeitpunkt $t = \tau_{LQ}$ auf die vorhergehenden Zeitpunkte zu übertragen.

**Satz (Liquiditätsabschlag zu einem beliebigen Zeitpunkt):** *Das illiquide Wertpapier weist im gesamten Zeitraum von 0 bis $T$ einen nichtnegativen Liquiditätsspread auf:*

$$P(t,T) \leq B(t,T) \qquad \textit{bzw.} \quad \lambda(t) \geq 0 \qquad \textit{für } 0 \leq t \leq T \qquad (3.84)$$

**Beweis:** Im Fälligkeitszeitpunkt $t = T$ ist die Aussage trivialerweise erfüllt. Die Gültigkeit der Beziehung für frühere Zeitpunkte kann durch vollständige Induktion bewiesen werden. Dazu setzen wir die Gültigkeit von (3.84) für $t$ voraus. Im Gleichgewicht in $t-1$ muss mindestens ein Investor einen positiven Bestand an illiquiden Wertpapieren halten. Die Euler-Gleichungen für diesen Investor $i$ können in der Form

$$c_i^*(t-1)^{-\gamma} B(t-1,T) \geq e^{-\rho} \mathbb{E}_t \left[ c_i^*(t)^{-\gamma} B(t,T) \right] \tag{3.85}$$

$$c_i^*(t-1)^{-\gamma} P(t-1,T) = e^{-\rho} \mathbb{E}_t \left[ c_i^*(t)^{-\gamma} \left( e^{-h} P(t,T) + (1-e^{-h}) P_{LQ}(t,T) \right) \right] \tag{3.86}$$

dargestellt werden. Aufgrund der Induktionsvoraussetzung gilt $B(t,T) \geq P(t,T)$. Ferner gilt aufgrund von Ergebnis (3.53) die Relation $B(t,T) \geq P_{LQ}(t,T)$. Zusammengefasst gilt damit:

$$\mathbb{E}_t \left[ c_i^*(t)^{-\gamma} B(t,T) \right] \geq \mathbb{E}_t \left[ c_i^*(t)^{-\gamma} \left( e^{-h} P(t,T) + (1-e^{-h}) P_{LQ}(t,T) \right) \right] \tag{3.87}$$

In Kombination mit Ungleichung (3.85) und Gleichung (3.86) folgt daraus

$$c_i^*(t-1)^{-\gamma} B(t-1,T) \geq c_i^*(t-1)^{-\gamma} P(t-1,T). \tag{3.88}$$

Da die Investoren annahmegemäß eine CRRA-Nutzenfunktion besitzen, ist ihre optimale Konsummenge zu jedem Zeitpunkt positiv und damit die Gültigkeit der Aussage (3.84) für $t = t-1$ bewiesen.■

## 3.4 Spezifikation der Zustandsvariablen

Aufgrund der Komplexität des Gleichgewichtsmodells ist die Ableitung allgemeingültiger ökonomischer Zusammenhänge – mit Ausnahme des Ergebnisses (3.84) – von erheblicher mathematischer Schwierigkeit. Wir werden daher das Modell im nächsten Kapitel numerisch analysieren. Dazu spezifizieren wir zunächst die Struktur der exogenen Variablen, also der Kursentwicklung des liquiden Bonds $B(t,T)$ und der exogenen Cash-Flows bzw. des Einkommens $e_1(t)$, $e_2(t)$ der Investoren.

### 3.4.1 Kursentwicklung der liquiden Anleihe

In unserem Modell wird der Preis des liquiden Zerobonds lediglich durch die Bewegungen der Zinsstruktur bestimmt. Mit Hilfe eines formalen Modells für die Preise kreditrisikobehafteter Anleihen wie beispielsweise Duffie und Singleton (1999) könnten an dieser Stelle Konkursrisiken in das Modell integriert werden.

Im Weiteren unterstellen wir, dass sich die Zinssätze bzw. Preise der liquiden Anleihen gemäß einer diskreten Variante des in Abschnitt 3.1.1 beschriebenen Ein-Faktor-Modells nach Cox, Ingersoll und Ross (1985b) verhalten. In diesem Modell ist an jedem Zeitpunkt die Bewertungsgleichung

$$\frac{\partial B}{\partial t} + \frac{\partial B}{\partial r}\left(\kappa_r(\theta_r - r(t)) - \Theta_r\sigma_r r(t)\right) + \frac{\partial^2 B}{\partial r^2}\frac{1}{2}\sigma_s^2 r(t) - r(t)B = 0 \tag{3.89}$$

erfüllt. Im Unterschied zu Gleichung (3.33), in der der Marktpreis des Risikos explizit aus den Präferenzen und der Anfangsausstattung der Investoren bestimmt ist, modellieren wir hier den entsprechenden Parameter $\Theta_r$ als beliebige Konstante. Er wird nicht nur von den explizit modellierten Investoren, sondern auch von anderen Investoren mitbestimmt, die den illiquiden Zerobond nicht handeln. Der Preis $B(t,T)$ eines liquiden Zerobonds ist durch Gleichung (3.89) zusammen mit der Randbedingung bei Fälligkeit bestimmt. Er hängt von den Parametern der Bewertungsgleichung und der Höhe des Zinssatzes $r(t)$ ab:

$$B(t,T) = \Psi_1(t,T)e^{-r(t)\Psi_2(t,T)}. \tag{3.90}$$

Dabei gilt:

$$\Psi_1(t,T) = \left(\frac{2\chi_r e^{(\chi_r+\kappa_r+\Theta_r\sigma_r)(T-t)/2}}{(\chi_r+\kappa_r+\Theta_r\sigma_r)\left(e^{\chi_r(T-t)}-1\right)+2\chi_r}\right)^{\frac{2\kappa_r\theta_r}{\sigma_r^2}} \tag{3.91}$$

$$\Psi_2(t,T) = \frac{2\left(e^{\chi_r(T-t)}-1\right)}{(\chi_r+\kappa_r+\Theta_r\sigma_r)\left(e^{\chi_r(T-t)}-1\right)+2\chi_r} \tag{3.92}$$

$$\chi_r = \sqrt{(\kappa_r+\Theta_r\sigma_r)^2+2\sigma_r^2} \tag{3.93}$$

Der Prozess des risikolosen Zinssatzes $r(t)$ wird im Modell von Cox, Ingersoll und Ross (1985b) durch den Square-Root-Prozess

$$dr(t) = \kappa_r(\theta_r - r(t))dt + \sigma_r\sqrt{r(t)}dz(t) \tag{3.94}$$

beschrieben, der von dem Wiener Prozess $z(t)$ getrieben wird. Dieser Prozess führt dazu, dass die bedingte Verteilung des Zinssatzes nach einem Zeitintervall der Länge $\Delta t$ durch eine nicht zentrale Chi-Quadrat-Verteilung gegeben ist. Die bedingte Dichtefunktion lautet:

$$\varphi(r(t+\Delta t|r(t)) = \Xi_1 e^{-\Xi_1(r(t+\Delta t)+r(t)\exp(-\kappa_r/\Delta t))}\left(\frac{r(t+\Delta t)}{\exp}(-\kappa_r/\Delta t)\right)^{\frac{\Xi_2}{2}} \cdot I_{\Xi_2}\left(2\Xi_1\sqrt{r(t)r(t+\Delta t)\exp(-\kappa_r/\Delta t)}\right) \tag{3.95}$$

Dabei bezeichnet $I_Z(\cdot)$ die modifizierte Besselfunktion erster Art der Ordnung $Z$. Ferner sind die Ausdrücke $\Xi_1$ und $\Xi_2$ durch

$$\Xi_1 = \frac{2\kappa_r}{\sigma_r^2(1-e^{-\kappa_r/\Delta t})} \tag{3.96}$$

$$\Xi_2 = \frac{2\kappa_r\theta_r}{\sigma_r^2} - 1 \tag{3.97}$$

gegeben.

### 3.4.2 Struktur der exogenen Cash-Flows

Die genaue Spezifikation der exogenen Cash-Flows der Investoren hat einen großen Einfluss darauf, wie stark sich die Illiquidität in den Preisen von Wertpapieren niederschlägt. Zum einen bestimmt die Modellierung des Einkommens die Heterogenität der Investoren (idiosynkratisches Risiko). Zum anderen bestimmen sie auch das aggregierte Risiko der Ökonomie mit. Heaton und Lucas (1995) geben einen Überblick über die Wirkung verschiedener Spezifikationen der exogenen Cash-Flows im Zusammenspiel mit Marktfriktionen wie Transaktionskosten und Leerverkaufsbeschränkungen.

In unserem Modell treffen wir die Annahme, dass beide Investoren in jeder Periode exogene Cash-Flows in derselben Höhe $\bar{e} > 0$ erhalten. Lediglich in der letzten Periode $T$ erhalten sie einen niedrigeren Cash-Flow $\bar{e}_T < \bar{e}$ ($\bar{e}_T > 0$). Zu diesem Zeitpunkt fließen den Investoren zusätzlich die Rückzahlungen aus den Zerobonds zu. Es gilt:

$$e_1(t) = e_2(t) = \begin{cases} \bar{e} & \text{falls } t < T \\ \bar{e}_T & \text{falls } t = T \end{cases} . \tag{3.98}$$

Die Spezifikation der Höhe der exogenen Cash-Flows beinhaltet kein aggregiertes Risiko und ruft keine Heterogenität der Investoren hervor. Der Grund für diese Wahl liegt darin, dass sowohl Heterogenität als auch das Marktrisiko über andere Modellkomponenten abgebildet werden. Das aggregierte Risiko der Ökonomie wird über die Spezifikation des Zinsrisikos und damit durch $B(t,T)$ sowie der Liquiditätsschocks[8] gesteuert. Da die Höhe von $e_i(t)$ nicht stochastisch ist, werden diese Risiken nicht durch ein Einkommensrisiko überlagert. Dadurch kann die Auswirkung des Zinsänderungsrisikos – bis auf das Zusammenwirken mit den Liquiditätsschocks – isoliert betrachtet werden. Dies ist für unser

[8] Nach Auftreten eines Liquiditätsschocks erhält Investor 2 keine Cash-Flows mehr. Da der Ökonomie insgesamt also nach $\tau_{LQ}$ weniger Konsummöglichkeiten zur Verfügung stehen, bilden Liquiditätsschocks ein aggregiertes Risiko.

Modell von Vorteil, da wir unter anderem die Wirkung der Zinsunsicherheit auf die Höhe und Entwicklung des Liquiditätsspreads analysieren werden. Die Methode hat jedoch den Nachteil, dass keine Rückwirkungen des illiquiden Markts auf den liquiden Markt, wie sie beispielsweise von Vayanos und Vila (1999) aufgezeigt werden, berücksichtigt werden können. Dies ist jedoch vor allem bei der Analyse gesamtwirtschaftlicher Effekte von Bedeutung wie beispielsweise bei der Analyse von Transaktionssteuern, die wir in unserem Bewertungsmodell nicht betrachten.

Die Heterogenität der Investoren wird durch die Modellierung von Liquiditätsschocks erreicht. Die symmetrische Modellierung der Cash-Flows $e_i(t)$ führt auch hier dazu, dass nahezu keine Überlagerung der Heterogenität von zwei Quellen, Einkommen und Schocks, stattfindet. Tatsächlich ruft aber das mögliche Auftreten eines Liquiditätsschocks auch ein eingeschränktes Maß an Heterogenität bezüglich der exogenen Cash-Flows hervor. Für Investor 2 ist das zukünftige Einkommen mit einem gewissen Risiko behaftet, da er nach $\tau_{LQ}$ keine Cash-Flows mehr erhält.

# Kapitel 4

# Eigenschaften des Liquiditätsspreads

Da das vorgeschlagenen Modell nur eine numerische Bestimmung der Liquiditätsspreads erlaubt, kann die Analyse der Eigenschaften des Gleichgewichts nur beispielhaft erfolgen. Als Referenzfall betrachten wir den Liquiditätsspread einer illiquiden Anleihe mit $T = 4$ Jahren Restlaufzeit. Für die Parameter des Prozesses des kurzfristigen Zinssatzes $r(t)$ nehmen wir die Werte $\kappa_r = 0,3$, $\theta_r = 0,05$, $\sigma_r = 0,05$ und $\Theta_r = -0,5$ an. Mit dieser Parameterwahl beträgt die unbedingte Standardabweichung der Rendite vierjähriger Zerobonds[1] $7,80 \cdot 10^{-3}$. Dies entspricht in etwa dem Wert $7,43 \cdot 10^{-3}$ der Standardabweichung der entsprechenden Rendite im Datensatz der empirischen Studie in Kapitel 5. Zur Vereinfachung werden wir in einem Teil der Analyse die Zinsunsicherheit ausblenden. In diesem Fall entspricht der deterministische Zinssatz $r$ dem unbedingten Erwartungswert $r = \theta_r = 0,05$ aus dem Modell von Cox, Ingersoll und Ross (1985b). Ansonsten beträgt dessen Startwert $r(0) = 0,05$.

Ferner ist die Anfangsausstattung der Investoren sowie die Höhe ihres Einkommens über die Zeit festzulegen. Einige Studien wie z. B. Heaton und Lucas (1996) greifen dazu auf makroökonomische Daten zurück. Für unser Modell ist eine solche Vorgehensweise jedoch nur begrenzt sinnvoll, da wir im Gegensatz zu den obigen Autoren nicht ein Modell des gesamten Finanzmarkts konstruieren, sondern nur einen speziellen Teil des Markts erfassen.

---

[1] Die unbedingte Standardabweichung der Rendite $y(4)$ eines vierjährigen Zerobonds in dem in Abschnitt 3.1.1 spezifizierten Ein-Faktor-Cox-Ingersoll-Ross-Modell ist durch

$$\mathrm{Std}(y(4)) = (\Psi_2(t, t+4)) \frac{\theta_r \sigma_r}{\sqrt{2\kappa_r}}$$

gegeben.

Wir nehmen an, dass die Investoren zu Beginn jeweils die Hälfte $A_1(0) = A_2(0) = 4$ des Angebots $\bar{A} = 8$ an illiquiden Anleihen halten. Ihr Bestand an liquiden Anleihen ist um 50% kleiner, d. h. $a_1(0) = a_2(0) = 2$. In jeder Periode fließen ihnen exogene Cash-Flows in Höhe von $\bar{e} = 10$ zu. Am Laufzeitende der Anleihen beträgt der Zufluss $\bar{e}_T = 4$, so dass das aggregierte Einkommen der Investoren in jeder Periode vor einem Liquiditätsschock konstant 20 beträgt. Die Zeitpräferenzrate der Investoren $\delta = \theta_r = 0,05$ ist so hoch wie der langfristige Mittelwert des kurzfristigen Zinssatzes. Der Risikoaversionskoeffizient beträgt $\gamma = 2$. Das Auftreten eines Liquiditätsschocks wird über den Parameter $h_{eff} = 0,2$ gesteuert. Bei diesem Wert beträgt die Wahrscheinlichkeit des Auftretens eines Liquiditätsschocks im nächsten Jahr ca. 18,1%. Im Gegensatz zu den Annahmen für die Parameter der Zinsunsicherheit, die sehr realistisch gewählt worden sind, sind die Parameter der Allokationen und der Wahrscheinlichkeit des Auftretens eines Liquiditätsschocks aus Gründen der besseren Darstellung so gewählt worden, dass sich im Referenzfall ein deutlicher Liquiditätsspread ergibt.

## 4.1 Algorithmus zur numerischen Bestimmung des Gleichgewichts

Die numerische Analyse des Abschlags im Zeitpunkt $\tau_{LQ}$, d. h. bei Auftreten eines Liquiditätsschocks, ist mit Hilfe der Vereinfachungen aus Abschnitt 3.3.2 auf ein Problem der Ordnung $O(1)$ reduziert, so dass seine numerische Berechnung mit geringem Zeitaufwand möglich ist. Die Ermittlung des Liquiditätsabschlags auf dem illiquiden Anleihemarkt vor $\tau_{LQ}$ ist jedoch ein komplexes dynamisches Problem.

Es muss die Lösung eines stochastischen dynamischen Optimierungsproblems mit vier weiteren Zustandsvariablen neben der Zeit bestimmt werden. Die vier Zustandsvariablen sind der Bestand liquider Anleihen von Investor 1 und 2 ($a_1(t)$, $a_2(t)$), die Verteilung der illiquiden Anleihen[2] $A_1(t)$ und der kurzfristige Zinssatz $r(t)$. Die Lösung des Optimierungsproblems besteht aus der optimalen Allokation[3] $(a_1^*(t), a_2^*(t), A_1^*(t))$ und dem Gleichgewichtspreis $P(t,T)$ für illiquide Anleihen. Die Lösung des Problems ist durch die Euler-Gleichungen (3.76) bis (3.79) zusammen mit den entsprechenden komplementären

[2] Die Zustandsvariable $A_2(t)$ ergibt sich direkt mit Hilfe der Markträumungsbedingung $A_2(t) = \bar{A} - A_1(t)$.

[3] Auch hier dient die Markträumungsbedingung zur Eliminierung der fünften Variable $A_2(t)$.

Schlupfbedingungen (3.80) bis (3.83) gegeben. Diese müssen in dem vierdimensionalen Zustandsraum durch die übliche Rückwärtsrechnung (über die Zeit) rekursiv gelöst werden.

Zur Ermittlung des Gleichgewichts betrachten wir eine zustandsdiskrete Formulierung des Modells. Die Variable Zeit ist bereits diskret. Im Weiteren bezeichnen wir den Abstand zwischen zwei diskreten Zeitpunkten mit $\Delta t$. Die Zeit wird in Jahren gemessen. Alle zeitabhängigen Größen wie Zinssätze und Volatilitäten werden ebenfalls auf Jahresbasis angegeben.

Für den kurzfristigen Zinssatz $r(t)$ wird eine Diskretisierung gewählt, die seiner Verteilung angepasst und nicht äquidistant ist. Die Diskretisierung baut wie das auf der expliziten finiten Differenzenmethode basierende Verfahren von Hull und White (1990) auf einer Hilfsgröße $\phi(t)$ der Form

$$\phi(t) = \sqrt{r(t)} \tag{4.1}$$

auf. Durch die Anwendung von Itôs Lemma wird ersichtlich, dass die Variable $\phi(t)$ eine konstante Volatilitätsrate besitzt und somit normalverteilt ist:

$$d\phi(t) = \left(-\frac{\kappa_r}{2}\phi(t) + \left(\frac{\kappa_r \theta_r}{2} - \frac{\sigma_r^2}{8}\right)\frac{1}{\phi(t)}\right)dt + \frac{\sigma_r}{2}dz(t). \tag{4.2}$$

Die Variable $\phi(t)$ wird nun äquidistant zerlegt. Die stetige Wahrscheinlichkeitsverteilung wird über einen Trinomialbaum diskretisiert. Das genaue Verfahren wird in Anhang C beschrieben. Ferner erfolgt an jedem Knoten des Trinomialbaums eine Diskretisierung der drei übrigen Zustandsvariablen. Dabei wird jeweils eine äquidistante Diskretisierung vorgenommen. Je nach Art der Berechnung teilen wir die Zustandsvariablen in 12 bis 16 Bereiche auf. Bei der Berechnung des Gleichgewichts ist daher in jedem Knoten des Zinstrinomialbaums das nichtlineare Gleichungssystem (3.76) bis (3.83) mit acht Variablen für 2197 bis 4913 Punkte numerisch zu lösen.

Für jeden Punkt im Zustandsraum erfolgt die Lösung des Gleichungssystems schrittweise. Zunächst wird die optimale Allokation ohne Leerverkaufsbeschränkungen ermittelt. Falls diese Leerverkäufe beinhaltet, wird die Optimalität von Lösungen mit einer, zwei bzw. drei bindenden Leerverkaufsbeschränkungen überprüft. Sofern die optimale Allokation bzw. der illiquide Anleihepreis $P(t,T)$ zur Ermittlung der Erwartungswerte in (3.76) bis (3.79) für Werte der Zustandsvariablen zwischen explizit berechneten Punkten der obigen

Diskretisierung notwendig ist, werden diese mittels trilinearer Interpolation berechnet.[4] Die trilineare Interpolation ist die Übertragung der linearen Interpolation in drei Dimensionen. Der Wert einer Funktion an einem Punkt ($x_0$, $y_0$, $z_0$) innerhalb eines Quaders, der von den acht benachbarten Gitterpunkten aufgespannt wird, wird durch die gewichtete Summe der Funktionswerte an den acht Eckpunkten berechnet. Dazu werden zunächst vier lineare Interpolationen entlang der $x$-Achse ausgeführt, um die Funktionswerte an den vier Punkten mit $x$-Koordinate $x_0$ auf den Kanten des Quaders zu bestimmen. Danach werden durch zwei lineare Interpolationen entlang der $y$-Koordinate die Funktionswerte an den zwei Punkten auf den Quaderflächen mit $x$-Koordinate $x_0$ und $y$-Koordinate $y_0$ bestimmt. Schließlich ergibt sich der gesuchte Wert durch eine letzte lineare Interpolation entlang der $z$-Achse.

Die Berechnungen wurden mit dem Softwarepaket Mathematica von Wolfram Research durchgeführt. Dazu wurden Pentium IV PCs mit Taktraten zwischen 2,4 und 2,8 GHz verwendet. Die Berechnung des Gleichgewichts für ein zehnperiodiges Modell ohne Zinsunsicherheit benötigt Rechenzeiten zwischen 2 und 3 Tagen. Bei zwanzig Perioden sind 4 bis 5 Tage Rechenzeit erforderlich. Durch die Einführung von Zinsunsicherheit erhöht sich der Rechenaufwand auf das Siebenfache. Daher wurde bei diesen Problemen in der Regel gröbere Diskretisierungen gewählt, die zu einer Rechenzeit pro Gleichgewichtsberechnung im Bereich von etwas über einer Woche führten.

## 4.2 Preiseffekt bei Auftreten eines Liquiditätsschocks

Gemäß Gleichung (3.84) ist der Preis $P(t,T)$ der illiquiden Anleihen immer kleiner oder gleich dem Preis $B(t,T)$ der liquiden Anleihen. In diesem Abschnitt werden wir diesen Zusammenhang quantitativ untersuchen. Wir nehmen an, dass der Liquiditätsschock in $\tau_{LQ} = 0$ auftritt. Im Folgenden analysieren wir die Wirkung verschiedener ökonomischer Faktoren auf den prozentualen Abschlag $k_{LQ}(\tau_{LQ})$ im Zeitpunkt $\tau_{LQ}$:

$$k_{LQ}(\tau_{LQ}) = 1 - \frac{P_{LQ}(\tau_{LQ},T)}{B(\tau_{LQ},T)}. \tag{4.3}$$

Auf eine Annualisierung der Differenz, d. h. der Ermittlung des Liquiditätsspreads $\lambda_{LQ}(\tau_{LQ})$, wird in diesem Abschnitt verzichtet, da wir den Abschlag für unterschiedli-

[4] Die trilineare Interpolation hatte sich in Testläufen robuster als ein auf Chebyshev-Polynomen basierendes Verfahren gezeigt. Sie hat zudem dem Vorteil, dass die Form der approximierten Kurve mit der Form der ursprünglichen Kurve übereinstimmt (*shape preserving*).

che Zeitpunkte analysieren und die Annualisierung die Darstellung einiger ökonomischer Effekte überlagern würde.

Die den Abschlag bestimmenden Faktoren umfassen sowohl marktweite Größen wie beispielsweise die Restlaufzeit der illiquiden Anleihen und deren aktuelle Rendite als auch investorspezifische Faktoren wie die Risikoeinstellung und das unmittelbar vor einem Liquiditätsschock gehaltene Portfolio. Für die Parameterwerte des Referenzfalls ergibt sich bei der Wahl von $\Delta t = 0,1$ ein Abschlag in Höhe von 36,5%. Bei der Interpretation der Höhe des Abschlags ist zu beachten, dass diese Größe nicht annualisiert angegeben wird. Ferner tritt dieser Abschlag nicht unter den üblichen Handelsbedingungen auf, sondern nur zum Zeitpunkt eines Liquiditätsschocks.

### 4.2.1 Einfluss der Rendite der liquiden Anleihen

Zunächst variieren wir die Höhe der Rendite der liquiden Anleihen, die gemäß der Annahme (3.54) nach Auftreten eines Liquiditätsschocks bis zur Fälligkeit unverändert bleibt. Wie Abbildung 4.1 zeigt, nimmt die Höhe des Liquiditätsspreads mit zunehmenden Zinssatz ab. Dieser Effekt ist durch die optimale Strategie des Investors zu erklären. Wie in Gleichung (3.63) gezeigt wird, ist die optimale Konsumhöhe des Investors zwischen $\tau_{LQ}$ und $T$ (exklusive $T$) immer gleich hoch.[5] Bei einer höheren Anleiherendite verzichtet der Investor tendenziell in frühen Zeitpunkten auf Konsum. Stattdessen legt er Mittel an, um die relativ attraktive Kapitalmarktverzinsung $y > \delta$ auszunutzen. Je höher die Anleiherendite $y$ ist, desto länger würde der langfristige Investor auch vollkommen liquide Anleihen halten. Bei den Parametern des Referenzfalls ($T = 4$) führt dies dazu, dass der Investor ab einer Rendite von $y = 21,6\%$ eine so lange Haltedauer der Anleihen wünscht, dass Liquidität keinen Vorteil mehr für ihn aufweist. Der Liquiditätsabschlag beträgt daher ab diesem Zinsniveau Null. Dieser Effekt der Anleiherendite wird mit abnehmender Restlaufzeit schwächer, da der Investor bei kleinem $T$ trotz $y \neq \delta$ nahezu konstante Konsumhöhen wünscht. Entsprechend sinkt die Sensitivität des Liquiditätsabschlags gegenüber der Anleiherendite. Dies hat beispielsweise zur Folge, dass bei einer Restlaufzeit

[5] Dadurch ist auch der Schnittpunkt der beiden Graphen in Abbildung 4.1 zu erklären. Da in beiden Fällen das Intervall $[0, T]$ in jeweils 40 Perioden unterteilt wird, ist die optimale Strategie für den Fall $y = \delta$ identisch (konstanter Konsum bis $T - \Delta t$). Da sich der Abschlag aus dem marginalen Nutzen des Konsums in $T$ und $\tau_{LQ}$ berechnet, ergibt sich an dieser Stelle für beide Restlaufzeiten der gleiche Abschlag.

Abbildung 4.1: Einfluss der Rendite der liquiden Anleihen auf Kosten sofortiger Liquidation

Die Grafik zeigt die Kosten $k_{LQ}(\tau_{LQ})$ der sofortigen Liquidation in Abhängigkeit der zum Zeitpunkt $\tau_{LQ} = 0$ gültigen Rendite $y$ der liquiden Anleihen. Wir geben zwei Graphen für die Laufzeiten $T = 2$ und $T = 4$ an. Die übrigen Parameter sind wie im Referenzfall gewählt: $A_1(0) = A_2(0) = 4$; $\bar{A} = 8$; $a_1(0) = 2$; $\bar{e} = 10$; $\bar{e}_T = 4$; $\delta = 0,05$ und $\gamma = 2$. $\Delta t$ beträgt $0,1$ (falls $T = 4$) oder $0,05$ (falls $T = 2$).

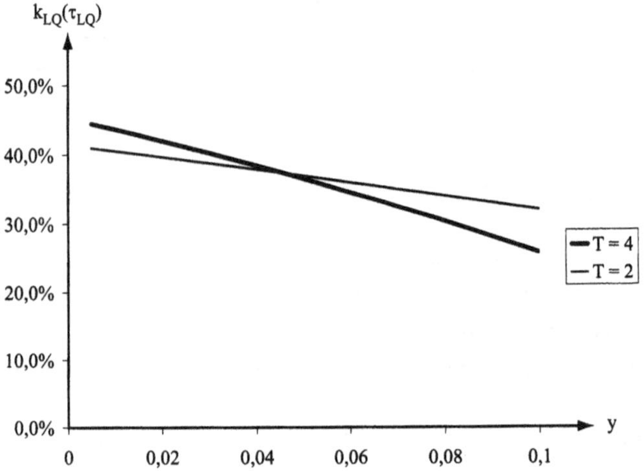


von $T = 2$ Jahren erst für Renditen ab $y = 38,5\%$ ein Liquiditätsspread in Höhe von Null auftritt.

### 4.2.2 Einfluss der Laufzeit der Anleihen

Die Laufzeit $T$ der Anleihen beeinflusst ebenfalls die Vorteilhaftigkeit von Liquidität. Wir untersuchen die Höhe des prozentualen Abschlags in Abhängigkeit der Restlaufzeit $T - \tau_{LQ}$. Die Ergebnisse sind in Schaubild 4.2 dargestellt. Zunächst fällt auf, dass der prozentuale Abschlag in $\tau_{LQ}$ bei dem gegebenen Ausgangsportfolio der langfristigen Investoren für kleine Laufzeiten nicht gegen Null strebt. Dies bedeutet, dass die langfristigen Investoren auch bei einem Liquiditätsschock an dem letzten Handelszeitpunkt unmittel-

Abbildung 4.2: Einfluss der Restlaufzeit auf Kosten sofortiger Liquidation

Die Grafik zeigt die Kosten $k_{LQ}(\tau_{LQ})$ der sofortigen Liquidation zum Zeitpunkt $\tau_{LQ} = 0$ in Abhängigkeit der Restlaufzeit $T - \tau_{LQ}$. Wir zeigen die Schaubilder für drei unterschiedliche Renditen $y = 0,03;\ 0,05;\ 0,08$. Die übrigen Parameter sind wie im Referenzfall gewählt: $A_1(0) = A_2(0) = 4$; $\bar{A} = 8$; $a_1(0) = 2$; $\bar{e} = 10$; $\bar{e}_T = 4$; $\delta = 0,05$ und $\gamma = 2$. $\Delta t$ beträgt $0,1$.

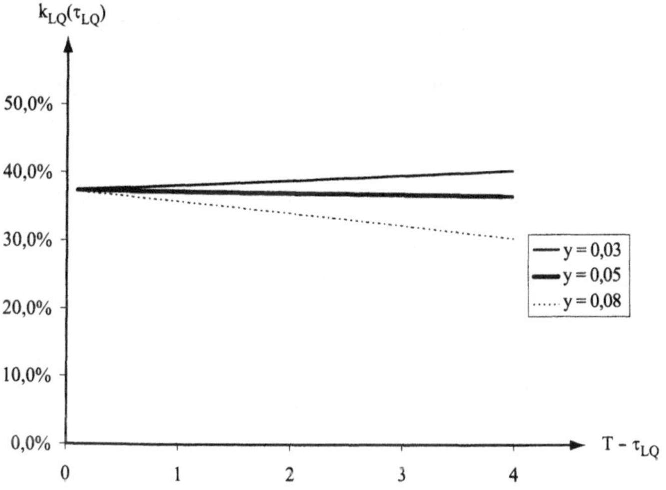


bar vor Fälligkeit $T$ der Anleihen einen positiven Abschlag $k_{LQ}(\tau_{LQ})$ auf die illiquiden Wertpapiere verlangen. Dies liegt an der Tatsache, dass die langfristigen Investoren ihren Konsum bei Auftreten eines Liquiditätsschocks nicht mehr wie gewünscht glätten können, da sie die gesamten illiquiden Anleihen halten müssen. Aufgrund der Annualisierung strebt der resultierende Liquiditätsabschlag $\lambda_{LQ}(\tau_{LQ})$ dementsprechend für kleine Laufzeiten gegen Unendlich. Die Höhe des prozentualen Liquiditätsabschlags $k_{LQ}(\tau_{LQ})$ bleibt für $y = \delta = 0,05$ – dem Wert der Zeitpräferenzrate – nahezu konstant. Wären die illiquiden Anleihen, die sich nach $\tau_{LQ}$ im Besitz der langfristigen Investoren befinden, liquide, so würden die langfristigen Investoren im Fall $y = \delta$ einen Teil der Anleihen sofort verkaufen, um eine Glättung ihres Konsums zu erreichen. Für höhere Anleiherenditen $y > \delta = 0,05$ fällt der Abschlag geringer aus, da in diesem Fall wie in Abschnitt 4.2.1 beschrieben die Investoren längere Haltedauern der Anleihen bevorzugen und somit das Handelsmotiv schwächer wird. Die umgekehrte Argumentation gilt für den Fall $y < \delta = 0,05$. Mit kürzer werdender Restlaufzeit gleichen sich die Abschläge für verschiedene Renditen $y$ an, da das Handelsmotiv der Ausnutzung einer Differenz zwischen Kapitalmarktrendite $y$ und Zeitpräferenzrate $\delta$ an Bedeutung verliert und das Handelsmotiv Konsumglättung immer stärker in den Vordergrund tritt.

### 4.2.3 Einfluss des Angebots an illiquiden Anleihen

Im Weiteren werden wir den Einfluss des Angebots an illiquiden Anleihen auf den Liquiditätsspread untersuchen. Wir gehen wie im Referenzfall davon aus, dass die langfristigen

Abbildung 4.3: Einfluss des Angebots an illiquiden Anleihen auf Kosten sofortiger Liquidation

Die Grafik stellt die Kosten $k_{LQ}(\tau_{LQ})$ der sofortigen Liquidation zum Zeitpunkt $\tau_{LQ} = 0$ in Abhängigkeit des Angebots $\bar{A}$ an illiquiden Anleihen dar. Die kurzfristigen und langfristigen Investoren halten jeweils die Hälfte dieser Anleihen $A_1(0) = A_2(0) = \bar{A}/2$. Die übrigen Parameter betragen (wie im Referenzfall) $a_1(0) = 2$; $T = 4$; $\bar{e} = 10$; $\bar{e}_T = 4$; $T = 4$; $\delta = 0,05$; $\gamma = 2$ und $y = 0,05$. $\Delta t$ beträgt $0,1$.

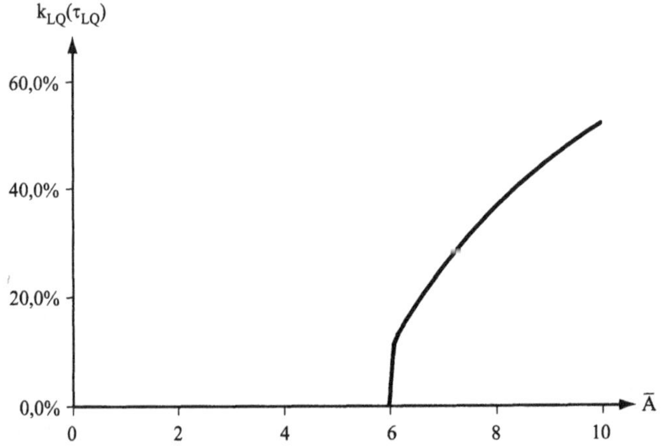


und die kurzfristigen Investoren in $t = 0$ jeweils die Hälfte aller illiquiden Anleihen halten $A_1(0) = A_2(0) = \bar{A}/2$. Die Ergebnisse in Abbildung 4.3 zeigen, dass der Liquiditätsspread Null beträgt, falls es nur ein geringes Angebot an illiquiden Anleihen gibt. Übersteigt das

Gesamtangebot den kritischen Wert von $\bar{A} = 6$, so tritt ein Liquiditätsspread auf. Bis zu dem Bestand $\bar{A} = 6$ kann der langfristige Investor seinen Konsum perfekt über die Zeit glätten. Ist das Angebot an illiquiden Anleihen höher, kann der Investor keine perfekte Glättung seines Konsums mehr über die Zeit erreichen, da sein Konsum in der letzten Periode durch das Verbot von Leerverkäufen mindestens $\bar{e}_T + \bar{A} > \bar{e}$ beträgt. Daher würde der langfristige Investor – falls es nicht aufgrund der Illiquidität der Anleihen ausgeschlossen wäre – Konsummöglichkeiten in $T$ gegen Konsummöglichkeiten in früheren Perioden eintauschen. Je mehr illiquiden Anleihen es gibt, desto weniger schätzt der Investor aufgrund des abnehmenden Grenznutzens Auszahlungen in $T$. Daher würde er für den Tausch gegen liquide Anleihen, die ihm Konsum in früheren Perioden ermöglichen, einen immer höheren Abschlag auf die illiquiden Anleihen akzeptieren. Wünscht der Investor einen Anstieg oder Abfall seines Konsumstroms aufgrund der Ungleichheit von Zeitpräferenzrate und Anleiherendite, so verschiebt sich der kritische Wert leicht nach links oder rechts. Nach dem Überschreiten des kritischen Werts steigt der Liquiditätsabschlag monoton an.

### 4.2.4 Einfluss des Risikoaversionskoeffizienten

Auch die Höhe des Risikoaversionskoeffizienten beeinflusst die Höhe des Liquiditätsspreads. Wie Abbildung 4.4 zeigt, steigt der Abschlag mit dem Risikoaversionskoeffizienten $\gamma$ der langfristigen Investoren an. Dies ist auf den ersten Blick überraschend, da wir in unserem Modell nach Auftreten eines Liquiditätsschocks von Zinsunsicherheit abstrahieren. Da auch kein weiterer Liquiditätsschock auftreten kann, ist ab $\tau_{LQ}$ keine Unsicherheit mehr für die Investoren vorhanden. Der Risikoaversionskoeffizient beeinflusst trotzdem den Preis der illiquiden Anleihen, da er gleichzeitig den Grenznutzen einer zusätzlichen Einheit Konsum bestimmt. Dieser Grenznutzen nimmt für kleine $\gamma$ nur sehr langsam mit steigendem Vermögen ab. In diesen Fällen hat der langfristige Investor nahezu keinen Anreiz, die Höhe seiner Konsumausgaben zu glätten. Dementsprechend sinkt der Vorteil liquider Anleihen, da das Handelsmotiv der Konsumglättung immer schwächer wird. Für den Grenzfall risikoneutraler langfristiger Investoren ergibt sich ein durch die Zeitpräferenzrate bestimmter Preis der illiquiden Anleihen in Höhe von $P_{LQ}(\tau_{LQ}, T) = e^{-\delta(T-\tau_{LQ})}$, falls die Zeitpräferenzrate größer oder gleich der Rendite der illiquiden Anleihe ist, $\delta \geq y$. Liegt sie darunter, $\delta < y$, so existiert kein Gleichgewicht mit risikoneutralen Investoren. In diesem Fall würden die langfristigen Investoren versuchen, unendlich hohe Positionen

Abbildung 4.4: Einfluss des Risikoaversionskoeffizienten auf Kosten sofortiger Liquidation

Die Grafik zeigt die Kosten $k_{LQ}(\tau_{LQ})$ der sofortigen Liquidation zum Zeitpunkt $\tau_{LQ} = 0$ in Abhängigkeit des Risikoaversionskoeffizienten $\gamma$. Die übrigen Parameter betragen wie im Referenzfall $A_1(0) = A_2(0) = 4$; $\bar{A} = 8$; $a_1(0) = a_2(0) = 2$; $T = 4$; $\bar{e} = 10$; $\bar{e}_T = 4$; $T = 4$; $\delta = 0,05$ und $y = 0,05$. $\Delta t$ beträgt $0,1$.

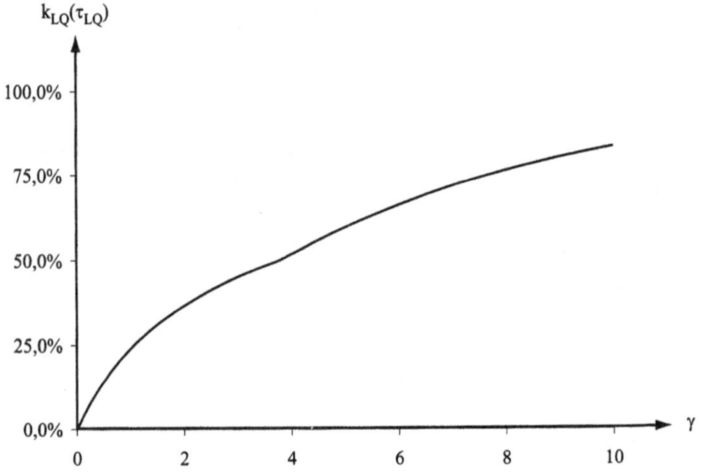


in der liquiden Anleihe aufzubauen, während es keinen markträumenden Preis für die illiquide Anleihe gibt.

### 4.2.5 Einfluss des Portfolios der langfristigen Investoren

Durch eine entsprechende Zusammenstellung ihres Anleiheportfolio können die langfristigen Investoren ihre Handlungsalternativen zum Zeitpunkt eines Liquiditätsschocks steuern.[6] Dementsprechend bestimmen die Größen $(a_1(\tau_{LQ}), A_1(\tau_{LQ}))$ die Höhe des Liquiditätsspreads in $\tau_{LQ}$. Im Gegensatz zu den bisher untersuchten Variablen werden diese Größen allerdings endogen bestimmt. Im Rahmen dieses Abschnitts abstrahieren wir hiervon

Abbildung 4.5: Einfluss der gehaltenen Stückzahl an liquiden Anleihen auf Kosten sofortiger Liquidation

Die Grafik zeigt die Kosten $k_{LQ}(\tau_{LQ})$ der sofortigen Liquidation in Abhängigkeit der von den langfristigen Investoren gehaltenen Stückzahl $a_1(\tau_{LQ})$ an liquiden Anleihen. Wir stellen den Abschlag in $\tau_{LQ} = 0$ für drei unterschiedliche Höhe der Rendite $y = 0,03;\ 0,05;\ 0,08$ der liquiden Anleihen dar. Die übrigen Parameter sind wie im Referenzfall gewählt: $A_1(0) = A_2(0) = 4$; $\bar{A} = 8$; $T = 4$; $\bar{e} = 10$; $\bar{e}_T = 4$; $T = 4$; $\delta = 0,05$ und $\gamma = 2$. $\Delta t$ beträgt $0,1$.

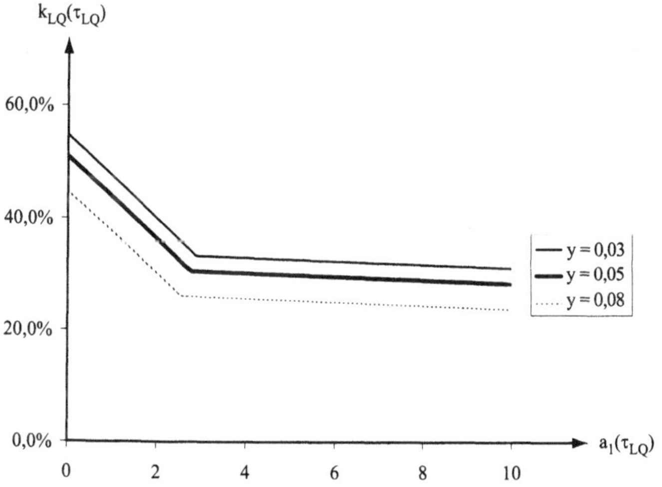


und untersuchen zunächst den Einfluss der Stückzahl $a_1(\tau_{LQ})$ der von den langfristigen Investoren gehaltenen liquiden Anleihen. Wie in Abbildung 4.5 ersichtlich ist, sinkt der

[6] Bei Auftreten eines Liquiditätsschocks müssen die kurzfristigen Investoren annahmegemäß ihr Portfolio liquidieren. Sie besitzen also keine Handlungsalternativen. Daher ist die Größe des von den kurzfristigen Investoren gehaltenen Bestands $a_2(\tau_{LQ})$ an liquiden Anleihen für die Höhe des Liquiditätsabschlags bedeutungslos. Der Einfluss des Bestands $A_2(\tau_{LQ})$ der kurzfristigen Investoren an illiquiden Anleihen wird aufgrund der Markträumungsbedingung $A_2(\tau_{LQ}) = \bar{A} - A_1(\tau_{LQ})$ in diesem Abschnitt implizit mit untersucht.

Liquiditätsabschlag erwartungsgemäß mit der Stückzahl bzw. dem Nominalwert der gehaltenen liquiden Anleihen. Je mehr liquide Anleihen bereits im Portfolio der langfristigen Investoren vorhanden sind, desto besser können illiquide Anlagemöglichkeiten integriert werden. Mit steigender Anzahl an liquiden Anleihen, die sich im Besitz der langfristigen Investoren befinden, sinkt der Liquiditätsabschlag gegen Null. Ab einem Schwellenwert, der neben den Parameterwerten auch von der Anzahl der Handelszeitpunkte abhängt, kann auch bei perfekter Liquidität aller Anleihen kein besserer Konsumplan realisiert werden.

Abbildung 4.6: Einfluss der gehaltenen Stückzahl an liquiden Anleihen auf Kosten sofortiger Liquidation

Die Grafik zeigt die Kosten $k_{LQ}(\tau_{LQ})$ der sofortigen Liquidation in Abhängigkeit der von den langfristigen Investoren gehaltenen Stückzahl $a_1(\tau_{LQ})$ an liquiden Anleihen. Wir stellen den Abschlag in $\tau_{LQ} = 0$ für zwei unterschiedliche Fälligkeiten $T = 2,\ 4$ der Anleihen dar. Die übrigen Parameter sind wie im Referenzfall gewählt: $A_1(0) = A_2(0) = 4$, $\bar{A} = 8$; $\bar{e} = 10$; $\bar{e}_T = 4$; $\delta = 0,05$; $\gamma = 2$ und $y = 0,05$. $\Delta t$ beträgt $0,1$ (falls $T = 4$) oder $0,05$ (falls $T = 2$).

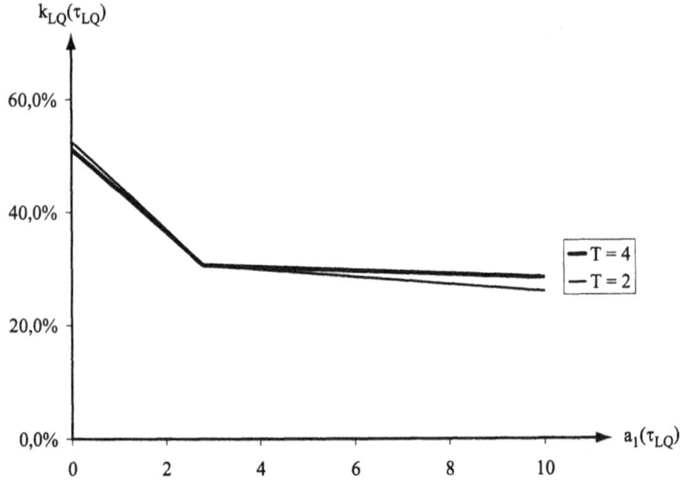


Der Graph des Abschlags weist eine ausgeprägte Knickstelle auf. Besitzen die langfristigen Investoren nur so wenige liquide Anleihen, dass sie ihren Bestand an liquiden Anleihen zum Erwerb der illiquiden Anleihen vollständig auflösen müssen, so sinkt der Abschlag stärker

als wenn sie über so viele Anleihen verfügen, dass sie Mittel für den Konsum in späteren Perioden in liquiden Anleihen anlegen. Die Knickstelle trennt diese beiden Bereiche. Die Ursache des Knicks bildet die Tatsache, dass das liquide Vermögen für kleine $a_1(\tau_{LQ})$ nur zu Konsumzwecken in $\tau_{LQ}$ verwendet wird, während es für große $a_1(\tau_{LQ})$ über den gesamten Zeitraum von $\tau_{LQ}$ bis $T-1$ verteilt wird, so dass pro Einheit liquiden Vermögens nur eine geringere Konsumsteigerung pro Periode erreicht werden kann.

Abbildung 4.7: Einfluss der gehaltenen Stückzahl an illiquiden Anleihen auf Kosten sofortiger Liquidation

Die Grafik zeigt die Kosten $k_{LQ}(\tau_{LQ})$ der sofortigen Liquidation in $\tau_{LQ} = 0$ in Abhängigkeit der von den langfristigen Investoren gehaltenen Stückzahl $A_1(\tau_{LQ})$ an illiquiden Anleihen. Wir stellen den Abschlag in $\tau_{LQ} = 0$ für drei unterschiedliche Höhen der Rendite $y = 0,03,\ 0,05,\ 0,08$ der liquiden Anleihen dar. Die übrigen Parameter sind wie im Referenzfall gewählt: $\bar{A} = 8$; $a_1(0) = 2$; $\bar{e} = 10$; $\bar{e}_T = 4$; $T = 4$; $\delta = 0,05$ und $\gamma = 2$. $\Delta t$ beträgt $0,1$.

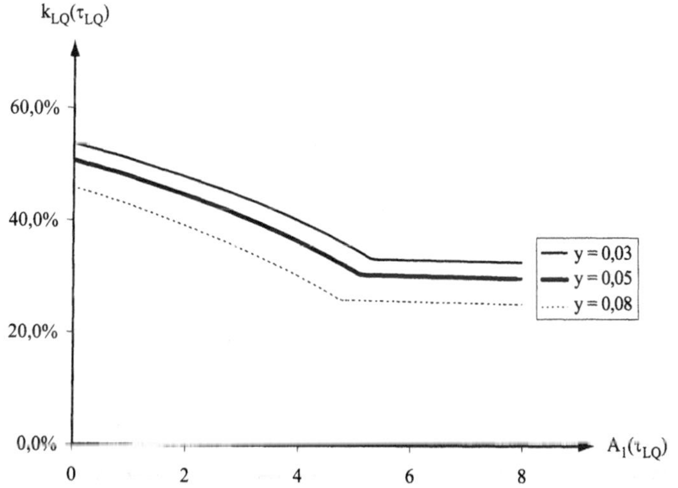


Da wir insbesondere den Einfluss von anleihespezifischen Faktoren untersuchen wollen, analysieren wir die Reaktion des Liquiditätsabschlags auf Änderungen der Rendite der illiquiden Anleihen und deren Restlaufzeit. Die Änderung der Rendite bewirkt analog zu Abschnitt 4.2.1 eine Verschiebung des Abschlags nach oben (für kleine $y$) bzw. nach unten (für hohe $y$). Wie Abbildung 4.6 zeigt, bewirkt eine Änderung der Restlaufzeit auch eine Veränderung der Sensitivität gegenüber liquiditätsrelevanten Größen. Bei einer geringeren Restlaufzeit reagiert der Abschlag empfindlicher auf Änderungen von $a_1(\tau_{LQ})$. Die grundsätzliche qualitative Struktur der Reaktion bleibt erhalten. Ein Portfolio mit höherem liquiden Anteil führt zu einem geringeren Abschlag. Die Funktion weist ebenfalls die oben beschriebene Knickstelle auf.

Abbildung 4.8: Einfluss des Anteils liquider Anleihen im Portfolio der langfristigen Investoren auf Kosten sofortiger Liquidation

Wir stellen die Kosten $k_{LQ}(\tau_{LQ})$ sofortiger Liquidation in $\tau_{LQ} = 0$ in Abhängigkeit des wertmäßigen Anteils liquider Anleihen am Portfolio der langfristigen Investoren dar. Dabei variieren wir diesen Anteil ausgehend vom Referenzfall einmal durch Veränderung der Stückzahl liquider Anleihen (Fall a) und einmal durch die Veränderung der Stückzahl illiquider Anleihen (Fall b). In Fall a) beträgt die Stückzahl illiquider Anleihen konstant $A_1(0) = 4$, während in Fall b) die Stückzahl liquider Anleihen konstant $a_1(0) = 2$ beträgt. Die übrigen Parameter sind wie im Referenzfall gewählt: $\bar{A} = 8$; $\bar{e} = 10$; $\bar{e}_T = 4$; $T = 4$; $\delta = 0,05$; $\gamma = 2$ und $y = 0,05$. $\Delta t$ beträgt $0,1$.

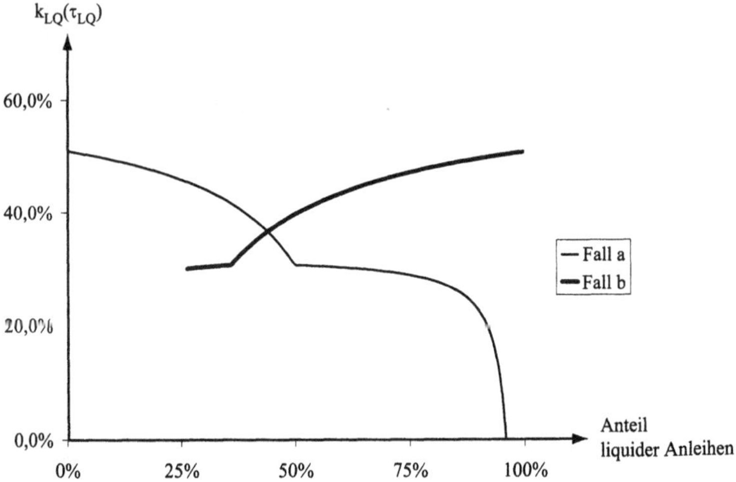


Die bisherigen Ergebnisse werden durch unsere nächste Analyse in Frage gestellt. In dieser Untersuchung variieren wir den Anfangsbestand $A_1(\tau_{LQ})$ der langfristigen Investoren an illiquiden Anleihen. Wie in Abbildung 4.7 gezeigt wird, führt ein höherer Bestand an illiquiden Anleihen nicht zu einem höheren, sondern zu einem niedrigeren Liquiditätsabschlag. Aufgrund des Gleichgewichts führt eine Erhöhung von $A_1(\tau_{LQ})$ dazu, dass die kurzfristigen Investoren weniger illiquide Anleihen halten. Daher ist ein größerer Anteil der illiquiden Anleihen in den Händen der langfristigen Investoren, die der Liquidität nur eine geringere Bedeutung zumessen. Dementsprechend sinkt der Liquiditätsabschlag. Diese Reaktion zeigt sich auch bei einer Variation der Anleiherendite $y$ und der Laufzeit $T$. Wie bereits bei der komparativ-statischen Analyse der Größe $a_1(\tau_{LQ})$ bewirkt eine Änderung von $y$ eine Verschiebung des Niveaus des Abschlags, während eine Verkürzung der Laufzeit $T$ eine Erhöhung der Sensitivität des Abschlags gegenüber der Größe $A_1(\tau_{LQ})$ bewirkt.[7]

Zusammengefasst lässt sich sagen, dass der Liquiditätsspread erwartungsgemäß von der Zusammensetzung des Portfolios der langfristigen Investoren abhängt. Wie in Abbildung 4.8 noch einmal zusammenfassend dargestellt wird, kann jedoch nicht allein aus dem Verhältnis von liquiden zu illiquiden Anleihen im Portfolio auf die Höhe des Liquiditätsspreads geschlossen werden. Die Höhe hängt vielmehr davon ab, auf welche Weise das Verhältnis zwischen liquiden und illiquiden Anleihen verändert wird.

### 4.2.6 Zusammenfassung der Analyse in $\tau_{LQ}$

Die komparativ-statische Analyse liefert für einige Einflussgrößen qualitativ eindeutige Ergebnisse. Liquidität ist umso wertvoller, je niedriger die Rendite der liquiden Anleihen ist, da eine hohe Anleiherendite eine lange Anlagedauer attraktiver macht. Ebenso führen eine hohe Risikoaversion (entspricht einem hohen Anreiz zur Konsumglättung) sowie ein großes Gesamtangebot und damit ein relativ kleiner Bestand an liquiden Anleihen zu hohen Liquiditätsabschlägen. Der Einfluss der Laufzeit ist nicht eindeutig. Ist die Rendite der liquiden Anleihen höher als die Zeitpräferenzrate, so bevorzugen die Anleger ein relativ hohes Konsumniveau in den späten Perioden, so dass Illiquidität an Bedeutung verliert. Für niedrigere Renditen gilt das Gegenteil. Da die Effekte umso ausgeprägter sind, je länger die Laufzeit der Anleihen ist, ergeben sich für verschiedene Renditen gegenläufige Auswirkungen der Restlaufzeit. Das Portfolio an liquiden und illiquiden Anleihen, das die langfristigen Investoren unmittelbar vor einem Liquiditätsschock halten, beeinflusst den Liquiditätsspread erheblich. Allerdings ist der Zusammenhang zwischen der Zusammensetzung des Portfolios und der Höhe des Liquiditätsabschlags sehr komplex.

[7] Da die Ergebnisse für verschiedene Laufzeiten analog zu den vorhergehenden Eigenschaften des Liquiditätsabschlags sind, geben wir hierfür keine Beispielrechnungen an.

Die Auswirkung einer Portfolioveränderung hängt stark mit den Ausprägungen der anderen Einflussfaktoren zusammen. Das Portfolio stellt eine von den Investoren bestimmbare, endogene ökonomische Größe dar. Über die Zusammenstellung ihres Portfolios können sich die Investoren auf mögliche Liquiditätsschocks vorbereiten und damit die Höhe des Liquiditätsschocks beeinflussen. Wir werden im nächsten Abschnitt u. a. untersuchen, wie dies die Handelsentscheidungen der Investoren vor einem Liquiditätsschock beeinflusst.

## 4.3 Liquiditätsspread vor Auftreten eines Liquiditätsschocks: Analyse ohne Zinsunsicherheit

In diesem Abschnitt betrachten wir das Gleichgewicht auf dem illiquiden Anleihemarkt vor Auftreten eines Liquiditätsschocks. Zur Vereinfachung analysieren wir diese Zusammenhänge zunächst ohne die Betrachtung von Zinsrisiken, d. h. mit konstantem Zinssatz $r$. Der Preis der liquiden Anleihe ist daher mit

$$B(t, T) = e^{-r(T-t)} \tag{4.4}$$

gegeben.

### 4.3.1 Optimale dynamische Handelsstrategien

Zunächst betrachten wir die optimalen Handelsstrategien der beiden Investoren. Zur Interpretation der Handelsstrategien sind die Gleichgewichtspreise der illiquiden Anleihen im Zeitablauf relevant. In Abbildung 4.9 stellen wir die zeitliche Entwicklung des Liquiditätsspreads für eine in $T = 4$ fällige illiquide Anleihe für ein zeitliches Diskretisierungsintervall von $\Delta t = T/20$ dar.

Der Liquiditätsspread steigt zunächst leicht an. Ab $t = 2,2$ beginnt eine moderate Verringerung des Spreads, die sich gegen Ende der Laufzeit verstärkt. Ab dem letzten Handelszeitpunkt vor Fälligkeit spielen Liquiditätsüberlegungen keine Rolle mehr. Ein möglicher Liquiditätsschock bei Fälligkeit hat keine negativen Auswirkungen auf den Preis einer illiquiden Anleihe, da sie zu diesem Zeitpunkt zu 100% zurückgezahlt wird. Da so zwischen liquiden und illiquiden Wertpapieren kein Unterschied mehr besteht, sinkt der Liquiditätsspread im letzten Handelszeitpunkt vor Fälligkeit auf Null und das Portfoliowahlproblem degeneriert zu der Frage, wieviele Anleihen jeder Investor insgesamt halten möchte. Falls

Abbildung 4.9: Zeitliche Entwicklung des Liquiditätsspreads (Referenzfall)

Die Grafik stellt den Liquiditätsspread $\lambda(t)$ im Zeitablauf dar. Die Parameterwerte betragen im Referenzfall $\bar{A} = 8$; $A_1(0) = A_2(0) = 4$; $a_1(0) = a_2(0) = 2$; $\bar{e} = 10$; $\bar{e}_T = 4$; $T = 4$; $\delta = 0,05$; $\gamma = 2$; $r = 0,05$ und $h_{eff} = 0,2$. $\Delta t$ beträgt $0,2$.

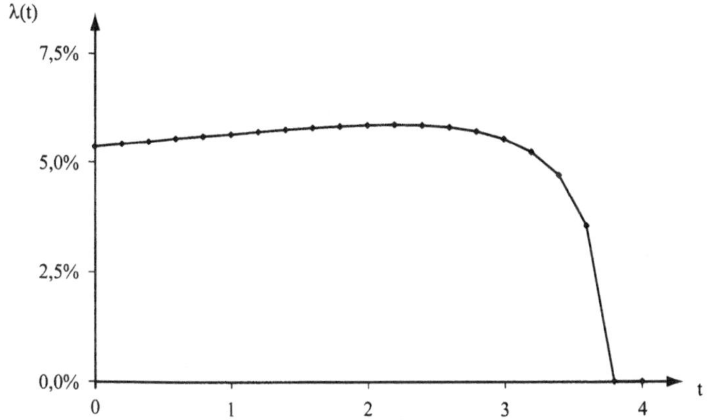


die Investoren zusammen mehr als $\bar{A}$ Stück Anleihen halten möchten, gibt es unendlich viele Gleichgewichtsallokationen (bei gleichen Preisen).

Das Absinken des Liquiditätsspreads gegen Ende der Laufzeit ist darin begründet, dass der Liquiditätsspread am letzten Zeitpunkt vor Fälligkeit gegen Null geht. Dadurch wird das Absinken zu einem gewissen Maß von der gewählten Diskretisierung abhängig. Unterteilt man nämlich das Intervall $[0, T]$ in weniger aber dafür größere Abschnitte, so befindet sich der letzte Handelszeitpunkt vor Fälligkeit früher auf der Zeitachse. Dadurch sinkt der Liquiditätsspread etwas früher ab. Dieser Effekt aufgrund des letzten Handelszeitpunkts hat jedoch keine Auswirkungen auf die qualitativen Eigenschaften des Ergebnisses. Auch quantitativ ist eine deutliche Wirkung des Effekts hauptsächlich in den letzten fünf Handelszeitpunkten vor Fälligkeit zu bemerken. Bei mehr als fünf Handelszeitpunkten klingt der Effekt schnell auf ein moderates Niveau ab.

Wir gehen nun der Frage nach, welche Handelsstrategien die Investoren verfolgen. Da der Liquiditätsspread und somit der Performance-Vorteil der illiquiden Anleihen zunächst relativ konstant ist, werden die Portfolios der Investoren vor allem durch die Vorbereitungen auf einen möglichen Liquiditätsschock beeinflusst. In Abbildung 4.10 stellen wir die zeitliche Entwicklung der Portfolios der langfristigen und kurzfristigen Investoren dar.

Abbildung 4.10: Optimale Handelsstrategien (Referenzfall)

Die Grafik stellt das im Gleichgewicht gehaltene Portfolio der langfristigen (links) und kurzfristigen Investoren (rechts) im Zeitablauf dar. Angegeben ist jeweils die gehaltene Stückzahl der Anleihen, d. h. das Nominalvolumen. Die Parameterwerte betragen im Referenzfall $\bar{A} = 8$; $A_1(0) = A_2(0) = 4$; $a_1(0) = a_2(0) = 2$; $\bar{e} = 10$; $\bar{e}_T = 4$; $T = 4$; $\delta = 0,05$; $\gamma = 2$; $r = 0,05$ und $h_{eff} = 0,2$. $\Delta t$ beträgt $0,2$.

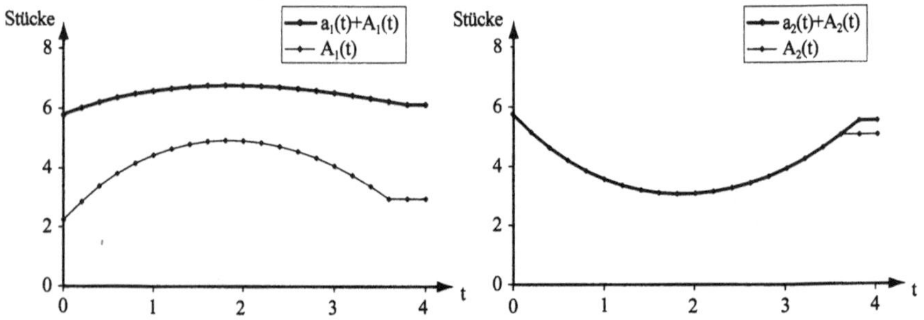


Wie bereits weiter oben in diesem Abschnitt geschildert wird, sind die Investoren am letzten Handelszeitpunkt vor Fälligkeit indifferent zwischen liquiden und illiquiden Anleihen. Daher ist die Portfoliozusammensetzung ab diesem Zeitpunkt nicht mehr eindeutig und damit nicht interpretierbar. Wir beschränken daher unsere Analyse auf die vorhergehenden Zeitpunkte.

Ausgehend von einer symmetrischen Allokation ($a_1(0) = a_2(0) = 2$ und $A_1(0) = A_2(0) = 4$) bauen die langfristigen Investoren zunächst ihre Bestände an liquiden Anleihen auf, während sie einen beträchtlichen Teil ihrer illiquiden Anleihen verkaufen. Sie stocken den Bestand an illiquiden Anleihen zur Mitte des Investitionszeitraums hin wieder spürbar auf und bauen diesen gegen Ende wieder ab. Insgesamt halten sie in der Mitte des Investitionszeitraums eine leicht höhere Anzahl an Anleihen als zu dessen Beginn und gegen dessen Ende. Das Portfolio der kurzfristigen Investoren unterscheidet sich deutlich von dem Portfolio der langfristigen Investoren. Die kurzfristigen Investoren verkaufen sofort sämtliche liquiden Anleihen aus ihrem Bestand und investieren ausschließlich in illiquide Anleihen. Deren Zahl geht bis zur Mitte des Investitionszeitraums zurück und steigt danach wieder an.

Die fast spiegelbildliche Entwicklung der Größe der Gesamtportfolios erklärt sich durch die Auswirkungen eines Liquiditätsschocks. Müssen die kurzfristigen Investoren den Markt vorzeitig verlassen, so ist ihr Konsumniveau aufgrund der Liquidation des Anleiheportfolios relativ hoch. Da die Investoren um eine Glättung ihres Konsums bemüht sind, konsumieren die kurzfristigen Investoren in den ersten Perioden mehr als ihr Einkommen $\bar{e}$. Mit fortschreitender Zeit ist ihr Anleiheportfolio geschrumpft und gleichzeitig die Wahrscheinlichkeit des Auftretens eines Liquiditätsschocks vor $T$ gesunken. Nun bewirkt die Konsumglättung den umgekehrten Effekt. Um das Konsumniveau im Zeitpunkt $T$, in dem sie nun mit immer größerer Wahrscheinlichkeit noch am Markt aktiv sind, nicht zu stark absinkt, verzichten die Investoren auf sofortigen Konsum.

Die Bestände liquider und illiquider Wertpapiere innerhalb der Portfolios sind auf den ersten Blick überraschend. Intuitiv vermutet man, dass langfristige Investoren verstärkt in illiquide Wertpapiere investieren. Während ihnen die Illiquidität dieser Instrumente nur wenig schadet, können sie deren Renditeaufschlag vereinnahmen. Tatsächlich investieren aber gerade die langfristigen Investoren – im Gegensatz zu den kurzfristigen Investoren – ihr Vermögen teilweise in liquide Anleihen. Bedeutet dies, dass die langfristigen Investoren die Rolle von Nachfragern nach Liquidität haben?

Diese Frage lässt sich weder eindeutig bejahen noch verneinen. Offensichtlich fragen die langfristigen Investoren trotz des Renditenachteils zunächst liquide Wertpapiere nach, d. h. sie fragen Liquidität nach. Die aufgebaute Liquiditätsreserve dient den langfristigen Investoren dazu, im Falle eines Liquiditätsschocks die kurzfristigen Investoren mit Liquidität zu versorgen, indem sie ihre illiquiden Anleihen aufkaufen. Die Nachfrage der langfristigen Investoren nach Liquidität wird also durch ein Spekulationsmotiv getrieben. Während eines Liquiditätsschocks in $\tau_{LQ}$ ist der Erwerb illiquider Anleihen besonders günstig. Der Preisabschlag bildet die Prämie für die Bereitstellung von Liquidität in $\tau_{LQ}$ durch die langfristigen Investoren. Die Investoren antizipieren die sich ihnen gegebenenfalls bietende Investitionsmöglichkeit und halten Liquidität vor, um nicht auf zu viel Konsum während eines Liquiditätsschocks verzichten zu müssen.

Die kurzfristigen Investoren hingegen bezahlen in $\tau_{LQ}$ den Preis für die Liquidität, die sie aufgrund des exogenen Liquiditätsschocks benötigen. Vorher profitieren sie von der höheren Rendite der illiquiden Wertpapiere. Sie investieren weniger stark in liquide Anleihen als die langfristigen Investoren, da ihnen die Spekulation auf einen Gewinn bei Auftreten eines Liquiditätsschocks nicht möglich ist. Je nach Wahl der Parameter – insbesondere bei einem relativ großem Anfangsbestand an liquiden Anleihen in der gesamten Ökonomie – halten die kurzfristigen Investoren im Gegensatz zum Referenzfall sowohl liquide als auch illiquide Anleihen.

## 4.3.2 Einfluss der Laufzeit der Anleihen

In diesem Abschnitt untersuchen wir das Verhalten des Liquiditätsspreads für unterschiedliche Laufzeiten der illiquiden Anleihen. Dazu variieren wir ausgehend vom Referenzfall den Fälligkeitszeitpunkt $T$. Das Ergebnis ist in Abbildung 4.11 dargestellt

Abbildung 4.11: Laufzeitstruktur der Liquiditätsspreads

Die Grafik stellt den Liquiditätsspread $\lambda(0)$ in $t = 0$ in Abhängigkeit der Laufzeit $T$ der illiquiden Anleihen dar. Die übrigen Parameter betragen wie im Referenzfall $A_1(0) = A_2(0) = 4$; $\bar{A} = 8$; $a_1(0) = a_2(0) = 2$; $\bar{e} = 10$; $\bar{e}_T = 4$; $\delta = 0,05$ $r = 0,05$ und $h_{eff} = 0,2$. Das Diskretisierungsintervall beträgt $\Delta t$=0,2.

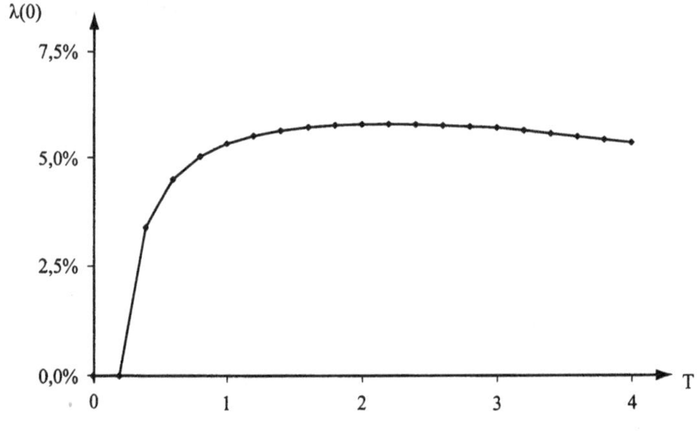


Die bucklige Kurve des Liquiditätsspreads verläuft erwartungsgemäß nahezu spiegelbildlich zu dem zeitlichen Verlauf des Liquiditätsspreads im Intervall $[0, T]$, den wir in Abbildung 4.9 dargestellt haben. Bei der aktuellen Analyse ist jedoch die Allokation nicht mehr endogen, sondern exogen vorgegeben.

Ein buckliger Verlauf von Liquiditätsspreads ist auch in anderen theoretischen Arbeiten wie beispielsweise Koziol und Sauerbier (2004) und Tychon und Vannetelbosch (2004) zu finden. In unserem Modell ist hauptsächlich die Modellierung der Liquiditätsschocks für diese Eigenschaft verantwortlich.

Für kleine Restlaufzeiten sinkt der Liquiditätsspread mit sinkender Restlaufzeit. Dies liegt an der Tatsache, dass Liquidität – wie bereits im vorhergehenden Abschnitt besprochen – im letzten Handelszeitpunkt vor Fälligkeit keine Rolle mehr spielt und somit nicht bewertet wird. Dies kompensiert den trivialen Effekt des Absinkens des Liquiditätsspreads für längere Restlaufzeiten, der sich aus der Verteilung eines (nahezu) konstanten Abschlags, der mit der Sprungwahrscheinlichkeit eines Poissonprozesses auftritt, über die Laufzeit der Anleihe ergibt. Da die Wahrscheinlichkeit des Auftretens eines Liquiditätsschocks mit längerer Laufzeit immer weniger stark ansteigt, der Abschlag jedoch linear über die Laufzeit verteilt wird, sinkt der Spread zwangsläufig mit steigender Restlaufzeit. Dies belegt eine einfache Rechnung: Vermindert sich in einem zeitstetigen Modell der Preis einer illiquiden Anleihe beim ersten Sprung eines Poissonprozesses mit risikoneutraler Intensität $h$ um einem relativen Abschlag von $\bar{k}_{LQ}$, so beträgt ihr Spread bei einer Restlaufzeit von $\tau$:

$$spread(\tau) = -\frac{1}{\tau} \ln\left(1 - \left(1 - e^{-h\tau}\right) \bar{k}_{LQ}\right). \tag{4.5}$$

Dieser Spread nimmt jedoch mit steigender Restlaufzeit ab.[8] Für unendlich lange Restlaufzeiten $\tau \to \infty$ strebt der Spread asymptotisch gegen Null. Beide oben dargestellten Verhaltensweisen überlagern sich, so dass eine bucklige Spreadkurve entsteht.

Offensichtlich wird der Verlauf des Liquiditätsspreads über $T$ durch die spezifische Modellierung des Handelsmotivs, d. h. des Liquiditätsschocks, hervorgerufen. Zur Interpretation von Abbildung 4.9 ist daher auch der Preisabschlag im Fall eines Liquiditätsschocks mit einzubeziehen. Um die Interpretation zu erleichtern, blenden wir den Einfluss der Höhe des

[8] Der Beweis dieser Eigenschaft basiert auf der Analyse des Ausdrucks:

$$-\ln\left(1 - \left(1 - e^{-h\tau}\right) \bar{k}_{LQ}\right)$$

Dessen erste Ableitung nach $\tau$ ist durch

$$\frac{1}{\bar{k}_{LQ} + (1 - \bar{k}_{LQ})e^{h\tau}} h\bar{k}_{LQ}$$

gegeben. Die erste Ableitung des Ausdrucks fällt also von $h\bar{k}_{LQ}$ für $\tau = 0$ monoton in $\tau$. Asymptotisch strebt sie gegen Null für $\tau \to \infty$. Da der Ausdruck sublinear wächst, fällt die annualisierte Rendite monoton in $\tau$.

Abschlags aus, indem wir die obige Analyse noch einmal für die risikoneutrale Intensität $h'_{eff}$ durchführen, die das Auftreten der Liquiditätsschocks bestimmt.

Für die Ermittlung der risikoneutralen Intensität $h'_{eff}$ wird vorausgesetzt, dass der Abschlag $k_{LQ}(t)$ unter dem risikoneutralen Maß gleich dem Abschlag unter dem physischem Maß ist. Die risikoneutrale Intensität wird dann in jeder Periode mit Hilfe des aktuellen Preises der illiquiden Anleihe, sowie der beiden möglichen Preisausprägungen in der nächsten Periode bestimmt. Die risikoneutrale Intensität ist in der Regel nicht konstant über die Laufzeit. Daher geben wir in Abbildung 4.12 den Durchschnitt $\overline{h'_{eff}}$ der entsprechenden (effektiven) Intensität über die jeweilige Laufzeit der Anleihen an.

Abbildung 4.12: Risikoneutrale (effektive) Intensität $h'_{eff}$ und Laufzeit $T$

Die Grafik stellt die risikoneutrale Intensität des Auftretens von Liquiditätsschocks über der Laufzeit $T$ der illiquiden Anleihen dar. Dabei wird vorausgesetzt, dass der risikoneutrale und der physische Abschlag zum Zeitpunkt eines Liquiditätsschocks identisch sind. Die übrigen Parameterwerte betragen wie im Referenzfall $\bar{A} = 8$; $A_1(0) = A_2(0) = 4$; $a_1(0) = a_2(0) = 2$; $\bar{e} = 10$; $\bar{e}_T = 4$; $\delta = 0,05$; $\gamma = 2$; $r = 0,05$ und $h_{eff} = 0,2$. $\Delta t$ beträgt $0,2$.

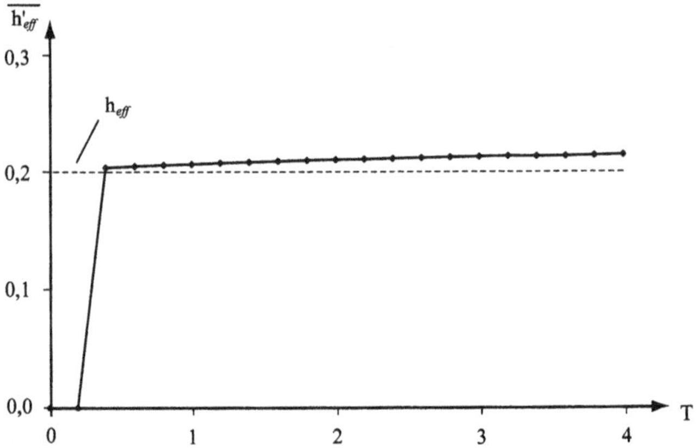


In Abbildung 4.12 ist erkennbar, dass der der bucklige Verlauf der Liquiditätsspreads nicht durch die Risikoprämien in den illiquiden Anleihen hervorgerufen wird. Zwei Eigenschaften der risikoneutralen Intensität sind besonders auffallend. Zum einen liegt die risikoneutrale Intensität immer über der physischen Intensität. Dies bedeutet, dass die Liquiditätsspreads neben den erwarteten Kosten der Illiquidität im Falle eines Liquiditätsschocks eine Risikoprämie enthalten. Zweitens steigt die Differenz zwischen phyischer und risikoneutraler Intensität und damit die Risikoprämie mit steigender Laufzeit der Anleihen. Dies zeigt, dass sich die Investoren durch ihre Konsum- und Portfolioentscheidungen über kürze Zeiträume besser auf Liquiditätsschocks einstellen können als über längere Zeiträume.

Die vorhergehenden Analysen zeigen, dass der Liquiditätsspread stets einen buckligen Verlauf in $T$ aufweist. Die exakte Form der Kurve variiert jedoch mit den gewählten Parameterwerten. Für praktische Zwecke ist insbesondere das Verhalten der Kurve in einem mittleren Laufzeitbereich interessant. Zum einen sollte die Laufzeit ein Mehrfaches des Diskretisierungsintervalls $\Delta t$ betragen, damit der Spread nicht zu stark von der Diskretisierung beeinflusst ist. Ferner ist das Verhalten für extrem lange Laufzeiten uninteressant, da es kaum solche Anleihen gibt. Je nachdem, an welcher Stelle die Spreadkurve ihr Maximum annimmt, ergeben sich für den relevanten Laufzeitbereich unterschiedliche Spreadkurven. Im Referenzfall, in dem die Anfangsausstattungen der Investoren einen im Zeitablauf gleichmäßigen Konsum erlauben, reagiert der Spread nach einem anfänglich starken Anstieg nur wenig auf die Laufzeit der Anleihen. Wie Abbildung 4.13 zeigt, kann sich im mittleren Laufzeitbereich je nach Wahl der Anfangsausstattung an liquiden Mitteln auch eine normale oder eine stark inverse Spreadkurve ergeben. Eine hohe Ausstattung der Investoren an liquiden Mitteln (im Beispiel $a_1(0) = a_2(0) = 8$) senkt den Liquiditätsspread, da die Investoren gut auf einen Liquiditätsschock vorbereitet sind. Mit steigender Restlaufzeit $T$ müssen die liquiden Mittel jedoch den Konsum über einen längeren Zeitraum finanzieren. Bei gleicher Restlaufzeit der Anleihen sind daher die Liquiditätsreserven der Investoren mit ursprünglich höherem $T$ bereits stärker abgeschmolzen. Die daraus resultierenden höheren Spreads pflanzen sich fort, so dass sich eine steigende Spreadkurve ergibt. Ist die Ausstattung der Investoren an liquiden Mitteln nur sehr gering (im Beispiel $a_1(0) = a_2(0) = 0,5$), ist ein entgegengesetzter Effekt zu beobachten. In diesem Fall üben die langfristigen Investoren Konsumverzicht und bauen so im Lauf der Zeit ein Liquiditätspolster im Hinblick auf einen potenziellen Liquiditätsschock auf. Je länger $T$ ist, desto größere Bestände könnten mit dem gleichen Konsumverzicht pro Periode aufgebaut werden. D. h. je länger $T$ ist, desto besser können sich die Investoren auf einen Schock einstellen. Es ergibt sich ein noch stärker inverser Verlauf der Spreadkurve als im Referenzfall.

Abbildung 4.13: Verlauf der Liquiditätsspreadkurve im mittleren Laufzeitbereich

Die Grafik stellt die Spreadkurve für mittlere Laufzeiten dar. Wir variieren dabei die Anfangsausstattungen $(a_1(0),\ a_2(0))$ der Investoren an liquiden Mitteln. Die übrigen Parameterwerte betragen wie im Referenzfall $\bar{A} = 8$; $A_1(0) = A_2(0) = 4$; $\bar{e} = 10$; $\bar{e}_T = 4$; $\delta = 0,05$; $\gamma = 2$; $r = 0,05$ und $h_{eff} = 0,2$. $\Delta t$ beträgt $0,2$.

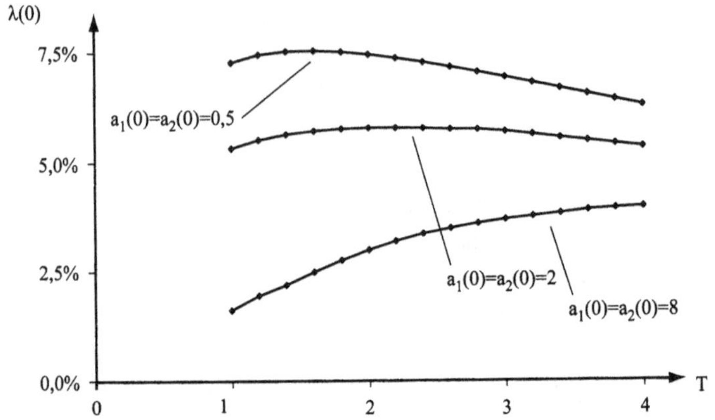


### 4.3.3 Einfluss des Angebots der illiquiden Anleihen

Eine Erhöhung des Angebots an illiquiden Anleihen steigert ceteris paribus die Nachfrage nach zusätzlichen Konsummöglichkeiten vor $T$ und damit nach liquiden Anleihen. Bereits bei der Analyse zum Zeitpunkt $\tau_{LQ}$ eines Liquiditätsschocks hat sich gezeigt, dass dies zu steigenden Liquiditätsspreads führt. Die entsprechenden Ergebnisse für den Liquiditätsspread zu Beginn des Investitionshorizonts in $t = 0$ sind in Abbildung 4.14 dargestellt.

Wir nehmen dabei an, dass das gesamte Angebot $\bar{A}$ an illiquiden Anleihen jeweils zur Hälfte von kurzfristigen und langfristigen Investoren gehalten wird: $A_1(0) = A_2(0) = \bar{A}/2$. Der sich ergebende Graph ähnelt stark dem Schaubild 4.3, d. h. dem Graphen aus der Analyse zum Zeitpunkt $\tau_{LQ}$. Die zugrundeliegenden ökonomischen Zusammenhänge sind dieselben. Ist das Gesamtangebot an illiquiden Anleihen nur gering, halten die langfristigen Investoren auch die liquiden Anleihen bis zur Fälligkeit und der Liquiditätsspread beträgt Null. Ab einem Schwellenwert steigt der Liquiditätsspread stark an. Da sich die Portfolios der

Abbildung 4.14: Einfluss des Angebot an illiquiden Anleihen auf den Liquiditätsspread

Die Grafik stellt den Liquiditätsspread $\lambda(0)$ in $t = 0$ in Abhängigkeit des Angebots $\bar{A}$ an illiquiden Anleihen dar. Dabei wird angenommen, dass die illiquiden Anleihen jeweils zu Beginn jeweils zur Hälfte von kurzfristigen und langfristigen Investoren gehalten werden: $A_1(0) = A_2(0) = \bar{A}/2$. Die übrigen Parameterwerte betragen wie im Referenzfall $a_1(0) = a_2(0) = 2$; $\bar{e} = 10$; $\bar{e}_T = 4$; $T = 4$; $\delta = 0,05$; $\gamma = 2$; $r = 0,05$ und $h_{eff} = 0,2$. $\Delta t$ beträgt $0,4$.

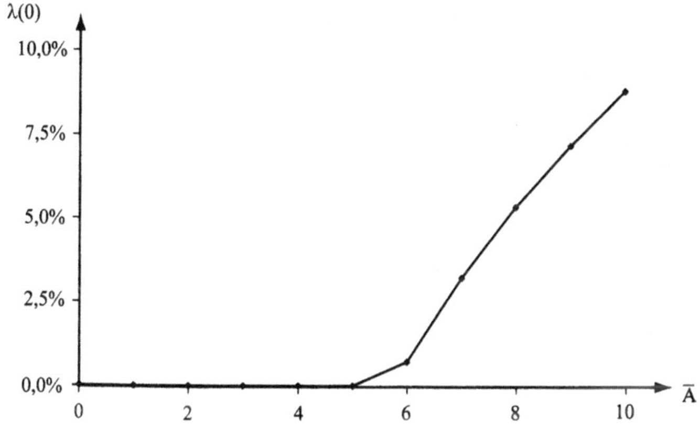


Investoren im Zeitablauf verändern, entspricht der Schwellenwert nicht exakt dem Wert bei der Analyse in $\tau_{LQ}$.

### 4.3.4 Einfluss der Wahrscheinlichkeit von Liquiditätsschocks

In diesem Abschnitt variieren wir die Intensität des Poissonprozesses, der das Auftreten von Liquiditätsschocks bestimmt. Intuitiv würde man einen näherungsweise proportionalen Zusammenhang zwischen dem Liquiditätsspread und der Intensität $h_{eff}$ vermuten. Dies ist der Zusammenhang, der näherungsweise[9] zwischen dem Kreditrisikospread und der Intensität des das Auftreten einer Insolvenz steuernden Poissonprozesses bei vielen Reduktionsmodellen zur Bewertung ausfallgefährdeter Anleihen gegeben ist. Wie Abbil-

[9] Ob der Zusammenhang exakt oder näherungsweise proportional ist, hängt von der genauen Spezifikation des Verlusts im Fall einer Insolvenz (loss given default) ab. Siehe Duffie und Singleton (2003, Kapitel 6).

dung 4.15 zeigt, ist der Liquiditätsspread in unserem Modell jedoch eine konkave Funktion der Intensität $h_{eff}$.

Abbildung 4.15: Einfluss der Intensität $h_{eff}$ des Auftretens eines Liquiditätsschocks

Die Grafik stellt den Liquiditätsspread $\lambda(0)$ in $t = 0$ in Abhängigkeit der Intensität $h_{eff}$ des Poissonprozesses dar, der das Auftreten eines Liquiditätsschocks bestimmt. Die übrigen Parameterwerte betragen wie im Referenzfall $\bar{A} = 8$; $a_1(0) = a_2(0) = 2$; $A_1(0) = A_2(0) = 4$, $\bar{e} = 10$; $\bar{e}_T = 4$; $T = 4$; $\delta = 0,05$; $\gamma = 2$ und $r = 0,05$. $\Delta t$ beträgt $0,4$.

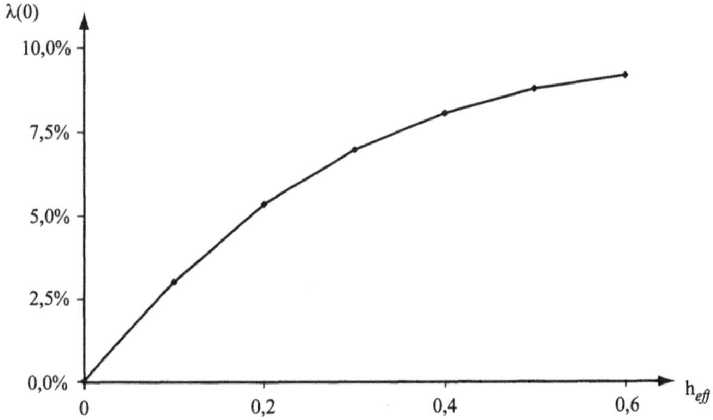


Erwartungsgemäß steigt der Liquiditätsspread mit der Intensität $h_{eff}$ an. Der Anstieg flacht jedoch mit steigender Intensität ab. Dieser Effekt wird durch die Portfolioentscheidungen der Investoren hervorgerufen. Steigt die Wahrscheinlichkeit eines Liquiditätsschocks, so steigern die kurzfristigen Investoren ihren Konsum in den ersten Perioden. Dadurch sinkt zwangsläufig die Größe ihres Anleiheportfolios, das weiterhin nahezu ausschließlich aus illiquiden Anleihen besteht. Wie in Abschnitt 4.2.5 demonstriert wird, sinkt der Abschlag im Falle eines Liquiditätsschocks, wenn die kurzfristigen Investoren weniger illiquide Anleihen besitzen. Der resultierende niedrigere Abschlag im Fall eines Schocks kompensiert die höhere Eintrittswahrscheinlichkeit teilweise. Dies führt zu einem konkaven Verlauf des Graphen. Ein solcher Verlauf des Spreads in Abhängigkeit der Nachfrage nach Liquidität – modelliert durch die Liquiditätsschocks – ist auch in anderen Modellen zur Bewertung von Liquidität zu finden. Ihre ökonomische Ursache ähnelt dem von

Amihud und Mendelson (1986) beobachteten Klientel-Effekt.[10] In unserem Modell fragen Investoren mit höherem Liquiditätsbedarf (d. h. höherem $h_{eff}$) weniger illiquide Anleihen nach. Beträgt die durchschnittliche Anzahl der illiquiden Anleihen über den gesamten Investitionszeitraum von $t = 0$ bis $t = T$ im Portfolio der kurzfristigen Investoren bei einer Intensität von $h_{eff} = 0,1$ (bei sonstigen Parameterwerten wie im Referenzfall, $\Delta t = T/10$) 5,33 Stücke, so sinkt sie bei einer Erhöhung der Intensität auf $h_{eff} = 0,6$ um 46,5% auf 2,85 Stücke ab.

### 4.3.5 Einfluss der Anfangsausstattungen

Das Verhalten der Liquiditätsspreads in den bisherigen Analysen wird oft durch die von den Investoren gehaltenen Anleihe-Portfolios maßgeblich beeinflusst. In diesem Abschnitt untersuchen wir, welche Auswirkungen die Zusammensetzung der Portfolios zu Beginn des Anlagezeitraums hat.

In Abbildung 4.16 tragen wir den Liquiditätsspread über der Anzahl der liquiden Anleihen auf, die von den langfristigen Investoren gehalten werden. Wie aufgrund der Analyse des Abschlags $k_{LQ}(\tau_{LQ})$ illiquider Anleihen zum Zeitpunkt $\tau_{LQ}$ eines Liquiditätsschocks zu erwarten ist, nimmt der Liquiditätsspread mit steigender Anfangsausstattung an liquiden Anleihen ab. Dies ist nicht überraschend, da die liquiden Anleihen den langfristigen Investoren erlauben, den kurzfristigen Investoren im Falle eines Schocks Liquidität bereitzustellen.

In $t = \tau_{LQ}$ liquidieren die kurzfristigen Investoren ihr gesamtes Portfolio. Der Abschlag $k_{LQ}(\tau_{LQ})$ während eines Schocks hängt von der Anzahl der von ihnen gehaltenen illiquiden Anleihen ab. Der Bestand an liquiden Anleihen $a_2(\tau_{LQ})$ in $\tau_{LQ}$ ist irrelevant. Wir untersuchen nun die Frage, welchen Einfluss die Anzahl der von den kurzfristigen Investoren zu Beginn gehaltenen liquiden Anleihen hat. Wie in Abbildung 4.17 zu sehen ist, beeinflusst der Anfangsbestand der liquiden Anleihen der kurzfristigen Investoren den Liquiditätsspread nur gering. Mit steigendem $a_2(0)$ ist lediglich ein sehr schwaches Absinken des Liquiditätsspreads erkennbar.

Ferner untersuchen wir die Frage, wie sich die Anfangsallokation $(A_1(0), A_2(0))$ der illiquiden Anleihen auf den Liquiditätsspread auswirkt. Wie Abbildung 4.18 zeigt, ist auch das Verhalten gegenüber der anfänglichen Allokation der illiquiden Anleihen durch die

[10] Siehe Abschnitt 2.4.3.

Abbildung 4.16: Einfluss des Anfangsbestands an liquiden Anleihen $a_1(0)$ der langfristigen Investoren

Die Grafik stellt den Liquiditätsspread $\lambda(0)$ in $t = 0$ in Abhängigkeit der Anzahl $a_1(0)$ der zu diesem Zeitpunkt von den langfristigen Investoren gehaltenen liquiden Anleihen dar. Die übrigen Parameterwerte betragen wie im Referenzfall $\bar{A} = 8$; $a_2(0) = 2$; $A_1(0) = A_2(0) = 4$, $\bar{e} = 10$; $\bar{e}_T = 4$; $T = 4$; $\delta = 0,05$; $\gamma = 2$; $r = 0,05$ und $h_{eff} = 0,2$. $\Delta t$ beträgt $0,2$.

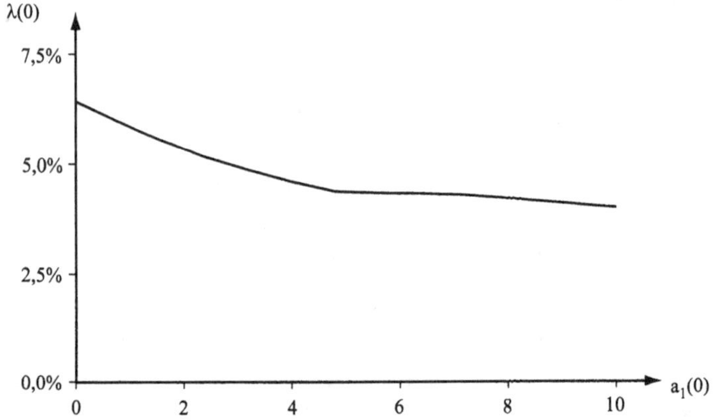


Analyse im Zeitpunkt $\tau_{LQ}$ im Wesentlichen bereits bekannt. Je mehr illiquide Anleihen die langfristigen Investoren besitzen, desto geringer fällt der Liquiditätsspread aus. Während eines Liquiditätsschocks müssen sie nämlich in diesem Fall nur wenig Liquidität bereitstellen, so dass ihr Konsumverzicht geringer ausfällt.

In den bisherigen Analysen des Einflusses der Anfangsbestände wird nicht nur die Zusammensetzung des Portfolios der lang- oder kurzfristigen Investoren verändert, sondern auch dessen Größe insgesamt. In einer abschließenden Analyse werden wir daher die reine Wirkung einer Änderung der Zusammensetzung der Anfangsbestände beider Investoren untersuchen. Dabei lassen wir zum einen die Gesamtzahl der liquiden Anleihen $a_1(0) + a_2(0) = 4$ konstant.[11] Zum anderen verändern wir auch nicht die Anzahl der Anleihen im Portfolio beider Investoren. Somit befindet sich in beiden Portfolios dieselbe Anzahl an Anleihen: $a_1(0) + A_1(0) = a_2(0) + A_2(0)$. In der gesamten Analyse beträgt das Verhältnis des Nominalvolumens liquider zu dem illiquider Anleihen wie im Referenzfall

[11] Die Gesamtzahl der illiquiden Anleihen beträgt ohnehin konstant $\bar{A}$.

Abbildung 4.17: Einfluss des Anfangsbestands an liquiden Anleihen $a_2(0)$ der kurzfristigen Investoren

Die Grafik stellt den Liquiditätsspread $\lambda(0)$ in $t = 0$ in Abhängigkeit der Anzahl $a_2(0)$ der zu diesem Zeitpunkt von den kurzfristigen Investoren gehaltenen liquiden Anleihen dar. Die übrigen Parameterwerte betragen wie im Referenzfall $\bar{A} = 8$; $a_1(0) = 2$; $A_1(0) = A_2(0) = 4$, $\bar{e} = 10$; $\bar{e}_T = 4$; $T = 4$; $\delta = 0,05$; $\gamma = 2$; $r = 0,05$ und $h_{eff} = 0,2$. $\Delta t$ beträgt $0,2$.

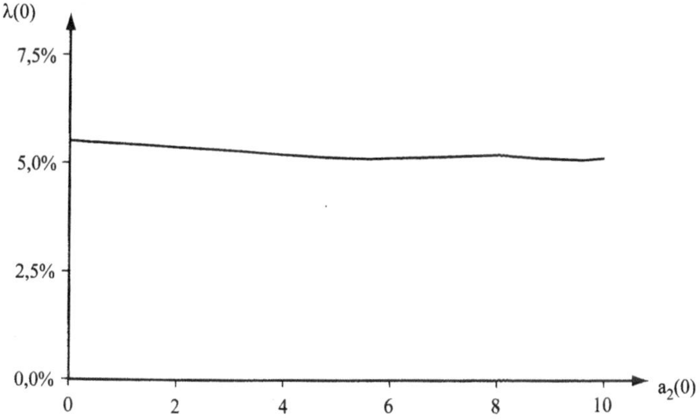


1:2. Jeder Investor hält Anleihen im Nominalvolumen von 6. Der Anteil liquider Anleihen schwankt in jedem Portfolio zwischen 0,0% und 66,7%. In Abbildung 4.19 haben wir den Einfluss der Zusammensetzung der Portfolios in $t = 0$ grafisch dargestellt. Bei der Variation des Anteils liquider Wertpapiere im Portfolio wirken mehrere, teilweise gegensätzliche Effekte. Erhöht man den Anteil liquider Anleihen im Portfolio der langfristigen Investoren, so erhöht man $a_1(0)$ und senkt dadurch den Liquiditätsspread. Gleichzeitig besitzen nun aber die langfristigen Investoren weniger illiquide Anleihen und die kurzfristigen Investoren weniger liquide Anleihen. Beide Tatsachen steigern den Spread. Alle Effekte zusammengenommen bewirken, dass der Liquiditätsspread insgesamt leicht sinkt, wenn das Portfolio der langfristigen Investoren einen höheren Grad an Liquidität aufweist. Im Umkehrschluss bedeutet dies eine Zunahme des Liquiditätsspreads, falls die kurzfristigen Investoren ein liquideres Portfolio besitzen. Dieser auf den ersten Blick überraschende Zusammenhang wird durch die Betrachtung der optimalen Handelsstrategien plausibel.

Abbildung 4.18: Einfluss der Anfangsallokation der illiquiden Anleihen $(A_1(0), A_2(0))$ auf den Liquiditätsspread

Die Grafik stellt den Liquiditätsspread $\lambda(0)$ in $t = 0$ in Abhängigkeit der Anzahl $A_1(0)$ der zu Beginn von den langfristigen Investoren gehaltenen illiquiden Anleihen dar. Die übrigen Parameterwerte betragen wie im Referenzfall $\bar{A} = 8$; $a_1(0) = a_2(0) = 2$; $A_2(0) = \bar{A} - A_1(0)$, $\bar{e} = 10$; $\bar{e}_T = 4$; $T = 4$; $\delta = 0,05$; $\gamma = 2$; $r = 0,05$ und $h_{eff} = 0,2$. $\Delta t$ beträgt $0,2$.

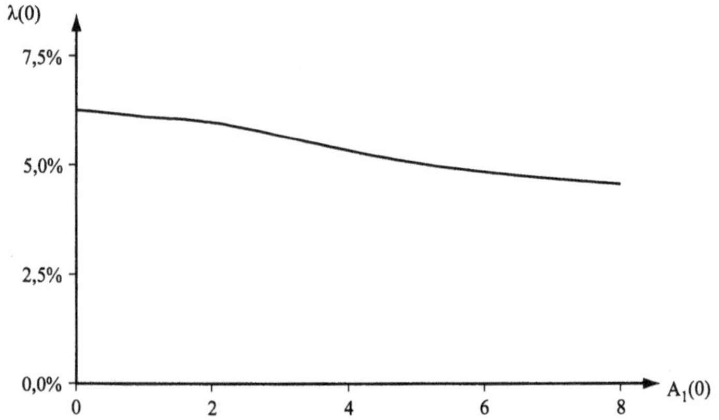


Die langfristigen Investoren benötigen nämlich zu Beginn ein Liquiditätspolster, damit sie den kurzfristigen Investoren im Fall eines Schocks Liquidität bereitstellen können.

### 4.3.6 Einfluss des Alters illiquider Anleihen: Aging-Effekt

In der Analyse um die Höhe von Liquiditätsabschlägen von Anleihen wird oft der Einfluss des Alters der Anleihen diskutiert. Der von Warga (1992) aufgebrachte Aging-Effekt postuliert, dass die Liquiditätsabschläge mit dem Alter einer Anleihe steigen. In unserem Modell ist die Emission von Anleihen nicht implementiert. Man kann jedoch zwei Anleihen mit ursprünglich unterschiedlichen Restlaufzeiten $T$ und $T'$ jeweils an zwei Zeitpunkten $t$ und $t'$ betrachten, an denen ihre Restlaufzeiten $T - t = T' - t'$ gleich lang sind. Die Variablen $t$ und $t'$ geben an, wie lange die beiden Anleihen schon gehandelt worden sind und können als Alter der jeweiligen Anleihe interpretiert werden. In Abbildung 4.20 tragen wir den Liquiditätsspread in $t$ von Anleihen mit einer Restlaufzeit von einem Jahr auf

Abbildung 4.19: Einfluss des Anteils der liquiden Anleihen im Portfolio der Investoren auf den Liquiditätsspread

Die Grafik stellt den Liquiditätsspread $\lambda(0)$ in $t = 0$ in Abhängigkeit des Anteils der liquiden Wertpapiere im Portfolio der langfristigen und kurzfristigen Investoren dar. Die Portfolios beider Investoren weisen zu Beginn jeweils $a_1(0)+A_1(0) = a_2(0)+A_2(0) = 6$ Stück Anleihen auf. Die übrigen Parameterwerte betragen wie im Referenzfall $\bar{A} = 8$; $\bar{e} = 10$; $\bar{e}_T = 4$; $T = 4$; $\delta = 0,05$; $\gamma = 2$; $r = 0,05$ und $h_{eff} = 0,2$. $\Delta t$ beträgt $0,2$.

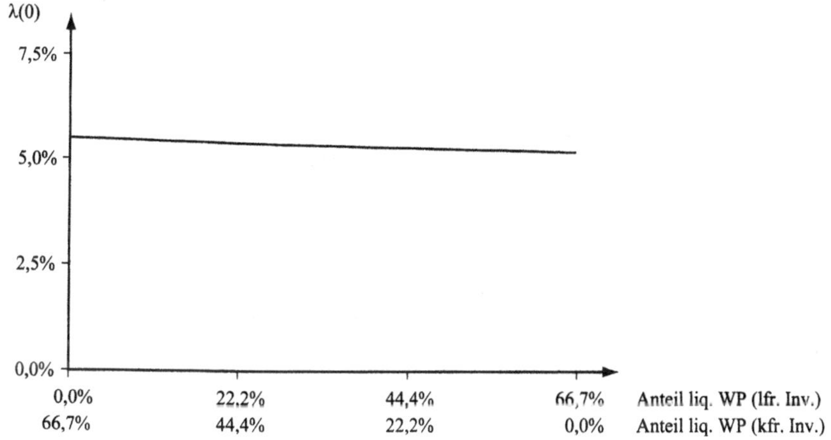


$(T - t = 1)$. Dabei variieren wir den aktuellen Bewertungstag zwischen $t = 0$ bis $t = 3$, d. h. wir betrachten Anleihen im Alter von null bis drei Jahren. Ferner betrachten wir drei verschiedene Varianten der Anfangsausstattungen an liquiden Mittel: knappe liquide Mittel $(a_1(0) = a_2(0) = 1)$, den Referenzfall $(a_1(0) = a_2(0) = 2)$ und erhebliche liquide Mittel $(a_1(0) = a_2(0) = 4)$.

Wie Abbildung 4.20 zeigt, reagiert der Liquiditätsspread auf das Alter der Anleihen. Für die Parameterwerte des Referenzfalls ergibt sich der vom Aging-Effekt postulierte Zusammenhang. Allerdings ist der Zusammenhang nicht sehr ausgeprägt. Wählt man eine andere Anfangsausstattung, in der die liquiden Mittel knapper sind als im Referenzfall, kehrt sich der Zusammenhang um. Der Grund für die Abweichung liegt darin, dass der Aging-Effekt in unserem Modell eine andere Ursache besitzt als der von Warga (1992) aufgestellte Zusammenhang.

Abbildung 4.20: Aging-Effekt

Die Grafik zeigt den Liquiditätsspread einer einjährigen illiquiden Anleihe in Abhängigkeit ihres Alters. Wir nehmen an, dass die Anleihe in $t = 0$ emittiert wird und variieren den Anfangsbestand liquider Mittel der Investoren. Die übrigen Parameterwerte betragen wie im Referenzfall $\bar{A} = 8$, $A_1(0) = A_2(0) = 4$, $\bar{e} = 10$, $\bar{e}_T = 4$, $\delta = 0,05$, $\gamma = 2$, $r = 0,05$ und $h_{eff} = 0,2$. $\Delta t$ beträgt $0,2$.

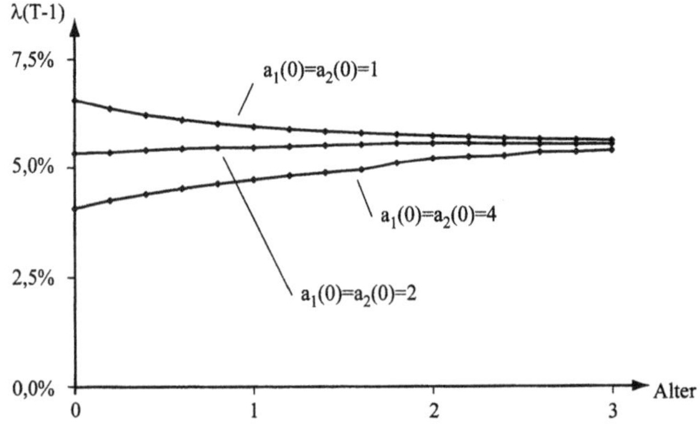


Warga (1992) führt den Aging-Effekt darauf zurück, dass langfristige Investoren nach und nach alle illiquiden Anleihen in ihren Portfolios absorbieren. Daher verstärkt sich deren Illiquidität im Zeitablauf, was zu einer Ausweitung der Spreads führt. Diese ökonomische Kausalkette ist in unserem Modell nicht enthalten. Zwar erhöhen die langfristigen Investoren zu Beginn des Zeitraums $[0, T]$ tendenziell ihre Bestände an illiquiden Anleihen. Allerdings verkaufen sie sie gegen Ende teilweise wieder. Die Erhöhung der Bestände führt jedoch nicht zu einer Verschärfung der Illiquidität. Wie in Abbildung 4.6 gezeigt wird, sinkt der Liquiditätsspread sogar im Fall eines Liquiditätsschocks, falls die langfristigen Investoren ihre Bestände an illiquiden Anleihen erhöhen. Ferner ändert sich nichts an der exogen vorgegebenen Enge des Markts mit nur zwei Investorengruppen.

Die Ursache für den Aging-Effekt ist auch in unserem Modell bei den Portfolioentscheidungen der Investoren zu suchen. Alle anderen Größen sind exogen vorgegeben. Die Wirkung des Alters in unserem Modell kann am besten mit Hilfe der beiden Fälle mit knappen und erheblichen liquiden Mitteln nachvollzogen werden. Sind die liquiden Mittel eher reichlich, so nutzen sie die Investoren zu Konsumzwecken. Nach einiger Zeit, d. h. im Fall älterer

Anleihen, sind nur noch wenige liquide Mittel vorhanden. Dies erhöht jedoch den Liquiditätsspread im Vergleich zum Fall mit Investoren, die vor kurzer Zeit mit hohen liquiden Mitteln in den Markt eingetreten sind. Der klassische Zusammenhang des Aging-Effekts entsteht. Das Gegenteil ist der Fall, wenn die Investoren mit knappen liquiden Mitteln ausgestattet sind. Im Zeitablauf verzichten diese Investoren auf Konsum zugunsten der Anlage in Anleihen. Daher sind sie im Lauf der Zeit besser auf einen Liquiditätsschock vorbereitet als Investoren, die erst vor kurzem mit einer geringen Ausstattung an liquiden Mitteln in den Markt eingetreten sind. Obwohl also in unserem Modell ein Aging-Effekt zu beobachten ist, hat dieser andere Ursachen und teilweise auch andere Auswirkungen als der klassische Effekt nach Warga (1992).

### 4.3.7 Zusammenfassung der Analyse ohne Zinsrisiko

In diesem Abschnitt haben wir eine komparativ-statische Analyse des Liquiditätsspreads durchgeführt. Der Einfluss des Angebots an illiquiden Anleihen und der anfänglichen Portfolios der Investoren ist größtenteils durch die Ergebnisse der Analyse zum Zeitpunkt eines Liquiditätsschocks vorweggenommen worden. Nicht unmittelbar intuitiv ist der konkave Zusammenhang der Spreads mit der Intensität des Auftretens von Liquiditätsschocks. Hier zeigen sich die Auswirkungen der Portfolioentscheidungen der Investoren. Kurzfristige Investoren vermeiden Investitionen in illiquide Wertpapiere umso mehr, je wahrscheinlicher Liquiditätsschocks auftreten. Ebenfalls etwas überraschend ist die optimale Handelsstrategie der kurzfristigen Investoren, die hauptsächlich in illiquide Wertpapiere investieren. Das Verhalten bezüglich der Restlaufzeit und das Auftreten eines Aging-Effekts hängen stark von der Ausstattung der Investoren ab. Wir präsentieren an dieser Stelle keine detaillierte Untersuchung der Reaktion des Spreads auf eine Variation des Zinssatzes $r$ und des Risikopräferenzparameters $\gamma$, sondern beschränken uns auf einige qualitative Aussagen. Bei einer Erhöhung von $r$ sinkt der Liquiditätsspread ceteris paribus. Dieser qualitative Effekt ist bereits aus der Analyse in $t = \tau_{LQ}$ bekannt. Wir untersuchen den Zusammenhang zwischen Zinssatz und Liquiditätsspread im nächsten Abschnitt mit Hilfe des Modells mit Zinsrisiko genauer. Das Modell bietet den Vorteil, dass sich der Zinssatz tatsächlich ändern kann. Die Reaktion auf eine steigende Risikoaversion der Investoren ist ebenfalls aus der Analyse in $t = \tau_{LQ}$ bekannt. Erwartungsgemäß steigt der Spread mit steigendem $\gamma$ an.

## 4.4 Liquiditätsspread vor Auftreten eines Liquiditätsschocks: Analyse mit Zinsrisiko

Nachdem wir im letzten Abschnitt das Gleichgewicht auf dem illiquiden Anleihemarkt vor Auftreten eines Liquiditätsschocks ohne Zinsrisiko betrachtet haben, beziehen wir nun das Zinsrisiko in unsere Analyse mit ein. Der Preis der liquiden Anleihen wird durch das in Abschnitt 3.1.1 spezifizierte Ein-Faktor-Cox-Ingersoll-Ross-Modell bestimmt. Bei unserer Analyse wiederholen wir nicht sämtliche Untersuchungen des vorhergehenden Abschnitts, sondern beschränken uns auf solche Größen, die unmittelbar mit der Dynamik des Zinssatzes zusammenhängen.

### 4.4.1 Optimale dynamische Handelsstrategien

Falls Zinsunsicherheit besteht, sind die Handelsstrategien neben der Zeit auch noch von dem aktuellen Zinssatz abhängig. Im Gleichgewicht haben die Handelsstrategien wiederum einen Effekt auf den Spread, so dass Spread- und Zinsentwicklung sich gegenseitig beeinflussen.

Um die Eigenschaften der Handelsstrategien zu illustrieren, beschränken wir uns – bei den Parameterwerten des Referenzfalls – zunächst auf die Zinsentwicklung, bei der der kurzfristige Zinssatz konstant bei $r(t) = 0,05$ liegt. Dabei ist anzumerken, dass dieses Szenario nicht exakt der Zinsentwicklung mit $r = 0,05$ im vorhergehenden Abschnitt entspricht. Bei den Parameterwerten des Referenzfalls ist der Marktpreis des Zinsänderungsrisikos ungleich Null. Die längerfristigen Zinssätze enthalten daher eine entsprechende Risikoprämie. Im betrachteten Fall ergibt sich in jedem Zeitpunkt eine normale Zinsstrukturkurve, die von 5,0% im kurzfristigen Bereich auf ca. 5,16% für eine Laufzeit von vier Jahren ansteigt. Die Verzinsung der liquiden Anleihen ist dadurch leicht höher als im deterministischen Fall.

Auf den Liquiditätsspread $\lambda(t)$ hat die Unsicherheit kaum einen Einfluss. Wie Abbildung 4.21 zeigt, besitzt der Liquiditätsspread unter Zinsrisiko nahezu den gleichen Verlauf wie im Fall deterministischer Zinssätze. Überraschenderweise ist der Spread sogar etwas geringer als im deterministischen Fall. Dies ist – wie die Analysen in den nächsten Abschnitten zeigen – darauf zurückzuführen, dass der Spread negativ mit dem Zinsniveau korreliert ist. Aufgrund der Zinsrisikoprämie in den Renditen der langfristigen Bonds ist die Zins-

Abbildung 4.21: Zeitliche Entwicklung des Liquiditätsspreads unter Zinsrisiko (Referenzfall)

Die Grafik stellt den Liquiditätsspread $\lambda(t)$ im Zeitablauf dar. Dabei wird angenommen, dass der kurzfristige Zinssatz konstant $r(0) = 0,05$ beträgt. Die Parameterwerte betragen im Referenzfall $\bar{A} = 8$; $A_1(0) = A_2(0) = 4$; $a_1(0) = a_2(0) = 2$; $\bar{e} = 10$; $\bar{e}_T = 4$; $T = 4$; $\delta = 0,05$; $\gamma = 2$; $\kappa_r = 0,3$; $\theta_r = 0,05$; $\sigma_r = 0,05$; $\Theta_r = -0,5$ und $h_{eff} = 0,2$. $\Delta t$ beträgt $0,5$.

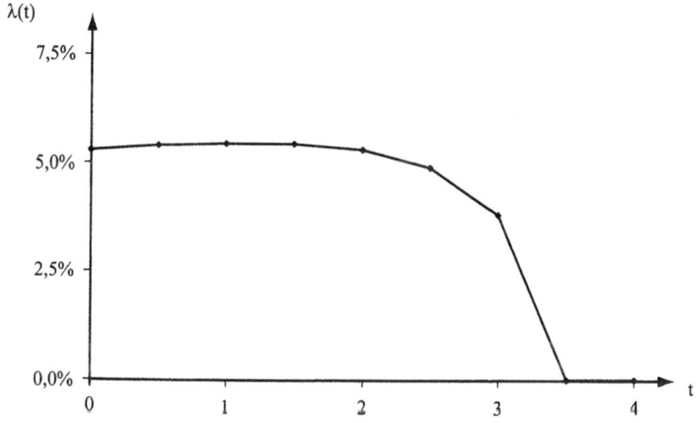


strukturkurve normal und der langfristige Zinssatz etwas höher als im deterministischen Fall. Wie der Liquiditätsspread lassen auch die optimalen Handelsstrategien der Investoren kaum Unterschiede zum deterministischen Fall erkennen. Wie in Abbildung 4.22 dargestellt wird, wählen die Investoren auch unter Zinsrisiko keine symmetrische Allokation. Das Portfolio der kurzfristigen Investoren besteht im Referenzfall – abgesehen vom letzten Handelszeitpunkt, an dem kein Unterschied zwischen liquiden und illiquiden Anleihen besteht – ausschließlich aus illiquiden Anleihen. Die langfristigen Investoren halten einen Puffer an liquiden Anleihen, um im Fall eines Schocks die kurzfristigen Investoren mit Liquidität versorgen zu können.

Die strukturellen Eigenschaften der optimalen Handelsstrategien bleiben auch bei Änderungen des Zinssatzes erhalten. Die Investoren verändern jedoch die Größe ihrer Bestände an Anleihen erheblich, falls sich der Zinssatz ändert. Dieser Zusammenhang wird in Abbildung 4.23 dargestellt. In diesem Schaubild wird die kumulierte Größe der An-

Abbildung 4.22: Optimale Handelsstrategien unter Zinsrisiko (Referenzfall)

Die Grafik stellt das im Gleichgewicht gehaltene Portfolio der langfristigen (links) und kurzfristigen Investoren (rechts) im Zeitablauf dar. Angegeben ist jeweils die gehaltene Stückzahl der Anleihen, d. h. das Nominalvolumen. Die Parameterwerte betragen im Referenzfall $\bar{A} = 8$; $A_1(0) = A_2(0) = 4$; $a_1(0) = a_2(0) = 2$; $\bar{e} = 10$; $\bar{e}_T = 4$; $T = 4$; $\delta = 0,05$; $\gamma = 2$; $\kappa_r = 0,3$; $\theta_r = 0,05$; $\sigma_r = 0,05$; $\Theta_r = -0,5$ und $h_{eff} = 0,2$. $\Delta t$ beträgt $0,5$.

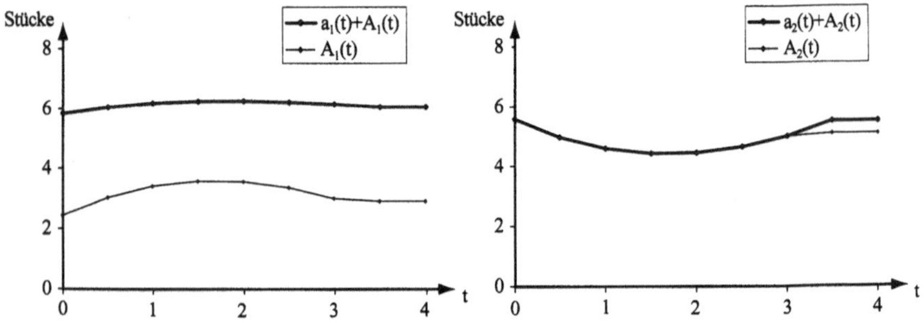


leiheportfolios beider Investorengruppen zusammen für verschiedene Zinsentwicklungen dargestellt. Betrachtet werden hohe Zinssätze für liquide Anleihen ($r(t)$ beträgt konstant 0,0995), mittlere Zinssätze ($r(t)$ beträgt konstant 0,05) und niedrige Zinssätze ($r(t)$ beträgt konstant 0,0174).[12] Die durchschnittliche Portfoliogröße wird in Stücken, d. h. durch das Nominalvolumen der Anleihen, gemessen. Ihr Mindestwert beträgt daher $\bar{A} = 8$, da die Investoren das gesamte Angebot der illiquiden Anleihen halten. Ist der Zinssatz niedrig, ist die Gesamtgröße der Portfolios relativ gering. In diesem Fall liegt die Verzinsung der liquiden Anleihen unterhalb der Zeitpräferenzrate, so dass es für die Investoren attraktiver ist, Mittel in größerem Umfang sofort zu konsumieren, anstatt sie in liquiden Anleihen für zukünftige Perioden anzulegen. Bei hohen Zinssätzen gilt das Gegenteil. Hier liegt die Verzinsung oberhalb der Zeitpräferenzrate und die Investoren bevorzugen die Anlage eines Großteils ihrer verfügbaren Mittel in liquiden Anleihen gegenüber sofortigem Konsum. Dabei sind die Unterschiede zwischen den Zinsszenarien in der Mitte des betrachteten Investitionszeitraums ausgeprägter als zu Beginn und am Ende der Laufzeit.

[12] Die Parameterwerte für $r(t)$ werden entsprechend der in Anhang C beschriebenen Diskretisierung gewählt.

Abbildung 4.23: Gesamtgröße der Anleihe-Portfolios (Nominalvolumen) und Zinssatz liquider Anleihen

Die Grafik stellt die kumulierte Größe der Anleiheportfolios beider Investoren zusammen für verschiedene Zinsentwicklungen ($r(t) = 0,0174$; $r(t) = 0,05$; $r(t) = 0,0995$) dar. Angegeben ist jeweils die gehaltene Stückzahl der Anleihen, d. h. das Nominalvolumen. Die Parameterwerte betragen im Referenzfall $\bar{A} = 8$; $A_1(0) = A_2(0) = 4$; $a_1(0) = a_2(0) = 2$; $\bar{e} = 10$; $\bar{e}_T = 4$; $\delta = 0,05$; $\gamma = 2$; $\kappa_r = 0,3$; $\theta_r = 0,05$; $\sigma_r = 0,05$; $\Theta_r = -0,5$ und $h_{eff} = 0,2$. $\Delta t$ beträgt 0, 5.

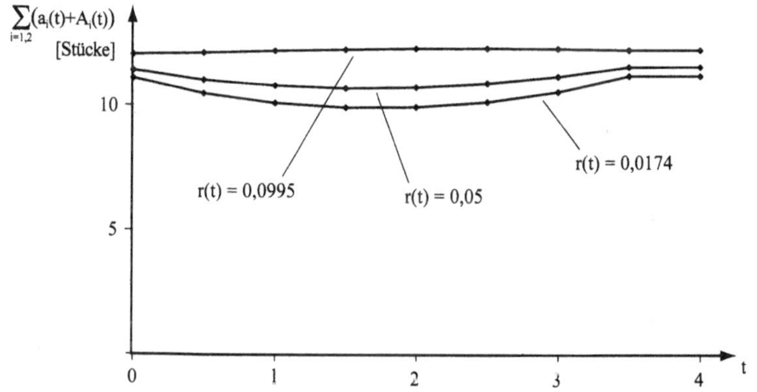


Zusammenfassend lässt sich sagen, dass die Anwesenheit von Zinsrisiko nur einen geringen Effekt auf die optimalen Handelsstrategien der Investoren hat. Ändert sich jedoch der Zinssatz, ändern die Investoren die Größe ihres Anleiheportfolios erheblich.

### 4.4.2 Zusammenhang mit dem Zinssatz liquider Anleihen

Bereits bei der Analyse der optimalen Handelsstrategien wird der Einfluss des Zinssatzes $r(t)$ für liquide Anleihen deutlich. In diesem Abschnitt wird seine Wirkung auf den Liquiditätsspread explizit untersucht. Dazu analysieren wir zunächst die Wirkung einer Variation des kurzfristigen Zinssatzes $r(0)$ zu Beginn des Investitionszeitraums auf den Liquiditätsspread $\lambda(0)$ zu diesem Zeitpunkt. In Schaubild 4.24 sind beide Größen gegeneinander aufgetragen.

Abbildung 4.24: Einfluss des kurzfristigen Zinssatzes $r(0)$ für liquide Anleihen auf den Liquiditätsspread

Die Grafik stellt den Liquiditätsspread $\lambda(0)$ in $t = 0$ in Abhängigkeit des kurzfristigen Zinssatz $r(0)$ für liquide Anleihen dar. Die übrigen Parameterwerte betragen wie im Referenzfall $\bar{A} = 8$; $A_1(0) = A_2(0) = 4$; $a_1(0) = a_2(0) = 2$; $\bar{e} = 10$; $\bar{e}_T = 4$; $T = 4$; $\delta = 0,05$; $\gamma = 2$; $\kappa_r = 0,3$; $\theta_r = 0,05$; $\sigma_r = 0,05$; $\Theta_r = -0,5$ und $h_{eff} = 0,2$. $\Delta t$ beträgt $0,5$.

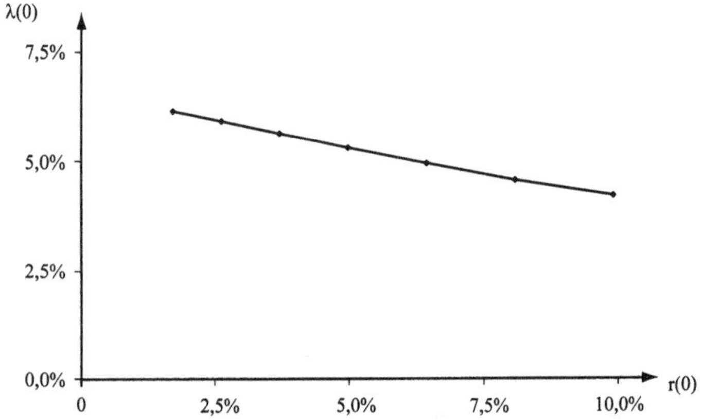


Abbildung 4.24 zeigt einen beträchtlichen negativen Zusammenhang zwischen dem aktuellen Zinssatz und dem Liquiditätsspread. Der Grund dafür sind die Handelsmotive der beiden Investoren. Falls der Zinssatz sehr hoch ist, spielt die Liquidität der Anleihen nur eine kleine Rolle. Die Investoren möchten in diesem Fall ohnehin Mittel anlegen, um von der hohen Verzinsung auf dem Kapitalmarkt zu profitieren.[13] Ist die Verzinsung sehr niedrig, spielt die Liquidität der Anleihen eine wichtige Rolle. In diesem Fall möchten die Investoren die Anleihen früher verkaufen, was ihnen aufgrund der Enge des Markts für illiquide Anleihen nicht möglich ist. Daher ergeben sich entsprechend hohe Abschläge auf die Preise der illiquiden Anleihen.

Nicht nur der aktuelle Zinssatz besitzt einen Einfluss auf den Liquiditätsspread. Vielmehr hängt die Höhe des Liquiditätsspreads auch von der Historie des Zinssatzes ab. In Abbildung 4.25 illustrieren wir diesen Zusammenhang durch die Analyse des Liquiditätsspreads

13 Durch die Modellierung des Zinssatzes vergrößert ein hoher aktueller Zinssatz auch die Wahrscheinlichkeit für hohe Zinssätze in der Zukunft.

Abbildung 4.25: Pfadabhängigkeit des Liquiditätsspreads

Im linken Teil der Grafik sind zwei verschiedene Zinsentwicklungen dargestellt, in denen der kurzfristige Zinssatz jeweils ausgehend von $r(0) = 0,05$ in drei Jahren auf sein ursprüngliches Niveau $r(3) = 0,05$ zurückkehrt. Im rechten Teil der Grafik sind die entsprechenden Entwicklungen der Liquiditätsspreads dargestellt. Die Parameterwerte betragen wie im Referenzfall $\bar{A} = 8$; $A_1(0) = A_2(0) = 4$; $a_1(0) = a_2(0) = 2$; $\bar{e} = 10$; $\bar{e}_T = 4$; $T = 4$; $\delta = 0,05$; $\gamma = 2$; $\kappa_r = 0,3$; $\theta_r = 0,05$; $\sigma_r = 0,05$; $\Theta_r = -0,5$, $r(0) = 0,05$ und $h_{eff} = 0,2$. $\Delta t$ beträgt 0,5.

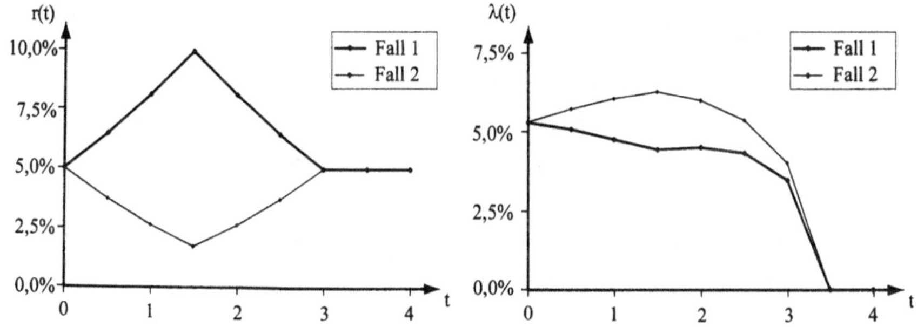


bei zwei verschiedenen Zinsentwicklungen. In beiden Fällen startet der kurzfristige Zinssatz für liquide Anleihen mit $r(0) = 0,05$ und kehrt in $t = 3$ auf dieses Niveau zurück. Im ersten Fall steigt er zwischenzeitlich in $t = 1,5$ auf ein Maximum von $r(1,5) = 0,0995$, während er im zweiten Fall auf ein zwischenzeitliches Minimum von $r(1,5) = 0,0174$ absinkt. Erwartungsgemäß resultieren aus den zunächst unterschiedlichen Zinsentwicklungen zwei verschiedene Spreadtrajektorien. Obwohl die beiden Zinspfade sich in $t = 3$ wieder treffen, ergeben sich unterschiedlich hohe Spreads zu diesem Zeitpunkt. Ist der kurzfristige Zinssatz für liquide Anleihen zunächst gestiegen, so ergibt sich ein niedrigerer Spread als in dem Fall eines zunächst sinkenden Zinssatzes. Der Liquiditätsspread ist also offensichtlich pfadabhängig in Bezug auf die Zinsentwicklung.

Die beobachtete Pfadabhängigkeit resultiert aus dem Anlageverhalten der Investoren. Bei hohen Zinssätzen verzichten die Investoren tendenziell auf sofortigen Konsum und legen Mittel in Anleihen an. Dadurch steigt auch der Bestand an liquiden Anleihen, den die langfristigen Investoren als Puffer für den Fall eines Liquiditätsschocks anlegen. Nach einer Phase hoher Zinssätze sind die Investoren also aufgrund ihrer großen Anleihebestände gut auf einen Liquiditätsschock vorbereitet. Bei niedrigen Zinssätzen in der Vergangenheit tritt ein gegenteiliger Effekt ein. Die Investoren haben aufgrund der niedrigen Renditen am Kapitalmarkt ihre Bestände an Anleihen abgebaut, um einen höheren Konsum zu finanzieren. Dadurch sind die Investoren relativ schlecht auf Liquiditätsschocks vorbereitet. Die Spreads weiten sich aus. Die Historie des Zinssatzes wirkt also über die Zusammensetzung und Größe der Anleiheportfolios auf den heutigen Liquiditätsspread. Dies kann man auch an dem in Abbildung 4.25 dargestellten Beispiel sehen. Während die langfristigen Investoren im Fall zunächst steigender Zinssätze in $t = 3$ über 3,61 Stück liquider Anleihen verfügen, sinkt dieser Bestand bei gleicher Anfangsallokation im Fall zunächst sinkender Zinssätze um 32,3% auf 2,45 Stück.

Um die Pfadabhängigkeit der Liquiditätsspreads genauer zu untersuchen, führen wir eine weitere Analyse durch. Die Untersuchung lehnt sich an das Konzept der Impulsantwort an, die aus der Theorie der Analyse dynamischer Systeme stammt.[14] Wir berechnen den

Abbildung 4.26: Reaktion des Liquiditätsspreads auf eine zeitweilige Auslenkung des Zinssatzes für liquide Anleihen (Impulsantwort)

Im rechten Teil dieser Grafik ist der Liquiditätsspread $\lambda(t' = 3)$ einer illiquiden Anleihe mit einer Restlaufzeit von einem Jahr dargestellt in Abhängigkeit von dem Zeitpunkt $\hat{t}$. Es wird unterstellt, dass der kurzfristige Zinssatz im Zeitpunkt $\hat{t}$ vorübergehend auf den Wert $r(\hat{t}) = 0,0646$ angestiegen ist und sonst bei $r(t) = 0,05$ lag. Der Zinspfad für den Fall $\hat{t} = 1$ wird im linken Teil des Schaubilds dargestellt. Die gestrichelte Linie im rechten Schaubild gibt den Spread $\lambda(t')$ an, falls kein Zinsimpuls aufgetreten ist. Die übrigen Parameterwerte betragen wie im Referenzfall $\bar{A} = 8$; $A_1(0) = A_2(0) = 4$; $a_1(0) = a_2(0) = 2$; $\bar{e} = 10$; $\bar{e}_T = 4$; $T = 4$; $\delta = 0,05$; $\gamma = 2$; $\kappa_r = 0,3$; $\theta_r = 0,05$; $\sigma_r = 0,05$; $\Theta_r = -0,5$ und $h_{eff} = 0,2$. $\Delta t$ beträgt $0,5$.

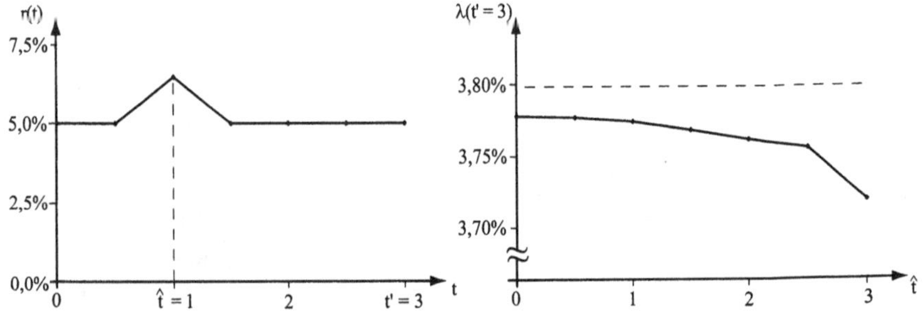


[14] Zum Konzept der Impulsantwort eines dynamischen Systems und verwandten Methoden der Systemdynamik siehe beispielsweise Föllinger (1994, Kapitel 2).

Spread in $t' = 3$, den eine illiquide Anleihe mit dann einjähriger Restlaufzeit aufweist. Verwendet werden die Parameter des Referenzfalls. Wir variieren lediglich die Zinsentwicklung. In allen betrachteten Fällen beträgt der kurzfristige Zinssatz $r(t) = 0,05$ für alle $t$ bis auf einen Zeitpunkt $\hat{t}$. In diesem Zeitpunkt steigt der kurzfristige Zinssatz auf $r(\hat{t}) = 0,0646$, den nächsthöheren Knoten in dem Trinomialbaum. Eine Periode später sinkt er wieder auf das Niveau $0,05$. Durch den zeitweiligen Anstieg des Zinssatzes (Impuls) ist der Liquiditätsspread in $t' = 3$ geringer als der Spread, der sich bei einem zeitlich konstanten kurzfristigen Zinssatz von $r(t) = 0,05$ für alle $t$ einstellt. Wir tragen den Spread in Abhängigkeit des Zeitpunkts $\hat{t}$ des Zinsimpulses in Abbildung 4.26 auf. Die Wirkung einer zeitweiligen Auslenkung des kurzfristigen Zinssatzes auf den Spread nimmt mit steigendem zeitlichen Abstand zum Zeitpunkt $\hat{t}$ ab. Dieses Ergebnis entspricht der intuitiven Erwartung, dass die Investoren durch ihre Portfolioentscheidungen die Effekte eines auftretenden Zinsschocks mit der Zeit immer weiter ausgleichen. Das abgebildete ökonomische System ist also stabil in dem Sinne, dass eine solche Störung keine selbstverstärkenden Mechanismen in Gang setzt. Die Auswirkungen der Historie des Zinssatzes verlieren sich mit der Zeit.

Insgesamt führen also hohe Zinssätze zu niedrigen Liquiditätsspreads. Neben diesem Zusammenhang zwischen den beiden Größen zum gleichen Zeitpunkt vermindern hohe Zinssätze in der Vergangenheit ebenso den heutigen Liquiditätsspread. Dies geschieht mittelbar über die Beeinflussung der Portfolios der Investoren. Als Konsequenz ist eine negative Korrelation zwischen Liquiditätsspread und dem aktuellen Zinssatz $r(t)$ zu beobachten. So ergibt sich im Referenzfall zwischen den Größen $r(3)$ und $\lambda(3)$ ein Korrelationskoeffizient in Höhe von $-0,906$.[15] Die Korrelation zwischen dem Spread $\lambda(t)$ und Zinssätzen aus der Vergangenheit ist ebenfalls negativ. Dies allein ist jedoch kein Beleg für die oben beschriebene Pfadabhängigkeit des Liquiditätsspreads, da aufgrund des angenommenen Prozesses für $r(t)$ ein niedriger Zinssatz in der Vergangenheit im Vergleich zu einem höheren Zinssatz zu einer höheren (bedingten) Wahrscheinlichkeit des Auftretens niedriger heutiger Zinssätze führt. Daher korrigieren wir die Liquiditätsspreads mittels einer linearen Regression um den Einfluss des aktuellen kurzfristigen Zinssatzes. Betrachtet man jetzt beispielsweise den Zusammenhang zwischen dem korrigierten Liquiditätsspread $\lambda(3)$ in $t = 3$ und der Entwicklung $r(3) - r(2)$ des kurzfristigen Zinssatzes im Zeitraum $[2, 3]$,

15 Das Diskretisierungsintervall beträgt $\Delta t = 0,5$. Der Korrelationskoeffizient der beiden Größen für Zeitpunkte vor $t = 3$ ist noch höher. Die Korrelation vor $t = 3$ wird noch von der geringeren Anzahl an möglichen Werten, die $\lambda(t)$ für kleine $t$ annehmen kann, verstärkt.

so ergibt sich ein Korrelationskoeffizient von 0,754. Dies bedeutet, dass eine Steigerung des Zinssatzes über das letzte Jahr, d. h. das Vorliegen von relativ zum heutigen Niveau niedrigeren Zinssätzen vor einem Jahr, zu einer Steigerung des Liquiditätsspreads führt.

### 4.4.3 Einfluss der Volatilität des risikolosen Zinssatzes

In den bisherigen Untersuchungen wird das Ausmaß der Zinsunsicherheit konstant gehalten. Im Folgenden wird untersucht, welchen Einfluss die Stärke der Zinsunsicherheit auf den Liquiditätsspread hat. Dazu variieren wir den Volatilitätsparameter $\sigma_r$ des kurzfristigen Zinssatzes $r(t)$ für liquide Anleihen. Die Ergebnisse dieser Untersuchung in Abbildung 4.27 zeigen, dass der Liquiditätsspread kaum auf eine Variation der Volatilität reagiert.

Abbildung 4.27: Einfluss des Volatilitätsparameters $\sigma_r$ auf den Liquiditätsspread

Die Grafik stellt den Liquiditätsspread $\lambda(0)$ in $t = 0$ in Abhängigkeit des Volatilitätsparameters $\sigma_r$ des kurzfristigen Zinssatz $r(t)$ für liquide Anleihen dar. Die übrigen Parameterwerte betragen wie im Referenzfall $\bar{A} = 8$; $A_1(0) = A_2(0) = 4$; $a_1(0) = a_2(0) = 2$; $\bar{e} = 10$; $\bar{e}_T = 4$; $T = 4$; $\delta = 0,05$; $\gamma = 2$; $\kappa_r = 0,3$; $\theta_r = 0,05$; $\Theta_r = -0,5$; $r(0) = 0,05$ und $h_{eff} = 0,2$. $\Delta t$ beträgt $0,5$.

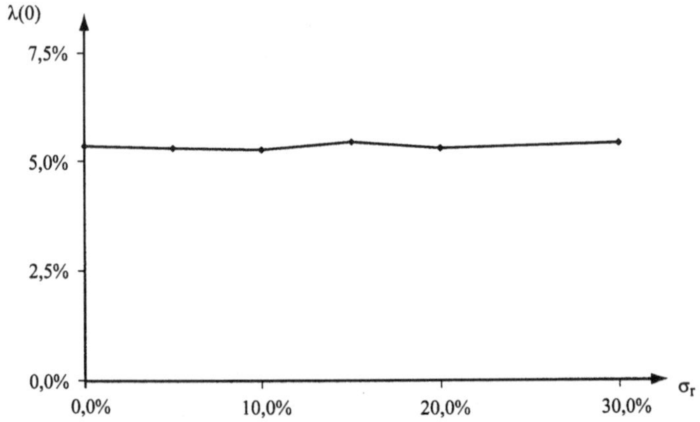


Ein solches Verhalten ergibt sich aus der Überlagerung mehrerer Mechanismen, über die der Parameter $\sigma_r$ den Liquiditätsspread beeinflusst. Zunächst hat eine höhere Volatilität des kurzfristigen Zinssatzes aufgrund des negativen Marktpreises für Zinsrisiko höhere

Renditen von Anleihen mit längerer Laufzeit zur Folge. Durch die Anhebung der Zinssätze sinkt, wie in Abschnitt 4.4.2 gezeigt wird, der Liquiditätsspread. Die den Spread senkende Wirkung der Volatilitätserhöhung über eine Erhöhung der Zinssätze wird jedoch dadurch kompensiert, dass der Spread nun stochastisch ist, so dass die Investoren nun ebenfalls eine Risikoprämie fordern. Ferner verlieren sowohl liquide als auch illiquide Anleihen für die Investoren durch die Zinsunsicherheit an Attraktivität, da sie sich nicht mehr so gut zur Glättung des Konsums einsetzen lassen.[16] Folglich sinkt – bei Ausblendung des Effekts der steigende Zinssätze – die Nachfrage nach Anleihen. Durch die Verringerung der Bestände an Anleihen steigen jedoch – wie bereits mehrfach gezeigt wurde – die Liquiditätsspreads an.

Das Zusammenwirken beider Effekte macht den Liquiditätsspread relativ unempfindlich gegenüber einer Änderung des Volatilitätsparameters $\sigma_r$. Dies lässt sich anhand eines Beispiels illustrieren. Senkt man die Volatilitätsparameter $\sigma_r$ ausgehend von den Parametern des Referenzfalls (bei $\Delta t = 0,5$) auf Null, so steigt der Liquiditätsspread um ca. 5 bp. Dabei wird aus der ursprünglich normalen Zinsstrukturkurve eine flache Zinsstrukturkurve bei 5%. Würde die ursprüngliche Form der Zinsstrukturkurve beibehalten, würde der Spread aufgrund des Wegfalls der Zinsunsicherheit in etwa um 5 bp absinken. Da aber ein $\sigma_r$ in Höhe von Null gleichzeitig den Zinssatz für längerlaufende Anleihen senkt, steigt der Spread aufgrund der negativen Korrelation der beiden Größen um 10 bp an, so dass sich zusammengenommen nur eine geringfügige Änderung ergibt.

### 4.4.4 Einfluss der Anfangsausstattungen

Viele der untersuchten Einflussfaktoren auf den Liquiditätsspread wirken über die Veränderung der Portfolios der beiden Investorengruppen. Daher werden wir in diesem Abschnitt noch einmal explizit die Auswirkungen der Anfangsallokation auf den Liquiditätsspread analysieren.

Dabei wird in einem ersten Analyseschritt die Reaktion des Liquiditätsspreads auf eine Veränderung der Anfangsbestände an liquiden Wertpapieren untersucht. Wie Abbildung 4.28 zeigt, bleiben die Zusammenhänge zwischen diesen Größen und dem Liquiditäts-

[16] Da der Prozess von $r(t)$ stochastisch unabhängig von den Einkommensentwicklung der Investoren ist, können die Investoren die Anleihen nicht zur Verringerung der Einkommensschwankungen einsetzen. Im Gegenteil erhöht die zusätzliche Unsicherheitsquelle die Schwankungen ihrer Konsummöglichkeiten.

Abbildung 4.28: Einfluss der Anfangsbestände der liquiden Anleihen auf den Liquiditätsspread

In der Grafik ist der Liquiditätsspread über der Anzahl der in $t = 0$ gehaltenen liquiden Anleihen der langfristigen Investoren (dicke Linie) und der kurzfristigen Investoren (dünne Linie) aufgetragen. $a_1(0)$ und $a_2(0)$ geben Stückzahlen, d. h. Nominalvolumina, der Anleihen an. Die übrigen Parameterwerte betragen wie im Referenzfall $\bar{A} = 8$; $A_1(0) = A_2(0) = 4$; $a_1(0) = 0$ oder $a_2(0) = 2$; $\bar{e} = 10$; $\bar{e}_T = 4$; $T = 4$; $\delta = 0,05$; $\gamma = 2$; $\kappa_r = 0,3$; $\theta_r = 0,05$; $\Theta_r = -0,5$; $r(0) = 0,05$ und $h_{eff} = 0,2$. $\Delta t$ beträgt $0,5$.

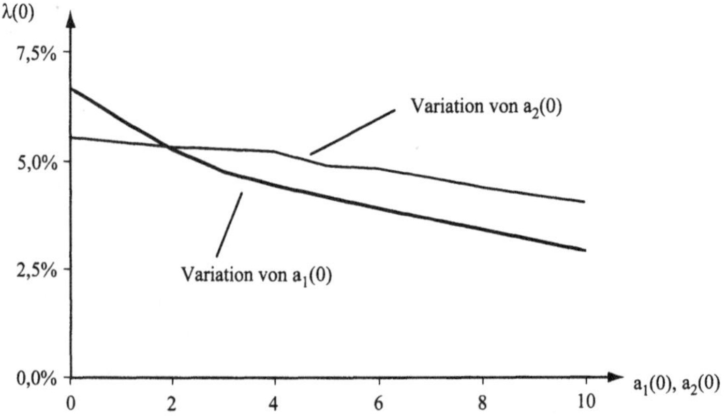


spread auch unter Zinsunsicherheit erhalten. Je höher die Anzahl an liquiden Anleihen im Besitz der langfristigen Investoren ist, desto geringer fällt der Liquiditätsspread aus. Die langfristigen Investoren sind in diesem Fall besser darauf vorbereitet, die illiquiden Anleihen im Besitz der kurzfristigen Investoren im Fall eines Schocks zu übernehmen. Demgegenüber bewirkt ein höherer Bestand an liquiden Anleihen im Portfolio der kurzfristigen Investoren keine messbare Veränderung des Spreads. Im Fall eines Liquiditätsschocks sind diese Investoren annahmegemäß unabhängig von der Anzahl der liquiden Anleihen im Portfolio gezwungen, ihren gesamten Bestand an illiquiden Anleihen zu veräußern.

Auch bei der Analyse des Einflusses der Anfangsallokation der illiquiden Anleihen werden durch die Anwesenheit von Zinsunsicherheit keine überraschenden Effekte hervorgerufen. Gemäß Abbildung 4.29 steigt der Liquiditätsspread an, falls der Bestand an illiquiden

Abbildung 4.29: Einfluss der Anfangsallokation der illiquiden Anleihen auf den Liquiditätsspread

In der Grafik ist der Liquiditätsspread in Abhängigkeit der Anzahl $A_1(0)$ der in $t = 0$ gehaltenen illiquiden Anleihen der langfristigen Investoren dargestellt. $A_1(0)$ wird dabei in Stücken gemessen, d. h. das Nominalvolumen ist angegeben. Die übrigen Parameterwerte betragen wie im Referenzfall $\bar{A} = 8$; $A_2(0) = \bar{A} - A_1(0)$; $a_1(0) = a_2(0) = 2$; $\bar{e} = 10$; $\bar{e}_T = 4$; $T = 4$; $\delta = 0,05$; $\gamma = 2$; $\kappa_r = 0,3$; $\theta_r = 0,05$; $\Theta_r = -0,5$; $r(0) = 0,05$ und $h_{eff} = 0,2$. $\Delta t$ beträgt $0,5$.

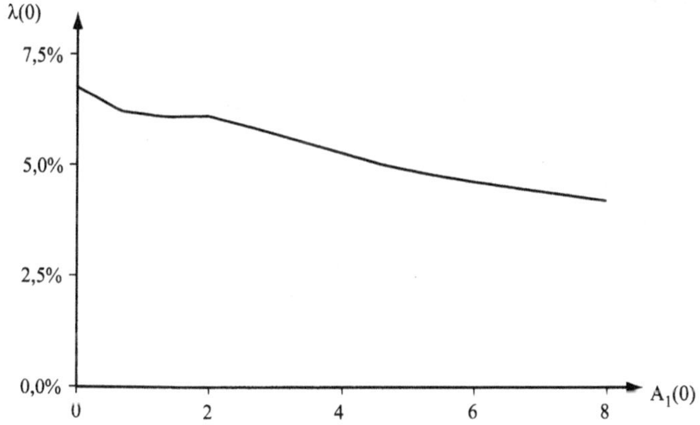


Anleihen im Besitz der kurzfristigen Investoren steigt. Je geringer der Bestand $A_2(0)$ an illiquiden Anleihen in den Händen der kurzfristigen Investoren ist, desto weniger Liquidität müssen die langfristigen Investoren im Fall eines Schocks bereitstellen. Da die langfristigen Investoren somit auf weniger Konsum in $\tau_{LQ}$ verzichten müssen, fällt der Liquiditätsspread entsprechend geringer aus.

### 4.4.5 Zusammenfassung der Analyse mit Zinsrisiko

Die Analyse des Liquiditätsspreads unter Berücksichtigung von Zinsrisiko zeigt zwei wesentliche Ergebnisse. Zum einen wird der Liquiditätsspread stark von der Höhe des Zinssatzes für liquide Anleihen beeinflusst. Dabei ist sowohl eine negative Korrelation zwischen den aktuellen Werten beider Größen festzustellen als auch eine entsprechende Abhängigkeit des Liquiditätsspread von historischen Zinssätzen. Der letztere Zusammenhang ist eine Konsequenz aus den von den historischen Zinssätzen hervorgerufenen Portfolioentscheidungen der Investoren in der Vergangenheit.

Zum zweiten wird der Liquiditätsspread bei einer realistischen Parameterwahl im Hinblick auf die Volatilität des Zinssatzes $r(t)$ nur geringfügig von der Anwesenheit des Zinsrisikos beeinflusst. Dieser Effekt resultiert aus der Tatsache, dass das Verhalten des Liquiditätsspreads bei hohen Zinssätzen in etwa spiegelbildlich zu dem Verhalten bei niedrigen Zinssätzen ist. Die Bewegungen gleichen sich in etwa aus, so dass sich im Erwartungswert nur eine geringe Änderung ergibt.

## 4.5 Vergleich mit einem Reduktionsmodell

Die Berechnung von Liquiditätsspreads innerhalb unseres Gleichgewichtsmodells ist sehr zeitaufwändig. Wir werden daher im nächsten Abschnitt überprüfen, inwieweit die Eigenschaften unseres Modells mit einem der in Abschnitt 2.4.2 beschriebenen Modelle mit einem momentanen Liquiditätsspread abgebildet werden können. Wir wählen dazu das Modell von Kempf und Uhrig-Homburg (2000). Es unterstellt den gleichen stochastischen Prozess für die Preisentwicklung der liquiden Anleihen.[17]

### 4.5.1 Das Modell von Kempf und Uhrig-Homburg (2000)

Im Modell von Kempf und Uhrig-Homburg (2000) werden liquide Nullkuponanleihen analog zu unserem Modell (Gleichung 3.89) mit einem Ein-Faktor-Modell von Cox, Ingersoll und Ross (1985b) beschrieben. Dieses Modell haben wir bereits in Abschnitt 3.1.1 ausführlich dargestellt. Kempf und Uhrig-Homburg führen zusätzlich einen Prozess des momentanen Liquiditätsspreads $\lambda(t)$ ein, der wie der kurzfristige Zinssatz einem Ornstein-Uhlenbeck-Prozess folgt:

$$d\lambda(t) = \kappa_\lambda(\theta_\lambda - \lambda(t))dt + \sigma_\lambda\sqrt{\lambda(t)}dz_\lambda(t). \tag{4.6}$$

Dabei sind $\kappa_\lambda$, $\theta_\lambda$ und $\sigma_\lambda$ Konstanten. Die Größe $z_\lambda(t)$ ist eine Brownsche Bewegung. Wie in Gleichung 2.38 wird angenommen, dass der momentane Liquiditätsspread alle Nachteile

[17] Der Vergleich mit dem Modell von Kempf und Uhrig-Homburg (2000) erfolgt stellvertretend für die Klasse der Reduktionsmodelle. Wir haben zur Vereinfachung ein konkretes Modell aus dieser Klasse herausgegriffen. Die Wahl erfolgte aus dem obengenannten Grund und beinhaltet in keiner Form eine Wertung dieses Modells.

illiquider Anleihen innerhalb der nächsten infinitesimal kleinen Zeiteinheit (als Anteil am Anleihewert) repräsentiert. Ferner wird die Unabhängigkeit der beiden Wiener Prozesse angenommen, die das Zinsrisiko bzw. die Bewegung des Liquiditätsspreads beschreiben. Der Preis einer illiquiden Nullkuponanleihe $P(t,T)$ ergibt sich damit aus dem Produkt des Preises $B(t,T)$ einer entsprechenden liquiden Anleihe und dem Faktor $F_{ill}(t,T)$,

$$P(t,T) = B(t,T) \cdot F_{ill}(t,T). \tag{4.7}$$

Der Ausdruck $B(t,T)$ ist bereits in der Bewertungsgleichung 3.90 hergeleitet worden. Der Faktor $F_{ill}(t,T)$ mit

$$F_{ill}(t,T) = \Psi_3(t,T)e^{-\lambda(t)\Psi_4(t,T)} \tag{4.8}$$

ergibt sich analog dazu. Es gilt:

$$\Psi_3(t,T) = \left( \frac{2\chi_\lambda e^{(\chi_\lambda+\kappa_\lambda+\Theta_r\sigma_\lambda)(T-t)/2}}{(\chi_\lambda+\kappa_\lambda+\Theta_\lambda\sigma_r)\left(e^{\chi_\lambda(T-t)}-1\right)+2\chi_\lambda} \right)^{\frac{2\kappa_\lambda\theta_\lambda}{\sigma_\lambda^2}} \tag{4.9}$$

$$\Psi_4(t,T) = \frac{2\left(e^{\chi(T-t)}-1\right)}{(\chi_\lambda+\kappa_\lambda+\Theta_\lambda\sigma_\lambda)\left(e^{\chi_\lambda(T-t)}-1\right)+2\chi_\lambda} \tag{4.10}$$

$$\chi_\lambda = \sqrt{(\kappa_\lambda+\Theta_\lambda\sigma_\lambda)^2+2\sigma_\lambda^2} \tag{4.11}$$

Die Konstante $\Theta_\lambda$ gibt den Marktpreis des Risikos einer Änderung des Liquiditätsspreads an. Die bedingte Dichte der Verteilung des momentanen Liquiditätsspreads ist durch eine zu Gleichung 3.95 analoge Beziehung gegeben. Da die Brownschen Bewegungen von kurzfristigem Zinssatz und Liquiditätsspread stochastisch unabhängig sind, gilt dies auch für die entsprechenden Größen bei längeren Laufzeiten.

### 4.5.2 Modellvergleich

Im kommenden Abschnitt werden wir unser Gleichgewichtsmodell mit dem Modell mit impliziten Friktionen von Kempf und Uhrig-Homburg (2000) vergleichen. Wir konzentrieren uns dabei auf zwei Bereiche: Die Korrelation des Liquiditätsspreads mit anderen ökonomischen Größen und die Dynamik des Liquiditätsspreads.

#### (1) Zusammenhang des Liquiditätsspreads mit anderen ökonomischen Größen

Im Modell von Kempf und Uhrig-Homburg (2000) folgt der momentane Liquiditätsspread einem Itô-Prozess. Die den Prozess treibende Brownsche Bewegung ist unabhängig von der einzigen anderen stochastischen Größe im Modell, dem kurzfristigen Zinssatz $r(t)$. Dadurch ist der Liquiditätsspread von illiquiden Anleihen stochastisch unabhängig von dem kurzfristigen Zinssatz und auch den Renditen von liquiden Anleihen. Im Gegensatz dazu weist der Liquiditätsspread in unserem Modell eine negative Korrelation zu dem kurzfristigen Zinssatz auf. Im Modell von Kempf und Uhrig-Homburg (2000) könnte dieser Effekt durch eine negative Korrelation der die beiden Prozesse treibenden Brownschen Bewegungen erreicht werden.

Da Liquiditätsspread und kurzfristiger Zinssatz im Modell von Kempf und Uhrig-Homburg als Markov-Prozesse modelliert sind, liegt auch keine Pfadabhängigkeit wie in dem in dieser Arbeit vorgestellten Modell vor. Aus dem gleichen Grund bildet das Reduktionsmodell auch keine Abhängigkeiten des Liquiditätsspreads von anderen Größen ab. So tritt beispielsweise auch keine Abhängigkeit des Liquiditätsspreads von dem Alter der illiquiden Anleihen, d. h. kein Aging-Effekt, auf.

### (2) Dynamik des Liquiditätsspreads

Neben den Effekten anderer ökonomischer Größen auf die Höhe des Liquiditätsspreads lassen sich auch bei alleiniger Betrachtung der Dynamik des Liquiditätsspreads selbst Unterschiede zwischen den beiden Modellen feststellen. Im Modell von Kempf und Uhrig-Homburg (2000) wird unterstellt, dass sich der momentane Liquiditätsspread durch einen Ornstein-Uhlenbeck-Prozess beschreiben lässt. Dessen Mean-Reverting-Eigenschaft bewirkt, dass sich der momentane Spread aufgrund der Drift in der Tendenz zu seinem langfristigen Mittelwert $\theta_\lambda$ hin bewegen wird. Im Gegensatz dazu bewegt sich der Liquiditätsspread im vorgestellten Gleichgewichtsmodell zunächst hauptsächlich gegenläufig zum Zinssatz $r(t)$. Gegen Ende der Laufzeit verringert sich der Spread unabhängig vom Zinssatz, bis er schließlich am letzten Zeitpunkt vor Fälligkeit auf Null absinkt. Dieser Effekt ist im Modell von Kempf und Uhrig-Homburg nicht enthalten, da der momentane Liquiditätsspread unabhängig von der Restlaufzeit der betrachteten Anleihe größer Null ist. Daher kann auch der Spread für Anleihen mit endlicher Laufzeit nicht auf Null absinken.

Das Absinken des Liquiditätsspreads bewirkt auch, dass die Unsicherheit über die Höhe des Liquiditätsspreads, gemessen durch dessen Volatilität, einen extrem buckligen Verlauf aufweist. In Abbildung 4.30 ist der Verlauf der Volatilität des Liquiditätsspreads einer Anleihe mit einer Restlaufzeit von ursprünglich $T = 4$ Jahren dargestellt (mit den Parametern des Referenzfalls unter Zinsrisiko). Mit fortschreitender Zeit steigt zunächst die

Abbildung 4.30: Zeitlicher Verlauf der Volatilität des Liquiditätsspreads

In der Grafik ist die bedingte Standardabweichung $\sigma_0(\lambda(t))$ des Liquiditätsspread einer illiquiden Anleihe mit ursprünglicher Restlaufzeit von $T = 4$ dargestellt. Die Standardabweichung ist dabei bedingt auf die Information in $t = 0$. Die dicke Linie kennzeichnet den Verlauf für das vorgestellte Gleichgewichtsmodell, während die dünne Linie den Verlauf für das Modell von Kempf und Uhrig-Homburg (2000) darstellt. Dessen Parameter werden mittels einer Kleinste-Quadrate-Anpassung so bestimmt, dass der resultierende Volatilitätsverlauf dem des Gleichgewichtsmodells so gut wie möglich entspricht. Die Parameter des Gleichgewichtsmodell betragen wie im Referenzfall $\bar{A} = 8$; $A_1(0) = A_2(0) = 4$; $a_1(0) = a_2(0) = 2$; $\bar{e} = 10$; $\bar{e}_T = 4$; $T = 4$; $\delta = 0,05$; $\gamma = 2$; $\kappa_r = 0,3$; $\theta_r = 0,05$; $\Theta_r = -0,5$; $r(0) = 0,05$ und $h_{eff} = 0,2$. $\Delta t$ beträgt $0,5$. Die nach dem Kleinste-Quadrate-Ansatz ermittelten Parameter des Modells von Kempf und Uhrig-Homburg (2000) lauten: $\kappa_\lambda = 0,216$; $\theta_\lambda = 0,080$; $\sigma_\lambda = 0,005$; $\Theta_\lambda = -0,5$ und $\lambda(0) = 0,133$.

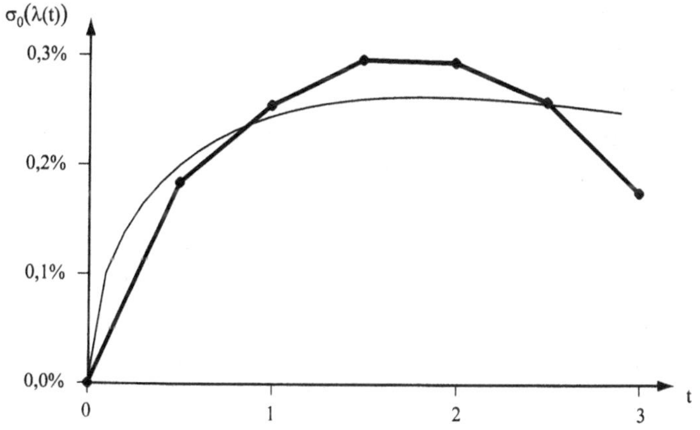


Unsicherheit des Spreads an, da die Zahl der möglichen, den Spread bestimmenden Zinstrajektorien sich rasch vergrößert. Je näher der Fälligkeitszeitpunkt rückt, desto stärker strebt der Spread gegen den Wert Null. Dadurch sinkt die Volatilität immer stärker ab, bis sie schließlich am letzten Handelszeitpunkt vor Fälligkeit auf Null sinkt. Ein solch extremer Verlauf ist innerhalb des Modellrahmens von Kempf und Uhrig-Homburg (2000) nicht möglich. In Abbildung 4.30 wird der entsprechenden Verlauf der Spreadvolatilität im Modell von Kempf und Uhrig-Homburg dargestellt. Dabei haben wir die Parameterwerte mit Hilfe eines Kleinste-Quadrate-Ansatzes so bestimmt, dass die Volatilitätskurve des Reduktionsmodells möglichst gut an die Kurve des Gleichgewichtsmodells angepasst wird.

Berücksichtigt werden nur Zeitpunkte bis einschließlich $t = 3$, d. h. der letzte Handelszeitpunkt vor Fälligkeit und $T$, für die das Gleichgewichtsmodell jeweils einen Spread in Höhe von Null liefert, werden von der Anpassung ausgeschlossen. Trotz der Elimination dieser Punkte resultiert aus dem angepassten Reduktionsmodell ein Volatilitätsverlauf mit einer schwächeren Krümmung, so dass die Volatilität im Vergleich zum Gleichgewichtsmodell in der Mitte der Laufzeit unter- und am Ende der Laufzeit überschätzt wird.

### 4.5.3 Folgerungen für die Konstruktion von Reduktionsmodellen

Das vorgestellte Gleichgewichtsmodell unterscheidet sich erwartungsgemäß in verschiedenen Punkten von dem Reduktionsmodell von Kempf und Uhrig-Homburg (2000). Eine negative Korrelation zwischen kurzfristigem Zinssatz und Liquiditätsspread lässt sich innerhalb des Modellrahmens leicht durch korrelierte Brownsche Bewegungen implementieren, die diese beiden Größen treiben.

Um einen Aging-Effekt oder das Absinken des Liquiditätsspreads bei kurzen Restlaufzeiten zu modellieren, ist eine stärkere Modifikation des Reduktionsmodells notwendig. Diese Eigenschaften könnten mit einer zu Cherian et al. (2004) analogen Modellierung erreicht werden. In der Arbeit von Cherian et al. (2004) enthält der momentane Liquiditätsspread saisonale Komponenten, die die Konsequenzen des Emissionsrhythmus der amerikanischen Staatsanleihen abbildet. Ebenso könnten durch solche Komponenten Effekte sinkender Restlaufzeit und steigendem Alters erfasst werden. Allerdings sind Restlaufzeit und Alter anleihespezifische Merkmale, während der momentane Liquiditätsspread im Modell von Kempf und Uhrig-Homburg (2000) eine marktweite Größe ist, die auf alle illiquiden Anleihen wirkt. Dementsprechend könnte man mit dem Modell nicht mehr sämtliche illiquiden Anleihen mit Hilfe einer einzigen Zustandsvariable neben dem kurzfristigen Zinssatz bewerten, sondern müsste anleihespezifische momentane Liquiditätsspreads verwenden.

Auch eine Erfassung der Pfadabhängigkeit des Liquiditätsspreads bezüglich der Trajektorie des kurzfristigen Zinssatzes würde in einem Reduktionsmodell die Einführung einer weiteren Zustandsvariablen erfordern. Als Wahl für die Zustandsvariable bieten sich verschiedene Größen an. Eine mögliche neue Zustandsvariable ist der gewichtete Durchschnitt der vergangenen kurzfristigen Zinssätze, der durch exponentielle Glättung ermittelt wird. Dadurch kann der neue Wert der Zustandsvariable aus dem vorhergehenden Wert und dem aktuellen kurzfristigen Zinssatz ermittelt werden, so dass die Markov-Eigenschaft der Zustandsvariablen ohne eine extrem hohe Anzahl an Dimensionen des Zustandsraums erreicht wird.

Zusammengefasst bilden die in Abschnitt 2.4.2 vorgestellten Reduktionsmodelle einen geeigneten Ausgangspunkt zur Modellierung von Liquiditätsspreads. Durch die aufgezeigten Modifizierungen können die in der komparativ-statischen Analyse des Modells aufgezeigten Eigenschaften von Liquiditätsspreads auch im Rahmen eines Reduktionsmodells implementiert werden.

## 4.6 Fazit

Dieses Kapitel beinhaltet die Analyse der ökonomischen Eigenschaften des Liquiditätsspreads. Dabei spielen die dynamischen Portfolioentscheidungen der Investoren eine zentrale Rolle für das Verständnis der Reaktionen des Liquiditätsspreads auf andere Variablen des Modells.

Die liquiden und illiquiden Anleihen haben identische Cash-Flows. Dies bedeutet, sie sind nahe Substitute in dem Sinne, dass sie beide den Investoren die gleichen Konsummöglichkeiten in $T$ bieten. Dennoch haben sie unterschiedliche Preise. Ein hoher Liquiditätsspread ergibt sich immer dann, wenn die Möglichkeit eines vorzeitigen Verkaufs besonders attraktiv ist, wie beispielsweise bei relativ geringen Zinssätzen auf dem Kapitalmarkt. Durch die endogenen Entscheidungen der Investoren über ihre Portfolios ergeben sich zusätzlich dynamische Effekte, wie die Pfadabhängigkeit des Spreads.

In den Reduktionsmodellen aus der Literatur, die für empirische Analysen von Liquiditätsspread eingesetzt werden, fehlen einige dieser Effekte. Sie können jedoch mit Hilfe einiger Modifikationen integriert werden.

# Kapitel 5

# Empirische Untersuchung von Liquiditätsspreads

Nach den theoretischen Untersuchungen der vorhergehenden Kapitel wenden wir uns in diesem Kapitel den Eigenschaften empirisch beobachteter Liquiditätsspreads zu. Zunächst analysieren wir die statistischen Eigenschaften von Liquiditätsspreads. Dazu untersuchen wir Anleihen mit zu vernachlässigendem Ausfallrisiko, die sich bezüglich ihrer Liquidität unterscheiden. Danach testen wir die empirische Gültigkeit der wichtigsten mit Hilfe des theoretischen Gleichgewichtsmodells in Kapitel 4 ermittelten Eigenschaften von Liquiditätsspreads.

## 5.1 Bisherige Studien zur Bewertung von illiquiden Anleihen

Studien über Liquidität auf Anleihemärkten lassen sich grob in zwei Gruppen einteilen. Die Studien der ersten Gruppe versuchen, Liquidität auf Anleihemärkten zu messen und ihre Einflussfaktoren aufzudecken. Die zweite Gruppe von Studien untersucht die Auswirkungen von Illiquidität auf Anleihepreise. Die beiden Gruppen sind dabei nicht scharf voneinander zu trennen, da die Untersuchung von Preiswirkungen eine Messung von Liquidität – zumindest auf qualitativer Ebene – erfordert. Umgekehrt klassifizieren manche Studien über die Ursachen von Liquidität den Liquiditätsgrad von Anleihen anhand der Höhe des Liquiditätsspreads, d. h. der Preiswirkung.

In Studien aus der ersten Gruppe, wie beispielsweise Kempf (1999, Kap. 3) und Kempf (1998), findet sich ein Überblick über verschiedene Messkonzepte für Liquidität. Fleming (2003) und Houweling et al. (2005) setzen sich speziell mit der Messung von Liquidität in Anleihemärkten auseinander. Lassak (1991) misst die Liquidität am Markt für deutsche Bundeswertpapiere sowie von Anleihen der damals mit Staatsgarantien versehenen Betriebe Bundespost und Bundesbahn. Lassak sieht dabei solche Anleihen als illiquide an, deren Kassakurs über mehrere Handelstage konstant ist. Implizit wird also unterstellt, dass der konstante Preis auftritt, da aufgrund der Illiquidität des Markts keine weiteren Transaktionen in diesem Wertpapier getätigt werden.

Die vorliegende Arbeit betrachtet die Auswirkungen von Liquidität auf Anleihepreise und gehört somit zu der zweiten Kategorie von Studien. Eine erste solche Untersuchung wurde von Fisher (1959) durchgeführt. Er prüft, inwieweit der Spread von Unternehmensanleihen gegenüber Staatsanleihen auf mangelnde Liquidität zurückzuführen ist. Liquidität wird hier mit Hilfe des Emissionsvolumens gemessen. Seither sind viele Untersuchungen dieser Art durchgeführt worden, die sich durch das untersuchte Segment des Anleihemarkts und die Messung oder Klassifizierung von Liquidität unterscheiden. Viele Studien konzentrieren sich auf den U.S.-amerikanischen Markt. So untersuchen beispielsweise Studien wie Amihud und Mendelson (1991), Warga (1992), Kamara (1994) und Strebulaev (2001) die Preisunterschiede von kurzlaufenden U.S. Treasury Bills und längerlaufenden U.S. Treasury Notes mit gleicher Restlaufzeit. Andere Studien wie Redding (1999) und Krishnamurthy (2002) analysieren den on-the-run-Effekt, d. h. die Tatsache, dass ein kürzlich emittierter U.S. Treasury Bond eine deutlich geringere Rendite aufweist als sein vor einiger Zeit emittiertes Gegenstück (off-the-run bond). Jüngere Studien wie beispielsweise Perraudin und Taylor (2003) auf dem U.S.-amerikanischen Markt und Houweling et al. (2005) auf dem Markt für EUR-Anleihen führen die Analysen auf größeren Datensätzen durch, die auch Anleihen schlechterer Bonität umfassen.[1] Für den deutschen Anleihemarkt existiert nur eine geringe Anzahl an Studien. Kempf und Uhrig-Homburg (2000) untersuchen die Liquiditätsunterschiede zwischen unterschiedlichen 10-jährigen Anleihen der Bundesrepublik Deutschland sowie der im Untersuchungszeitraum staatlichen Betriebe Bundespost und Bundesbahn. Sie passen dazu ein in Abschnitt 2.4.2 beschriebenes Modell mit impliziten Friktionen an die Preise der Anleihen an. Sie teilen die Wertpapiere nach dem Alter und Emissionsvolumen in liquide und illiquide Anleihen ein und untersuchen die Güte der Modellpreise. Koziol und Sauerbier (2004) untersuchen den Spread zwischen

[1] Aufgrund der großen Anzahl an Studien können wir hier nur eine unvollständige Liste angeben.

Jumbo-Pfandbriefen (mit Rating AAA von Standard&Poor's und Aaa von Moody's) und Bundeswertpapieren. Nachdem die Autoren den möglichen Einfluss des Kreditrisikos überprüft haben, passen sie ein in Kapitel 2.3.4 beschriebenes Portfolioselektionsmodell mit zeitlicher Einschränkung des Handels an.

## 5.2 Datenbasis

Eine empirische Analyse von Liquiditätsspreads erfordert einen Datensatz von Anleihen, die bis auf ihren Grad der Liquidität homogen sind. Insbesondere müssen sie den gleichen Zinsänderungs- und Kreditrisiken unterliegen. Wie in unserem theoretischen Modell wählen wir dabei Anleihen, die kein bzw. nahezu kein Ausfallrisiko tragen. Alternativ könnten auch Preise von Anleihen mit unterschiedlichen Bonitätsgraden verwendet werden. Diese müssten dann um den Anteil des Spreads korrigiert werden, der von dem Kreditrisiko stammt. Da dies jedoch die Verwendung eines zusätzlichen Modells erfordert, wird diese Vorgehensweise nicht angewendet.

Als liquide Anleihen wählen wir die von der Bundesrepublik Deutschland emittierten Bundesanleihen, Bundesobligationen und Bundesschatzanweisungen. Innerhalb unseres Untersuchungszeitraums sind alle diese Wertpapiere in EUR denominiert. Diese Anleihen sind grundsätzlich an einer Börse gelistet. Da die Bundesrepublik Deutschland als Schuldnerin für diese Wertpapiere auftritt, können sie als ausfallrisikofrei angesehen werden.

Demgegenüber stellen wir zwei Gruppen von Wertpapieren, die vergleichbare Zins- und Kreditrisiken aufweisen. Wie wir in Abschnitt 5.2.2 ausführen, weisen jedoch verschiedene Indikatoren darauf hin, dass diese Anleihen einen etwas geringeren Grad an Liquidität aufweisen:

- EUR-Anleihen der Kreditanstalt für Wiederaufbau (KfW)
- EUR-Anleihen der Bundesländer Baden-Württemberg und Bayern

In unserem Datensatz finden sich dabei nur Anleihen mit festem Kupon. Ferner werden Anleihen mit Sonderrechten, wie z. B. kündbare Anleihen oder Umtauschanleihen, ausgeschlossen. Um eine bestimmte Qualität der Preisinformationen sicherzustellen, werden nur Anleihen mit einem Nominalvolumen von mindestens 100 Mio. EUR betrachtet.

Der Untersuchungszeitraum erstreckt sich über fünf Jahre von Beginn des Jahres 1999 bis zum Ende des Jahres 2003. Wir verwenden wöchentliche Beobachtungen, die die jeweils am Mittwoch einer Woche beobachteten Schlusskurse der Anleihen umfassen.[2] Die

Abbildung 5.1: Zeitliche Entwicklung der Schulden der Bundesländer

In der Grafik ist die Entwicklung der Verschuldung der Bundesländer im Zeitraum 1999 bis 2003 dargestellt. Dabei wird zwischen in Wertpapieren verbrieften Schulden und sonstigen Schulden (überwiegend Darlehen) unterschieden.

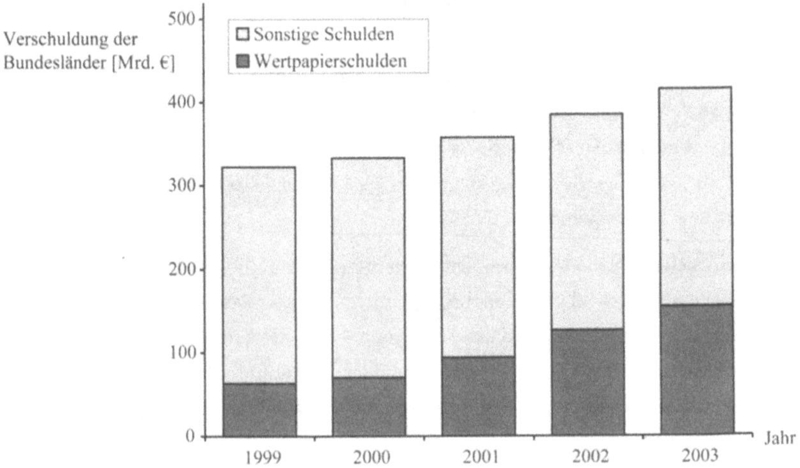


Festlegung des Beginns des Beobachtungszeitraums wird zeitgleich mit dem Start der Europäischen Währungsunion gewählt. Die Motivation für diese Vorgehensweise liegt darin, dass sich die Struktur der Investoren für die betrachteten Anleihen durch die Umstellung auf die Gemeinschaftswährung wahrscheinlich verändert hat, was sich möglicherweise auf die Liquiditätsnachfrage auswirkt. Ein Indiz für diese Tatsache ist die beobachtete Änderung im Finanzierungsverhalten der Bundesländer. Während alle 16 Bundesländer im

[2] Verwendet wird jeweils der im Informationssystem Bloomberg hinterlegte Schlusskurs. In den meisten Fällen entspricht dieser Kurs einer Schlussnotierung an einer Börse oder den von Bloomberg ermittelten Durchschnittswert aus mehreren Schlussnotierungen. Falls an einem Mittwoch kein Handel stattgefunden hat, so werden die Preise des zeitlich am nächsten liegenden Handelstags verwendet. Sollte dieser nicht eindeutig sein, so wird der Handelstag vor dem Mittwoch gewählt.

Jahr 1999 zusammengefasst Anleihen mit einem Nennwert von insgesamt 7,4 Mrd. EUR emittierten, stieg das Emissionsvolumen im Jahr 2003 auf 47,1 Mrd. EUR an.[3] Wie in Abbildung 5.1 zu sehen ist, haben die Bundesländer offensichtlich die geänderten Rahmenbedingungen genutzt, um ihre Finanzierung über Bankdarlehen zugunsten einer direkten Kapitalmarktfinanzierung zu reduzieren. Der durchschnittliche Anteil von Wertpapierschulden der Länder ist von 19,4% im Jahr 1999 auf 37,3% im Jahr 2003 gestiegen.

Nach Anwendung der Auswahlkriterien sind in unserem Datensatz insgesamt 105 illiquide Anleihen enthalten. 84 davon sind von der KfW emittiert worden. Von den übrigen 21 Anleihen sind 14 von dem Land Baden-Württemberg und 7 vom Freistaat Bayern emittiert worden. Die Kursnotierungen und sämtliche andere Angaben über die Anleihen stammen aus dem Informationssystem Bloomberg. Insgesamt enthält der Datensatz damit 14.928

Abbildung 5.2: Anzahl der Kursdaten von illiquiden Anleihen im Datensatz

In der Grafik ist die zeitliche Entwicklung der Anzahl der pro Beobachtungstag verfügbaren Kurse für illiquide Anleihen aufgetragen. Dabei unterscheiden wir zwischen den Kursen für Anleihen der Bundesländer und denen der KfW.

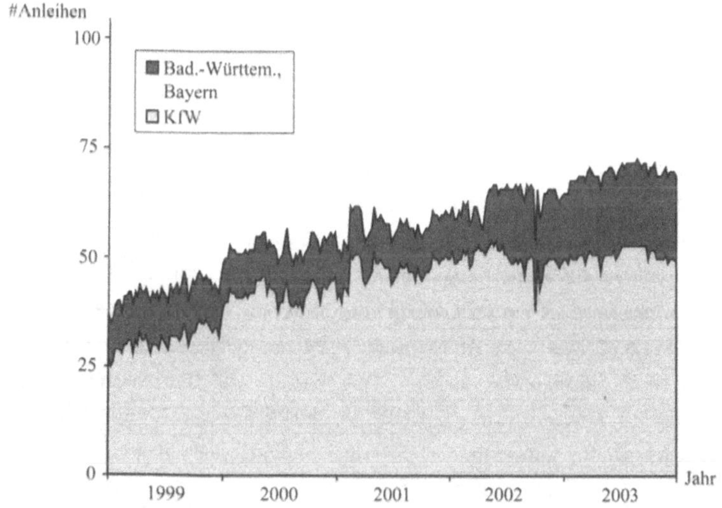


3 Quelle: Deutsche Bundesbank, Statistisches Bundesamt.

Kursdaten illiquider Anleihen, was einer durchschnittlichen Anzahl von 57,2 Kursen pro Beobachtungstag entspricht. Wie Abbildung 5.2 zeigt, nimmt die Zahl der Anleihen im Datensatz im Zeitablauf von ca. 40 zu Beginn auf ca. 70 zu. Das gesamte Nominalvolumen der betrachteten Anleihen beträgt zu Beginn des Untersuchungszeitraums 29,5 Mrd. EUR (davon entfallen 25,0 Mrd. EUR auf Anleihen der KfW) und steigert sich auf 102,8 Mrd. EUR (davon 92,0 Mrd. EUR KfW-Anleihen) zum Ende des Untersuchungszeitraums. Ferner wurden im Untersuchungszeitraum insgesamt 121 Bundesanleihen, -obligationen und -schatzanweisungen gehandelt. Die Preise dieser Bundeswertpapiere werden nicht einzeln untersucht, sondern als Benchmark für die Zinsstrukturkurve ohne Liquiditätsprämie verwendet.[4] Zu deren Ermittlung wird auf Daten der Bundesbank zurückgegriffen. Diese schätzt täglich eine Zinsstrukturkurve nach dem parametrischen Ansatz von Svensson (1994). Sonstige Angaben über Bundeswertpapiere stammen von der Bundesbank oder aus dem Informationssystem Bloomberg.

Tabelle 5.1 enthält eine Zusammenfassung der wesentlichen Kennzahlen des Datensatzes. In den nächsten beiden Abschnitten werden wir auf dieser Basis analysieren, wie homogen die drei Anleihegruppen bezüglich des Zins- und Kreditrisikos sind. Anschließend werden wir die Unterschiede bezüglich der Liquidität der Anleihen in den drei Gruppen diskutieren.

### 5.2.1 Homogenität bezüglich Zins- und Kreditrisiko

Alle untersuchten Anleihen sind mit einem festen Kupon ausgestattet. Die durchschnittliche Höhe des Kupons der Bundeswertpapiere im Datensatz beträgt 5,17%. Die Anleihen der Bundesländer und der KfW weisen mit 5,40% bzw. 5,78% einen durchschnittlichen Kupon in derselben Größenordnung auf. Auch die Laufzeitstruktur ist vergleichbar. Die durchschnittliche Laufzeit (zum Zeitpunkt der Emission) der betrachteten Bundeswertpapiere beträgt 8,17 Jahre. Die Anleihen der KfW und der Bundesländer liegen mit 8,29 Jahren und 10,36 Jahren etwas darüber. Aufgrund der gleichen Ausstattung der Anleihen (fester Kupon, Denominierung in EUR) ist die Homogenität bezüglich des Zinsrisikos sicherlich gegeben. Wir werden in der Untersuchung noch auf mögliche Effekte aufgrund

[4] Wie beispielsweise Kempf und Uhrig-Homburg (2000) zeigen, unterscheiden sich einzelne Bundeswertpapiere im Grad ihrer Liquidität. Da in dieser Studie jedoch alle Bundesanleihen, -obligationen und -schatzanweisungen aggregiert als Benchmark verwendet werden, kann davon ausgegangen werden, dass die Liquidität der Benchmark hinreichend stabil im Zeitablauf ist.

Tabelle 5.1: Kennzahlen des Datensatzes

| | Bundeswertpapiere[a,b] | | | | KfW- | Anleihen der Bundesländer | | |
|---|---|---|---|---|---|---|---|---|
| | BUND | BOBL | BSA | Gesamt | Anleihen | Baden-Württem. | Bayern | Beide Länder |
| Anzahl Anleihen | 57 | 34 | 30 | 121 | 84 | 14 | 7 | 21 |
| Durchschnittliche Laufzeit bei Emission [Jahre] | 13,20 | 5,06 | 2,12 | 8,17 | 8,29 | 11,26 | 8,57 | 10,36 |
| Durchschnittliche Kuponhöhe [%] | 6,13 | 4,74 | 3,84 | 5,17 | 5,78 | 5,49 | 5,21 | 5,40 |
| Rating | | | | | | | | |
| Standard&Poor's | AAA | AAA | AAA | AAA | AAA | AAA | AAA | AAA |
| Moody's | Aaa | Aaa | Aaa | Aaa | Aaa | Aaa | Aaa | Aaa |
| FitchRatings | AAA | AAA | AAA | AAA | AAA | AAA | AAA | AAA |
| Durchschnittliches Emissionsvolumen [Mrd. EUR] | 10,34 | 7,88 | 7,75 | 9,01 | 1,23 | 0,49 | 0,57 | 0,52 |
| Durchschnittliches Alter [Jahre] | 5,68 | 2,67 | 1,04 | 4,23 | 4,59 | 4,61 | 3,78 | 4,35 |

[a] Die Abkürzungen BUND, BOBL und BSA stehen für Bundesanleihen, Bundesobligationen und Bundesschatzanweisungen.
[b] Die Preisdaten der Bundeswertpapiere gehen aggregiert in die Benchmark-Zinsstrukturkurve in die Analyse ein.

von unterschiedlichen Kupons und Laufzeiten eingehen. Die entscheidende Frage für die weitere Analyse besteht jedoch darin, inwieweit diese Homogenität auch bezüglich des Kreditrisikos gegeben ist.

Dazu werden wir zunächst kurz auf einige institutionelle Gegebenheiten bei den Emittenten eingehen. Die Kreditanstalt für Wiederaufbau (KfW) wurde kurz nach dem Zweiten Weltkrieg am 16. Dezember 1948 gegründet. Als Förderbank hat die Organisation mittlerweile ein breites Aufgabenspektrum, das u. a. Mittelstandsförderung, Hilfen für Existenzgründer, Export- und Projektfinanzierung, Förderprogramme für Wohneigentum, Entwicklungszusammenarbeit und Aufgaben in der Bildung umfasst. Eigentümer der KfW sind die Bundesrepublik Deutschland (zu 80%) und die Bundesländer (zu 20%). Die KfW refinanziert sich mit Hilfe von Anleihen und Darlehen am Kapitalmarkt. Im Gesetz über die Kreditanstalt für Wiederaufbau ist eine explizite Garantie der Bundesrepublik Deutschland für die von der KfW begebenen Anleihen formuliert.[5] Das Kreditrisiko dieser Anleihen kann somit dem der Bundesrepublik Deutschland gleichgesetzt werden.

Im Gegensatz dazu besitzen die von deutschen Bundesländer begebenen Anleihen keine explizite Garantie des Bundes. So verweist Artikel 109 des Grundgesetzes der Bundesrepublik Deutschland darauf, dass Bund und Länder in ihrer Haushaltswirtschaft selbständig und unabhängig voneinander sind. Es gibt jedoch ein gesetzliches Unterstützungssystem, das die wirtschaftliche Entwicklungen von Bund und Ländern miteinander verbindet. So fordert Artikel 72 des Grundgesetzes gleichwertige Lebensverhältnisse im gesamten Bundesgebiet. Ferner fordert Artikel 107 des Grundgesetzes einen angemessenen Finanzausgleich zwischen Bund, Ländern und Gemeinden. Der Ausgleich beinhaltet Verteilungsvorschriften für Steuern sowie einen horizontalen Länderfinanzausgleich. Schließlich regelt Artikel 104a des Grundgesetzes die Bundesergänzungszuweisungen, d. h. einen vertikalen Finanzausgleich zwischen Bund und Ländern.

Über die Auswirkung des Unterstützungssystems auf die Bonität der Bundesländer gibt es unterschiedliche Auffassungen. Laut Specht, Thurman und Wehmeier (2000) kommt die Ratingagentur FitchRatings zu dem Ergebnis, dass das oben skizzierte System den Ausfall eines Bundeslands verhindern würde. Als Konsequenz entspricht das von FitchRatings vergebene, aktuelle langfristige Emittentenrating aller Bundesländer mit AAA dem Rating der Bundesrepublik Deutschland. Auch die Agenturen Standard&Poor's und Moody's erkennen die grundsätzliche Wirksamkeit des Ausgleichssystems an. Sie weisen jedoch

5 Siehe § 1a des Gesetzes über die Kreditanstalt für Wiederaufbau.

darauf hin, dass die pünktliche Erfüllung von Zahlungsverpflichtungen im Krisenfall dadurch nicht automatisch gewährleistet sein muss, so dass den Anleiheinhabern Kosten durch einen Zahlungsverzugs entstehen könnten. Daher vergeben beide Agenturen für die Bundesrepublik und die einzelnen Länder individuelle Ratings. Im Beobachtungszeitraum haben lediglich die Bundesländer Baden-Württemberg und Bayern von diesen Agenturen durchgehend ein langfristiges Rating von AAA (Standard&Poor's) bzw. Aaa (Moody's) und damit das gleiche Rating wie die Bundesrepublik erhalten.

Zusammenfassend lässt sich sagen, dass die Bonität der Bundesländer stark an die Bonität der Bundesrepublik Deutschland gekoppelt ist. Wenn es auch nicht ganz auszuschließen ist, dass der Preisunterschied zwischen Anleihen des Bundes und der Länder auch eine Kreditkomponente enthält, so ist es zumindest sehr wahrscheinlich, dass der Preisunterschied nur zu einem kleinen Anteil durch das Kreditrisiko bestimmt wird. Durch den Ausschluss der Länderanleihen mit einem schlechteren Rating als AAA bzw. Aaa wird die Kreditrisikokomponente im Anleihespread minimiert, so dass eine Untersuchung der durch Liquidität hervorgerufenen Effekte möglich wird.

### 5.2.2 Heterogenität bezüglich Liquidität

Während wir im vorhergehenden Abschnitt die Homogenität von Anleihen des Bundes und der KfW sowie in Abstrichen auch der Anleihen der Bundesländer festgestellt haben, wenden wir uns in diesem Abschnitt der Liquidität der drei Wertpapiergruppen zu. Da der Hauptteil der Transaktionen dieser Wertpapiere auf dem OTC-Markt stattfindet, ist eine direkte Messung von Liquidität mit Verfahren wie sie beispielsweise in Kempf (1999, Kap. 3) dargelegt werden, aufgrund fehlender Daten nicht möglich. Stattdessen versuchen wir, die Liquidität der Wertpapiere mit Hilfe verschiedener Liquiditätsindikatoren einzuschätzen.

Als erster Indikator wird die Größe des Markts für die einzelnen Wertpapiere betrachtet. Dazu ermitteln wir zunächst die Anzahl der gesamten sich im Umlauf befindlichen Wertpapiere der jeweiligen Emittenten. In Abbildung 5.3 sind die entsprechenden Angaben für das Ende des Jahrs 2003 dargestellt. Wie erwartet ist der Gesamtmarkt für Bundeswertpapiere wesentlich größer als das Gesamtvolumen an Anleihen der KfW, der aller Länder oder einzelner Bundesländer. Die Größenunterschiede zwischen dem Markt für Bundesanleihen und denen der übrigen Emittenten sind als noch ausgeprägter einzuschätzen, wenn man die Struktur der Wertpapierschulden betrachtet. Die gesamten verbrieften Schulden

Abbildung 5.3: Im Umlauf befindliche Wertpapiere nach Emittenten

In der Grafik ist das Gesamtvolumen der sich Ende 2003 im Umlauf befindlichen Wertpapiere des Bundes, der Länder und der Kreditanstalt für Wiederaufbau aufgetragen.

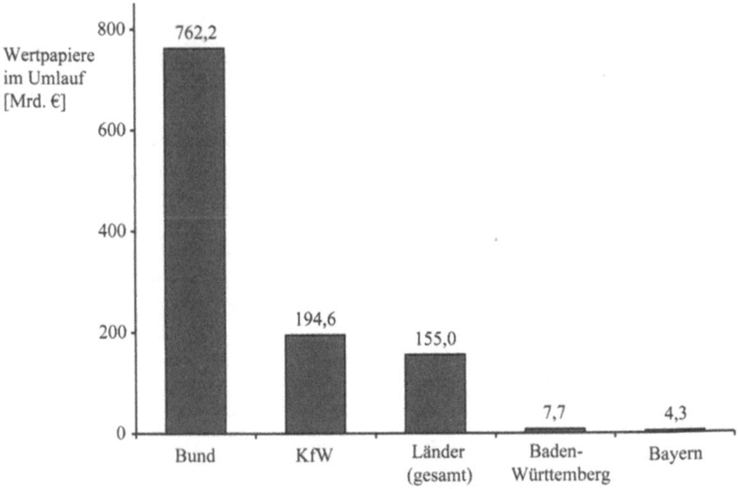


der Bundesrepublik Deutschland werden in EUR denominiert. Ende 2003 machten die in dieser Studie betrachteten Bundesanleihen, Bundesobligationen und Bundesschatzanweisungen gemessen am Nominalvolumen insgesamt 93,6% der Wertpapierschulden der Bundesrepublik Deutschland aus. Dementgegen emittiert die KfW nur einen Teil ihrer Anleihen in EUR. Bei den Neuemissionen der Jahre 2001 bis 2004 schwankt der Anteil der in EUR begebenen Anleihen zwischen 40% und 54%. Auch die Bundesländer begeben einen Teil ihrer Anleihen in ausländischen Währungen. Während der Freistaat Bayern innerhalb des Beobachtungszeitraums sämtliche am Markt gehandelten Wertpapiere in EUR denominiert hat, begab Baden-Württemberg gemessen an der Anzahl der Emissionen 14,0% seiner emittierten Anleihen in einer Fremdwährung.[6]

Als zweiten Indikator verwenden wir die durchschnittliche Höhe des Emissionsvolumens pro Wertpapier. Abbildung 5.4 gibt die entsprechenden Werte für die einzelnen Wertpapiere an. Dabei stellen wir sowohl das Durchschnittsvolumen aller im Datensatz enthal-

6 Quelle: Bloomberg, eigene Berechnungen.

tenen Wertpapiere als auch das Volumen für die ab 1999 emittierten Wertpapiere dar. Wie erwartet ist das Volumen pro Anleihe bei Bundeswertpapieren erheblich größer als bei Anleihen der KfW, welches wiederum das der Anleihen der Bundesländer deutlich übertrifft.

Abbildung 5.4: Volumen pro Anleihenemission nach Emittenten

In der Grafik ist das durchschnittliche Volumen einer Anleihe des Bundes, der Länder und der Kreditanstalt für Wiederaufbau aufgetragen. Dabei werden nur solche Anleihen berücksichtigt, deren Preise in unsere Untersuchung eingehen. Um die zeitliche Entwicklung der Volumina zu illustrieren, geben wir zusätzlich das durchschnittliche Volumen der Anleihen in unserem Datensatz an, die ab 1999 emittiert worden sind.

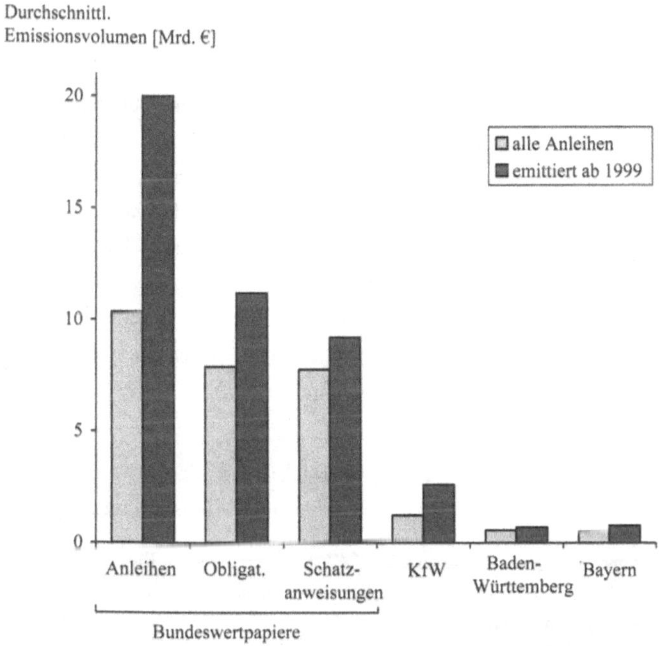


Die Betrachtung der Größe deutet auf einen Liquiditätsvorsprung der Bundeswertpapiere gegenüber KfW- und Bundesländer-Anleihen hin. Neben dem großen Volumen von einzelnen Emissionen wird dies auch von der Größe des Gesamtmarkts verursacht, da dieser automatisch für das Vorhandensein naher Substitute sorgt. Da die Investoren somit auf viele ähnliche Anleihen zurückgreifen können, sinkt die Bedeutung der Liquidität einer einzelnen Anleihe für die Bewertung. Die Höhe des Liquiditätsspread wird vielmehr von der Liquidität der gesamten Gruppe von vergleichbaren Anleihen bestimmt.[7]

Allein die Größe eines Markts für ein Wertpapier garantiert noch keine ausreichende Liquidität. Würden sich im Extremfall sämtliche Investoren gleich verhalten, käme unabhängig von der Größe des Markts kein Handel zustande. Vielmehr muss die Verteilung liquider Anleihen einen gewissen Grad an Granularität aufweisen. Leider sind nur wenige Angaben über den Besitz von Bundeswertpapieren und Anleihen der Bundesländer und der KfW verfügbar. Wie zu erwarten ist, deuten jedoch auch die Angaben zu den Anlegern auf eine breitere Verteilung und damit eine bessere Liquidität der Bundeswertpapiere hin. Dies wird bei einer Betrachtung der Banken deutlich, die eine Anleihenemission begleiten. Die Emissionen der Bundeswertpapiere werden von der Bundesrepublik Deutschland Finanzagentur GmbH in Zusammenarbeit mit der Deutschen Bundesbank durchgeführt. Die Anleihen werden über ein Konsortium, die Bietergruppe Bundesemissionen, von zur Zeit 42 Banken[8] platziert. Unter den zehn Banken, die innerhalb des Konsortiums die größte Nachfrage im Jahre 2003 aufwiesen, sind lediglich drei deutsche Institute zu finden. Bei den Emissionen der anderen Anleihen ist die internationale Beteiligung geringer. So sind bei der Emission der KfW-Anleihen in 56,3% der Fälle deutsche Institute Konsortialführer.[9] Bei den betrachteten Anleihen der Bundesländer beträgt der Anteil der inländischen Konsortialführer 59,5%. Die Zahlen deuten darauf hin, dass Bundeswertpapiere international weiter verbreitet sind als Anleihen der KfW und der Bundesländer. Die größere Granularität der Investoren in Bundeswertpapieren sorgt für eine bessere Liquidität der Anleihen.

Ein weiterer, häufig verwendeter Liquiditätsindikator ist das Alter einer Anleihe.[10] Diesem Indikator liegt die Vorstellung zugrunde, dass das Angebot von länger auf dem Markt

[7] Dieses Argument gilt zunächst für potenzielle Käufer einer Anleihe. Für Verkäufer ist dieses Argument dann gültig, wenn sie über ein breit gestreutes Portfolio verfügen. Dann stehen Ihnen für eine gewünschte Bestandsverminderung in einer Klasse von Wertpapieren in der Regel mehrere Anleihen zur Verfügung, so dass die notwendigen Transaktionen über Wertpapiere mit der höchsten Liquidität der in Frage kommenden Wertpapiere abgewickelt werden können.

[8] Stand: Anfang des Jahres 2004.

[9] Nicht für alle Anleihen sind Angaben über das Konsortium verfügbar. Gibt es für eine Emission mehrere Konsortialführer, so wurden diese anteilig berücksichtigt.

[10] Das Alter einer Anleihe wird u. a. in den Studien von Sarig und Warga (1989), Elton und Green (1998) und Houweling et al. (2005) als Liquiditätsindikator verwendet.

befindlichen Anleihen bereits größtenteils durch langfristige Investoren absorbiert wurde, so dass ältere Anleihen illiquide sind. Dieser Indikator eignet sich jedoch nicht für die Betrachtung der Liquidität einer Klasse von Wertpapieren, sondern nur zur Beurteilung einzelner Wertpapiere innerhalb einer Klasse. Analysiert man dennoch die Altersstruktur, lassen sich keine großen Unterschiede zwischen den Bundeswertpapieren (durchschnittliches Alter: 4,23 Jahre), den KfW-Anleihen (durchschnittliches Alter: 4,59 Jahre) und den Anleihen der Bundesländer (durchschnittliches Alter: 4,35 Jahre) im Datensatz erkennen.

Insgesamt kann die postulierte bessere Liquidität von Bundeswertpapieren quantitativ belegt werden. Leider sind aufgrund der Marktstruktur (OTC-Handel) nur indirekte Belege möglich. Diese fallen jedoch wie erwartet eindeutig aus.

## 5.3 Statistische Kennzahlen der Liquiditätsspreads

Für jede illiquide Anleihe $i$ wird zu jedem Beobachtungszeitpunkt ein empirischer Liquiditätsspread $\Gamma_i(t)$ ermittelt. Für eine Kuponanleihe ist er als der konstante Zuschlag zum Kassazinssatz der liquiden Benchmark-Anleihen definiert, bei dem der beobachtete Anleihepreis $P_i^{beo}(t)$ und die entsprechend diskontierten Auszahlungen der Anleihe $i$ übereinstimmen:

$$P_i^{beo}(t) = \sum_{j=1}^{N_i} \frac{CF_i(t_j)}{(1 + r_t(t_j) + \Gamma_i(t))^{t_j - t}} \tag{5.1}$$

Dabei gibt $CF_i(t_j)$ die Höhe des Cash-Flows der Anleihe im Zeitpunkt $t_j$, $N_i$ gibt die Anzahl der nach $t$ noch ausstehenden Zahlungen und $t_j$ für $j = 1, ..., N_i$ deren Zeitpunkte an. Der zum Zeitpunkt $t$ für die Laufzeit $T$ gültige ausfallrisikofreie Kassazinssatz $r_t(T)$ wird aus den Preisen bzw. Renditen der Bundeswertpapiere bestimmt. Für seine Ermittlung greifen wir auf die Daten der Bundesbank zurück, die den entsprechenden Zinssatz durch die Anpassung der Parameter einer Funktion gemäß Svensson (1994) ermittelt:

$$\begin{aligned} r_t(T) &= \beta_0(t) + \beta_1(t) \frac{1 - \exp(-T/\tau_1(t))}{-T/\tau_1(t)} \\ &\quad + \beta_2(t) \left( \frac{1 - \exp(-T/\tau_1(t))}{T/\tau_1(t)} - \exp(-T/\tau_1(t)) \right) \\ &\quad + \beta_3(t) \left( \frac{1 - \exp(-T/\tau_2(t))}{T/\tau_2(t)} - \exp(-T/\tau_2(t)) \right). \end{aligned} \tag{5.2}$$

Die Bundesbank schätzt die Parameter $\beta_0(t), \beta_1(t), \beta_2(t), \beta_3(t), \tau_1(t), \tau_2(t)$, indem sie die quadratische Abweichung der theoretischen Renditen von den auf dem Markt beobachteten Renditen aller oben genannten Bundeswertpapiere minimiert. Die Zeitreihen der Parameter werden von der Bundesbank auf ihrer Internetseite[11] veröffentlicht.

In Tabelle 5.2 sind einige statistische Kennzahlen der Liquiditätsspreads dargestellt. Die meisten Spreads bewegen sich im Bereich von 0 bis 40 Basispunkten (bp). Der Mittelwert der Spreads beträgt 20,5 bp bei einer Standardabweichung von 20,9 bp. 2,38% der beobachteten Spreads tragen ein negatives Vorzeichen. Nach unserem theoretischen Modell gibt es dafür keine Rechtfertigung. Ihr Auftreten kann verschiedene Ursachen haben. Möglicherweise wird dieser Effekts dadurch verursacht, dass die analysierten Preise nicht exakt zeitgleich festgestellt worden sind. Die betragsmäßig größten negativen Spreads werden bei sehr kleinen Restlaufzeiten von wenigen Wochen beobachtet. Die Ursache hierfür ist wahrscheinlich bei der Methodik der Ermittlung der liquiden Benchmark zu suchen. Die Bundesbank bezieht bei der Berechnung der Parameter nach Svensson (1994) nur Anleihen mit einer Restlaufzeit von mindestens drei Monaten heran, so dass die in der Studie als liquide Benchmark verwendete Zinsstrukturkurve im kurzfristigen Bereich bis zu drei Monaten nur bedingt aussagekräftig ist.

Tabelle 5.2: Statistische Kennzahlen der Liquiditätsspreads

| | KfW | Bundesländer | Gesamt |
|---|---|---|---|
| Anzahl Beobachtungen | 11.600 | 3.328 | 14.928 |
| Mittelwert [bp] | 19,4 | 24,5 | 20,5 |
| Median [bp] | 18,2 | 23,2 | 19,1 |
| 20%-Quantil [bp] | 10,1 | 11,9 | 10,4 |
| 80%-Quantil [bp] | 28,7 | 36,0 | 30,5 |
| Standardabweichung [bp] | 22,0 | 16,3 | 20,9 |

Die Liquiditätsspreads sind größer als in der Untersuchung von Kempf und Uhrig-Homburg (2000) über den Zeitraum von 1992 bis 1994. Dabei ist zu berücksichtigen, dass die Autoren keine Anleihen der Länder, sondern lediglich Anleihen der Bundesrepublik oder von damals staatseigenen Betrieben wie Bundespost und Bundesbahn untersuchen. Allerdings weisen auch die Anleihen der KfW, die ebenfalls eine Staatsgarantie für ihre Schulden besitzt, in dem von uns untersuchten Zeitraum einen deutlich höheren Spread die Anleihen der staatseigenen Betriebe in der Studie von Kempf und Uhrig-Homburg

11 http://www.bundesbank.de

(2000) auf. Die Höhe des Spreads entspricht ungefähr der des von Koziol und Sauerbier (2004) ermittelten Spreads zwischen Jumbo-Pfandbriefen mit AAA- bzw. Aaa-Rating und Bundeswertpapieren in den Jahren 2000 und 2001. Auch internationale Studien kommen zu vergleichbaren Abschlägen. So ermitteln Houweling et al. (2005) auf dem Markt für EUR-denominierte Anleihen eine Liquiditätsprämie zwischen 9 und 24 bp (über alle Rating-Klassen). Perraudin und Taylor (2003) beobachten auf dem U.S.-amerikanischen Markt einen ähnlich hohen Liquiditätsabschlag für Anleihen mit AAA-Rating.

Abbildung 5.5: Zeitliche Entwicklung des Liquiditätsspreads

In der Grafik ist die durchschnittliche Höhe des Liquiditätsspreads der betrachteten 105 Anleihen der KfW und der Bundesländer aufgetragen.

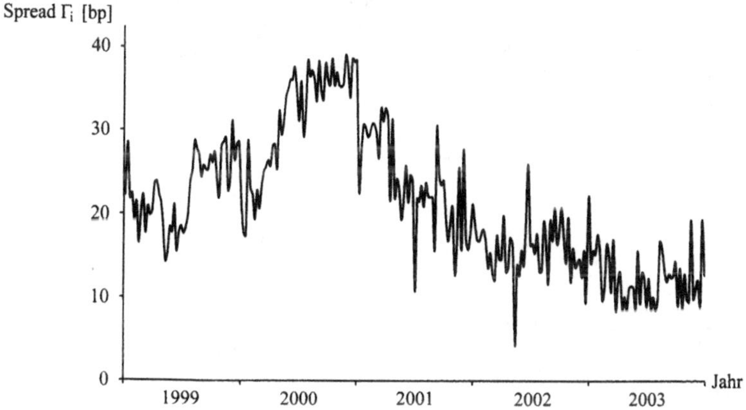


In Abbildung 5.5 haben wir die zeitliche Entwicklung des durchschnittlichen Liquiditätsspreads aufgetragen. Nach einer Phase mit hohen Spreads im Jahr 2000 mit einem durchschnittlichen Spread von bis zu 40 bp engt sich der Renditeabstand zu Bundeswertpapieren in den folgenden Jahren auf Werte zwischen 10 und 20 bp ein. Diese Entwicklung ist auch in anderen Studien wie beispielsweise Koziol und Sauerbier (2004) zu beobachten.

Schließlich vergleichen wir noch die Entwicklung des durchschnittlichen Spreads der KfW-Anleihen und der Anleihen der Bundesländer in unserem Datensatz. Wie Abbildung 5.6 zeigt, weisen die Anleihen der Bundesländer im Schnitt einen höheren Liquiditätsspread auf. Das Vorzeichen der Differenz ist jedoch nicht eindeutig. Es fällt auf, dass die Anleihen

Abbildung 5.6: Differenz zwischen den Spreads der Anleihen der Bundesländer und der KfW-Anleihen

In der Grafik ist die Differenz des durchschnittliche Liquiditätsspreads der Anleihen der Bundesländer und des durchschnittlichen Liquiditätsspreads der KfW-Anleihen im Zeitablauf aufgetragen.

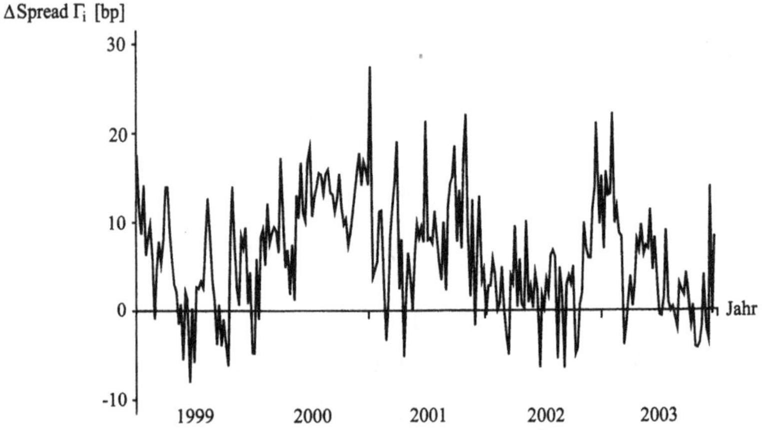


der Bundesländer insbesondere in Phasen mit hohen absoluten Spreads mit einem relativ höheren Abschlag als die Anleihen der KfW gehandelt werden. Zur weiteren Interpretation der Daten muss man zunächst die Auswirkungen anderer Effekte außer Liquidität ausschließen, wie insbesondere der Laufzeitstruktur.

## 5.4 Erklärungsgehalt verbreiteter Liquiditätsindikatoren

Um die Ergebnisse der im folgenden Abschnitt durchgeführten empirischen Untersuchung der Eigenschaften des entwickelten Gleichgewichtsmodells einschätzen zu können, analysieren wir zunächst den Erklärungsgehalt von zwei in der Literatur sehr häufig verwendeten Liquiditätsindikatoren: dem Alter und dem Emissionsvolumen einer Anleihe.

Zu diesem Zweck führen wir an jedem der 261 Zeitpunkte in unserem Datensatz eine Querschnitts-Regressionsanalyse der Liquiditätsspreads (gemessen in bp) durch.[12] Neben dem Alter $alter_j$ (gemessen in Jahren) und dem Emissionsvolumen $volumen_j$ (gemessen in Mrd. EUR) einer Anleihe $j$ verwenden wir in jeder Regression neben einer Konstanten drei weitere exogene Variablen. Zunächst erfassen wir über die Restlaufzeit $rlz_j$ (gemessen in Jahren) der Anleihe mögliche Laufzeiteffekte. Ferner erfassen wir durch die Kuponhöhe $kupon_j$ (gemessen in Prozentpunkten) der Anleihe Effekte, die beispielsweise durch die unterschiedliche Besteuerung von Kupon- und Tilgungszahlungen resultieren. Schließlich führen wir eine Dummy-Variable $\mathbf{1}_{Land,j}$ ein, die angibt, ob eine Anleihe von einem der Bundesländer Baden-Württemberg oder Bayern (= 1) oder der KfW (= 0) emittiert wurde. Die Regressionsgleichung lautet für jeden Zeitpunkt:

$$\Gamma_j = \beta_0 + \beta_1 \cdot alter_j + \beta_2 \cdot volumen_j + \beta_3 \cdot rlz_j + \beta_4 \cdot kupon_j + \beta_5 \cdot \mathbf{1}_{Land,j} + \tilde{\varepsilon}_j. \quad (5.3)$$

Die Ergebnisse aller 261 Regressionen sind in Tabelle 5.3 zusammengefasst. Für die Signifikanz-Tests werden heteroskedastie-robuste Standardfehler nach White (1980) verwendet.

Bei den Ergebnissen in Tabelle 5.3 fällt auf, dass das oft als Maßstab für die Liquidität einer Anleihe herangezogene Emissionsvolumen praktisch keine Erklärungskraft besitzt. Neben der fehlenden Signifikanz für ca. 92% der Beobachtungszeitpunkte macht dies auch folgende quantitative Betrachtung deutlich: Bei einem durchschnittlichen Parameterwert von $\beta_2 \approx -0,47$ würde eine Erhöhung des Emissionsvolumen vom kleinsten Wert (100 Mio. EUR) zum größten Wert (5 Mrd. EUR) in unserem Datensatz lediglich zu einer Verringerung des Spreads um 2,3 bp führen. Ähnliches gilt für die Variable $alter_j$. Der Unterschied im Emittenten (Bundesländer/KfW) trägt ebenfalls in der gleichen Größenordnung zum Liquiditätsspread bei. Im Gegensatz zum Emissionsvolumen und Alter ist der Einfluss jedoch in 76 (29,1%) der Wochen im Beobachtungszeitraum signifikant zum 5%-Konfidenzniveau. Allerdings ist die ökonomische Interpretation dieser Variablen problematisch, da sie – wie die Variable $alter_j$ auch – das Vorzeichen wechselt. Dies lässt bereits Abbildung 5.6 vermuten. Die Restlaufzeit beeinflusst die Spreads stärker. Der zugehörige Regressionsparameter ist in ca. der Hälfte aller Fälle positiv. Allerdings wechselt

[12] Durch den Verzicht auf eine gepoolte Regression nutzen wir nicht die gesamte Information des untersuchten Datenpanels aus. Allerdings sind die Aussagen bezüglich der Wirkung von Liquiditätsindikatoren nur qualitativer Natur. Es gibt insbesondere so gut wie keine Aussagen über ihre Entwicklung über die Zeit. Ferner sind an jedem Zeitpunkt genügend Daten vorhanden, um aus den einzelnen Querschnittsanalysen sinnvolle statistische Schlussfolgerungen ziehen zu können.

Tabelle 5.3: Ergebnisse der Querschnittsanalyse der Liquiditätsspreads

Die Tabelle fasst die Ergebnisse der 261 Querschnitts-Regressionsanalysen zusammen. An jedem Beobachtungszeitpunkt wird folgende Regressionsgleichung geschätzt:

$$\Gamma_j = \beta_0 + \beta_1 \cdot alter_j + \beta_2 \cdot volumen_j + \beta_3 \cdot rlz_j + \beta_4 \cdot kupon_j + \beta_5 \cdot \mathbf{1}_{Land,j} + \tilde{\varepsilon}_j$$

Die Spreads $\Gamma_j$ werden in bp, $alter_j$ und $rlz_j$ in Jahren, $volumen_j$ in Mrd. EUR und $kupon_j$ in Prozentpunkten gemessen. Die Dummy-Variable $\mathbf{1}_{Land,j}$ nimmt den Wert 1 bei Anleihen der Bundesländer und den Wert 0 bei KfW-Anleihen an.

| Parameter | $\beta_0$ | $\beta_1$ | $\beta_2$ | $\beta_3$ | $\beta_4$ | $\beta_5$ |
|---|---|---|---|---|---|---|
| Durchschnittl. Paramterwert (aus allen 261 Regressionen) | -2,4884 | -0,0881 | -0,4658 | 0,5655 | 3,6512 | 2,9224 |
| Anzahl der Regressionen mit signifikant* positivem Parameter | 6 | 9 | 0 | 99 | 130 | 61 |
| Anzahl der Regressionen mit signifikant* negativem Parameter | 16 | 42 | 20 | 20 | 0 | 15 |

* Signifikanzniveau: 5% (unter Verwendung heteroskedastie-robuster Schätzer nach White (1980))

auch der Einfluss der Restlaufzeit das Vorzeichen. Dabei ist eine klare Struktur zu erkennen. Alle signifikant positiven Parameter $\beta_3$ sind im Zeitraum von 1999 bis einschließlich Oktober 2002 zu beobachten. Die signifikant negativen Parameterwerte werden alle im Zeitraum danach ermittelt. In der Untersuchung von Koziol und Sauerbier (2004) ist der Parameter bei Regressionen des Liquiditätsspreads gegen die Restlaufzeit positiv, falls er signifikant ist. Allerdings umfasst die Studie nur die Jahre 2000 und 2001. Für diesen Zeitraum ergibt sich auch in unserer Studie das gleiche Ergebnis. Einzig der Parameter $\beta_4$ ist in seiner Richtung eindeutig. Der Spread ist umso höher, je höher $kupon_j$ ist.

Die Ergebnisse der Querschnittsanalyse legen nahe, dass ein wesentlicher Bestandteil der beobachteten Liquiditätsspreads – neben Laufzeiteffekten – durch die Vorliebe von Anlegern für niedrige Kupons getrieben wird. Diese kann durch die ungleiche Besteuerung von Kupon- und Kurserträgen (steuerlicher Kuponeffekt) für Privatanleger erklärt werden. Zu dieser Interpretation müssen jedoch zwei Kritikpunkte angemerkt werden. Zum einen wird vorausgesetzt, dass das Verhalten von Privatanlegern einen spürbaren Einfluss auf die Preise der Anleihen hat. Zum anderen gibt es eine Abhängigkeit zwischen der Kuponhöhe und dem Alter der Anleihen. In den 1990er Jahren war ein Absinken des Zinsniveaus zu beobachten. Dies führt dazu, dass früher begebene Anleihen in der Regel einen höheren Kupon als erst kürzlich emittierte Anleihen aufweisen. In der Tendenz tragen daher ältere Anleihen in der Studie höhere Kupons. Die Variablen $alter_j$ und $kupon_j$ werden daher positiv korreliert sein. Eine Betrachtung der durchschnittlichen Korrelationskoeffizienten der exogenen Variablen in Tabelle 5.4 stützt diese Argumentation.

Tabelle 5.4: Korrelationen der exogenen Variablen in der Querschnittsanalyse

Die Tabelle zeigt die durchschnittliche Korrelationskoeffizienten der exogenen Variablen aus der Querschnittsanalyse über alle 261 Beobachtungszeitpunkte. Das Zahlenpaar in Klammern darunter gibt die Anzahl der signifikant positiven (erste Zahl) und negativen (zweite Zahl) Korrelationskoeffizienten an. Das Signifikanzniveau beträgt 5%. Bei der Interpretation der letzten Spalte ist zu beachten, dass die Indikatorvariable $\mathbf{1}_{Land,j}$ binär ist, so dass der berechnete (Bravais-Pearson-)Korrelationskoeffizient nur eine begrenzte Aussgagekraft besitzt.

| | $alter_j$ | $volumen_j$ | $rlz_j$ | $kupon_j$ | $\mathbf{1}_{Land,j}$ |
|---|---|---|---|---|---|
| $alter_j$ | 1 | -0,518<br>(0/261) | -0,104<br>(0/19) | 0,857<br>(261/0) | 0,147<br>(29/0) |
| $volumen_j$ | | 1 | 0,179<br>(25/0) | -0,430<br>(0/261) | -0,250<br>(0/83) |
| $rlz_j$ | | | 1 | -0,022<br>(0/7) | 0,178<br>(15/0) |
| $kupon_j$ | | | | 1 | 0,229<br>(97/0) |
| $\mathbf{1}_{Land,j}$ | | | | | 1 |

Es ist daher schwierig, in unserem Datensatz Alters- und Kuponeffekte in der statistischen Analyse zu trennen. Dies wird deutlich, wenn man eine der Variablen in der Analyse weglässt. Führt man die Regressionen ohne $kupon_j$ durch, wird die Variable $alter_j$ in 119 (45,6%) der Zeitpunkte signifikant. Auch die Richtung der Wirkungsweise ist in dieser Analyse eindeutig. In jedem der 119 Fälle ist der Regressionsparameter positiv. Eine ähnliche Entwicklung ist bei dem Weglassen der Variable $alter_j$ zu beobachten. Der Regressionsparameter für $kupon_j$ ist nun in 184 (70,5%) der Fälle signifikant. Wie zuvor ist er ausnahmslos positiv. Aus den vorliegenden Daten kann daher nur auf einen kombinierten Kupon- und Alterseffekt geschlossen werden.

## 5.5 Empirische Überprüfung des Gleichgewichtsmodells

Ein vollständiger empirischer Test des entwickelten Gleichgewichtsmodells erfordert die Kalibrierung vieler schwer zu schätzender Größen wie Risikopräferenzparameter, Marktanteile, Handelsaktivität sowie Investitionshorizonte der Teilnehmer auf liquiden und illiquiden Anleihemärkten. Die Komplexität des Modells[13] macht eine implizite Ermittlung aufgrund des zu hohen Rechenaufwands unmöglich. Daher beschränken wir uns auf einige ausgewählte Aussagen, die in Kapitel 4 abgeleitet werden.

Dazu führen wir nach der Regressionsanalyse im Querschnitt eine entsprechende Zeitreihenanalyse der Liquiditätsspreads durch.[14] Dies erlaubt uns, die Abhängigkeit der Spreads von Zinsniveau und Volatilität zu untersuchen. Ferner können wir die Spreads auch auf die Existenz einer Kreditrisikokomponente hin untersuchen.

Zur Untersuchung der Abhängigkeit vom Zinsniveau wird der Einfluss von drei exogenen Variablen analysiert. Die erste Variable ist der vierjährige Kassazinssatz für Bundeswertpapiere $r4J_t$. Um die von unserem Modell vorhergesagte Pfadabhängigkeit der Spreads zu überprüfen, werden außerdem zwei Maße für die erfolgten Bewegungen des Zinssatzes $r4J_t$ in die Untersuchung miteinbezogen. Dies sind die Veränderung gegenüber dem Stand vor einem Halbjahr $dr4J(6M)_t$ und einem Jahr $dr4J(12M)_t$.

Ferner wird der Einfluss der Variablen $vola_t$ analysiert, die die Volatilität des Zinssatzes für liquide Anleihen misst. Zu deren Ermittlung gibt es zwei prinzipielle Möglichkeiten. Erstens können historische Zeitreihen des Zinssatzes zur Schätzung eines Zeitreihenmodells mit variierender Varianz, wie beispielsweise die auf Engle (1982) und Bollerslev (1986)

[13] Neben der Zeit besitzt das Modell vier weitere Zustandsvariablen.

[14] Wie im vorhergehenden Abschnitt nutzen wir auch hier durch den Verzicht auf eine gepoolte Regression nicht die gesamte Information des untersuchten Datenpanels aus. Da jedoch in dem vorgeschlagenen Gleichgewichtsmodell zu jedem Zeitpunkt nur ein einzelner Liquiditätsspread analysiert wird und somit keine Aussage über das Verhältnis verschiedener Liquiditätsspreads getroffen wird, verwenden wir in unserer Analyse lediglich einzelne Zeitreihen.

zurückgehenden ARCH oder GARCH-Ansätze, verwendet werden. Zweitens besteht die Möglichkeit, die zukünftige Volatilität implizit aus Preisen von Optionen auf deutsche Staatsanleihen zu bestimmen. Der wesentliche Vorteil der zweiten Methode besteht darin, unabhängig von Daten aus der Vergangenheit die aktuellen Einschätzungen von Marktteilnehmern zu verwenden. Ein bedeutender Nachteil besteht darin, dass die Schätzung zwangsweise an ein bestimmtes – möglicherweise falsches – Optionspreismodell angelehnt ist. In der Literatur werden die Vor- und Nachteile beider Methoden intensiv diskutiert, ohne dass sich bisher ein abschließendes Urteil ergeben hat. In dieser Arbeit folgen wir der zweiten Methode und verwenden implizit geschätzte Volatilitäten. Die Daten sind aus dem Informationssystem Bloomberg entnommen, die ihrerseits auf die Berechnungen des Brokers Tullet & Tokyo zurückgreifen. Den Berechnungen liegt das Modell von Black (1976) zugrunde. Wir verwenden die Volatilität der Rendite 10jähriger Bundeswertpapiere, die sich aus Preisen von OTC-Optionen mit 12 Monaten Laufzeit berechnet.

Wir überprüfen den Einfluss anhand von Regressionen der ersten Differenzen von insgesamt 83 illiquiden Anleihen.[15] Bei den restlichen Anleihen wird keine Analyse durchgeführt, da ihre Zeitreihen aufgrund ihrer Fälligkeit bzw. ihres Emissionstages weniger als 40 Beobachtungspunkte umfassen.[16] Insgesamt verringert sich dadurch die Zahl der Beobachtungen um lediglich 3,2%. Die Regressionsgleichung lautet:

$$\Delta\Gamma_t = \beta_0 + \beta_1 \cdot \Delta r4J_t + \beta_2 \cdot \Delta dr4J(6M)_t + \beta_3 \cdot \Delta dr4J(12M)_t + \beta_4 \cdot \Delta vola_t + \tilde{\varepsilon}_t \quad (5.4)$$

Eine mögliche Autokorrelation der Störterme wird korrigiert, indem wir die Variable $\varepsilon_t$ mittels eines AR(1)-Prozesses modellieren.[17] Die Ergebnisse der 83 Regressionen sind in Tabelle 5.5 zusammengefasst.

Die Ergebnisse der Zeitreihenanalysen sind etwas weniger eindeutig als die der Analyse der Querschnitte. In der Tendenz wird jedoch die von dem Modell vorhergesagte negative Abhängigkeit der Liquiditätsspreads von dem aktuellen Zinsniveau bestätigt. Ebenso ruft eine Steigerung des Zinssatzes im vergangenen halben Jahr einen höheren Liquiditätsspread hervor. Dies bedeutet, dass niedrigere Zinssätze in der Vergangenheit zu höheren heutigen Liquiditätsspreads führen. Die vorhergesagte Pfadabhängigkeit der Liquiditäts-

---

15 Bei sämtlichen Zeitreihen der ersten Differenzen wird das Vorliegen einer Einheitswurzel durch den Test von Philipps und Perron (1988) mit Lagparametern zwischen 3 und 5 zum Signifikanzniveau 1% abgelehnt. Die für die Regressionsanalyse notwendige Stationarität der Zeitreihen ist somit gegeben.

16 In einem Fall war zwar die Mindestanzahl an Beobachtungspunkten gegeben, diese wiesen aber viele zwischenzeitliche Lücken auf. Dadurch war eine Zeitreihenanalyse nicht möglich.

17 Der entsprechende Parameter ist in 79 von 83 Fällen signifikant zum 5%-Niveau.

Tabelle 5.5: Ergebnisse der Zeitreihenanalyse der Liquiditätsspreads

Die Tabelle fasst die Ergebnisse der Zeitreihen-Regressionsanalysen zusammen. Für 83 Anleihen wird jeweils folgende Regressionsgleichung geschätzt:

$$\Delta\Gamma_t = \beta_0 + \beta_1 \cdot \Delta r4J_t + \beta_2 \cdot \Delta dr4J(6M)_t + \beta_3 \cdot \Delta dr4J(12M)_t + \beta_4 \cdot \Delta vola_t + \tilde{\varepsilon}_t$$

Die Spreads $\Gamma_t$ werden in bp und $r4J_t$, $dr4J(6M)_t$, $dr4J(12M)_t$ und $vola_t$ in Prozentpunkten gemessen.

| Parameter | $\beta_0$ | $\beta_1$ | $\beta_2$ | $\beta_3$ | $\beta_4$ |
|---|---|---|---|---|---|
| Durchschnittlicher Paramterwert (aus allen 83 Regressionen) | 705,27 | -13,542 | 1,9228 | 0,8437 | -0,3099 |
| Anzahl der Regressionen mit signifikant* positivem Parameter | 0 | 0 | 8 | 1 | 3 |
| Anzahl der Regressionen mit signifikant* negativem Parameter | 0 | 25 | 0 | 0 | 2 |

* Signifikanzniveau: 5%

spreads findet sich also in den empirischen Daten wieder. Allerdings verschwindet diese Abhängigkeit, falls die Zinssätze weiter in der Vergangenheit liegen, was an dem Ergebnis für $\beta_3$ sichtbar wird. Der Einfluss der Volatilität lässt sich kaum interpretieren. Dies ist eine Parallele zu dem geringen Einfluss der Volatilität im theoretischen Modell. Allerdings muss berücksichtigt werden, dass die Variable $vola_t$ nicht nur von den Erwartungen über die zukünftige Zinsvolatilität getrieben wird, sondern auch von Faktoren wie den Nachfrage- und Angebotsschwankungen auf dem OTC-Markt für Optionen auf Bundeswertpapiere beeinflusst wird.

In Abschnitt 5.2.1 haben wir begründet, warum das Kreditrisiko der illiquiden Anleihen von KfW und Bundesländern mit dem Kreditrisiko der Bundesrepublik vergleichbar ist. Mit Hilfe von Zeitreihenanalyse können wir diese Annahme nun auch explizit testen. Dazu fügen wir der Regressionsgleichung (5.4) einen weiteren, für das Kreditrisiko relevanten Term hinzu. Die Auswahl einer geeigneten Variable ist jedoch schwierig. Die Wahl des Spreads für Anleihen mit AAA-Rating gegenüber Bundeswertpapieren als Indikator für deren Kreditrisiko ist problematisch, da dieser Spread wahrscheinlich nicht allein durch Kreditrisiko, sondern vielmehr durch andere Unterschiede wie Liquidität hervorgerufen wird. Da das Kreditrisiko dieser Anleihen nur gering ist, wird der Spread auch nur eine kleine Kreditrisikoprämie enthalten.[18] Daher verwenden wir den Spread $cs4J_t$ für BBB-Unternehmensanleihen mit 4-jähriger Restlaufzeit als Kontrollvariable.[19] Dieser Spread wird nahezu ausschließlich durch das Kreditrisiko der Anleihen hervorgerufen, so dass er eine hohe Korrelation zum Marktpreis für Kreditrisiko aufweisen sollte. Dieser wiederum wird eine potenzielle Kreditrisikoprämie in den Spreads der illiquiden Anleihen von KfW und Bundesländern bestimmen. Die erweiterte Regressionsgleichung lautet:

$$\Delta\Gamma_t = \beta_0 + \beta_1 \cdot \Delta r4J_t + \beta_2 \cdot \Delta dr4J(6M)_t + \beta_3 \cdot \Delta dr4J(12M)_t + \beta_4 \cdot \Delta vola_t + \beta_5 \cdot \Delta cs_4 J_t + \tilde{\varepsilon}_t \tag{5.5}$$

Wie in Gleichung (5.4) modellieren wir den Störterm als AR(1)-Prozess. Leider sind die Daten für den Kreditrisikospread erst ab 10. Mai 2000 verfügbar. Daher müssen die erweiterten Regressionen auf einem entsprechend verkürzten Zeitintervall durchgeführt werden.[20] Ihre Ergebnisse sind in Tabelle 5.6 dargestellt.

Die Ergebnisse in Tabelle 5.6 zeigen kaum signifikante Einflüsse des Kreditrisikos auf die Spreads. Da zudem das Vorzeichen wechselt, scheint kein systematischer, ökonomischer Effekt vorzuliegen. Der Einfluss der anderen Faktoren entspricht trotz des etwas geringeren Stichprobenumfangs dem Ergebnis der vorherigen Analyse aus Tabelle 5.5.

## 5.6 Folgerungen für die Modellierung des Gleichgewichts

Durch die Analyse empirischer Liquiditätsspreads sind verschiedene Eigenschaften dieser Spreads ermittelt worden. Zunächst ist festzustellen, dass die Spreads zwischen Anleihen der KfW und der Bundesländer mit AAA-Rating gegenüber denen der Bundesrepublik wahrscheinlich nicht auf tatsächliche oder vermeintliche Kreditrisiken zurückzuführen sind, da sie sich systematisch anders als Kreditrisikospreads verhalten.[21]

[18] Belege für diese These finden sich beispielsweise in Perraudin und Taylor (2003) sowie Huang und Huang (2003).

[19] Datenquelle: Bloomberg.

[20] Auch für den Kreditrisikospread kann mit Hilfe des Test von Phillips und Perron (1988) mit Lagparameter 4 das Vorliegen einer Einheitswurzel mit einem Signifikanzniveau von 1% abgelehnt werden.

[21] Ein befragter Händler vertritt die folgende Sichtweise zu den Spreads der KfW-Anleihen: Das Kreditrisiko der Anleihen gleicht durch die explizite Garantie dem der Bundesrepublik Deutschland. Jedoch bewirkt jede Eigenschaft einer Anleihe, die potenziellen Investoren zusätzlich kommuniziert werden muss, einen Spread im Bereich mehrerer Basispunkte.

Tabelle 5.6: Ergebnisse der Zeitreihenanalyse mit Kreditrisikospread

Die Tabelle fasst die Ergebnisse der Zeitreihen-Regressionsanalysen zusammen. Für 83 Anleihen wird jeweils folgende Regressionsgleichung geschätzt:

$$\Delta\Gamma_t = \beta_0 + \beta_1 \cdot \Delta r4J_t + \beta_2 \cdot \Delta dr4J(6M)_t + \beta_3 \cdot \Delta dr4J(12M)_t + \beta_4 \cdot \Delta vola_t + \beta_5 \cdot \Delta cs_4 J_t + \tilde{\varepsilon}_t$$

Die Spreads $\Gamma_t$ und $cs4J_t$ werden in bp und $r4J_t$, $dr4J(6M)_t$, $dr4J(12M)_t$ und $vola_t$ in Prozentpunkten gemessen. Da der Kreditrisikospread erst ab dem 10. Mai 2000 verfügbar ist, werden die Regressionen auf dem entsprechend verkürzten Zeitintervall durchgeführt.

| Parameter | $\beta_0$ | $\beta_1$ | $\beta_2$ | $\beta_3$ | $\beta_4$ | $\beta_5$ |
|---|---|---|---|---|---|---|
| Durchschnittl. Paramterwert (aus allen 83 Regressionen) | 689,15 | -15,245 | 0,8172 | 1,2356 | -0,7449 | 0,0683 |
| Anzahl der Regressionen mit signifikant* positivem Parameter | 0 | 0 | 6 | 2 | 1 | 3 |
| Anzahl der Regressionen mit signifikant* negativem Parameter | 0 | 27 | 0 | 0 | 4 | 2 |

* Signifikanzniveau: 5%

Der Einfluss der Restlaufzeit auf die Höhe des Liquiditätsspreads ändert in unserem Datensatz überraschenderweise das Vorzeichen. Unser Modell enthält keine spezielle Vorhersage über einen Laufzeiteffekt. Im Referenzfall, in dem die Ausstattungen der Investoren einen gleichmäßigen Konsum ermöglichen, reagiert der Spread kaum auf die Laufzeit der Anleihen. Falls die Investoren über erhebliche liquide Mittel verfügen, so ist der Liquiditätsspread über den relevanten Laufzeitbereich ansteigend. Verfügen die Investoren nur über einen geringen Bestand an liquiden Mitteln, so ergibt sich zunächst ein nahezu flacher Verlauf bis die Kurve schließlich invers ist.[22] Eine mögliche Ursache des beobachteten Verhaltens der Spreads kann in unterschiedlichen Liquiditätsbeständen der Investoren über den Zeitraum liegen. Dazu müssten die Liquiditätsbestände der Investoren zu Anfang des Untersuchungszeitraums relativ hoch gewesen sein und sich im Lauf der Zeit verkleinert haben. Ein Indiz für diese Hypothese liefert die Entwicklung der Aktienmärkte in diesem

[22] Streng genommen ist die Spreadkurve immer bucklig. Allerdings schrumpft der ansteigende Teil mit sinkenden liquiden Mitteln immer weiter zusammen, bis er sich nur noch auf zwei Zeitpunkte erstreckt.

Zeitraum. In den Jahren 2000 bis 2002 haben sich die Aktienmärkte in einer stetigen Abwärtsentwicklung befunden. So stürzte der DAX von seinem historischen Höchststand von 8.136 Punkten im März 2000 um 73% auf einen zwischenzeitlichen Tiefstand von 2.189 Punkten im März 2003. In dieser Zeit haben viele Investoren Geld aus Aktienanlagen zurückgezogen und teilweise in kurzfristigen, d. h. liquiden Anlageformen geparkt. Im Jahr 2003 haben sich die Aktienmärkte wieder erholt. Der DAX notierte gegen Ende des Jahres 2003 bei 3.965 Punkten. Aktien wurden somit gegen Ende des Untersuchungszeitraums relativ attraktiver. Falls die Investoren nach dem beginnenden Aufschwung im Frühjahr 2003 am Aktienmarkt wieder einen Teil ihrer Liquiditätsbestände in Aktien angelegt haben, kann die Änderung im Anlageverhalten die ab Ende April 2003 beobachtete Änderung in der Laufzeitstruktur der Spreads erklären.

Bei der dargestellten Hypothese hat man unterstellt, dass zwei der Variablen des Modells – die Ausstattung an liquiden Mitteln $(a_1(0), a_2(0))$ im Zeitablauf schwanken. Natürlich können die beobachteten Schwankungen auch durch die zeitliche Veränderung anderer relevanter Einflussgrößen hervorgerufen worden sein. Letztendlich kann die Ursache nicht mit Hilfe der hier angestellten indirekten Analysen identifiziert werden. Leider ist eine direkte Untersuchung aufgrund der Nicht-Beobachtbarkeit vieler Größen nicht möglich.

Die Wirkungen der Kuponhöhe kann nicht durch das Modell erklärt werden. Sie könnten auf im Modell nicht enthaltene Steuern zurückzuführen sein. In der Praxis gibt es eine alternative Erklärung für den Kuponeffekt. Da Anleihen in der Regel in etwa zu pari emittiert werden, weisen vor längerer Zeit emittierte Anleihen eine „alte Kuponhöhe“ auf, die nicht in der Nähe des aktuellen Zinsniveaus liegt. In den Jahren vor dem Untersuchungszeitraum ist auf dem deutschen Anleihemarkt ein Rückgang des Zinsniveaus zu beobachten gewesen. So ist beispielsweise der aus den Kursen von Bundeswertpapieren ermittelte, implizite Kassazinssatz für eine Nullkuponanleihe mit 10jähriger Restlaufzeit von einem Wert zwischen 8% und 9% zu Beginn der 1990er Jahre auf einen Wert von 4%–5,5% während des Untersuchungszeitraums abgesunken. Daher notieren ältere Anleihen tendenziell über pari. Dies kann zu gegebenenfalls unerwünschten Abschreibungen führen, wenn der Kurs der Anleihe gegen Ende der Laufzeit gegen den Rückzahlungskurs konvergiert. Dadurch werden die Anleihen für Investoren weniger attraktiv. Das in der Stichprobe fallende Zinsniveau lässt eine dritte Interpretation des Kuponeffekts zu. Da hohe Kupons gleichbedeutend mit alten Anleihen sind, kann der Kuponeffekt auch durch einen Aging-Effekt hervorgerufen werden. Dieser von Warga (1992) diskutierte Effekt erklärt die Illiquidität alter Anleihen dadurch, dass diese nach und nach in die Portfolios langfristiger Investoren gelangen, so dass der Umlauf mit dem Alter der Anleihen zurückgeht. In unserer Regressionsanalyse zeigt sich ein starker Zusammenhang zwischen Alter und Kuponhöhe, deren Wirkungen nicht voneinander getrennt werden können. Auch in unserem theoretischen Modell tritt ein Aging-Effekt auf. Allerdings unterscheidet sich dieser Effekt in seiner ökonomischen Ursache und in seinen Konsequenzen von dem klassischen Aging-Effekt. In unserem Modell hängt die Richtung und die Höhe der Wirkung des Alters von anderen Größen wie insbesondere der Ausstattung an liquiden Mitteln ab.

In der Untersuchung des theoretischen Modells in Kapitel 4 wird für realistische Parameterwerte nur ein schwacher Einfluss des Zinsrisikos auf die Höhe des Liquiditätsspreads festgestellt. Auch die Daten der empirischen Studie sprechen gegen einen spürbaren Effekt dieser Art, da sich kein signifikanter, eindeutiger Einfluss der Zinsunsicherheit, gemessen als implizite Volatilität von Zinsoptionen, ergibt. Der insgesamt nur geringe Einfluss der Zinsunsicherheit gibt Ansätzen wie Vayanos und Vila (1999) und Huang (2003) eine gewisse Berechtigung, in denen Liquiditätsabschläge für Anleihen unter völliger Abstraktion von Zinsunsicherheit berechnet werden.[23]

Die empirischen Daten deuten jedoch auf einen gewissen Grad der Pfadabhängigkeit der Liquiditätsprämie hin. Tendenziell führen niedrige Zinssätze in der Vergangenheit zu höheren aktuellen Liquiditätsspreads. Der Effekt ist jedoch nur von kurzfristiger Natur. Eine Ursache für das im Vergleich zum theoretischen Modell relativ schnelle Abklingen des Effekts kann in der Annahme einer konstanten Zeitpräferenzrate $\delta$ liegen. Bei fallenden Zinsen bewirkt ein konstantes $\delta$, dass die Anleihe-Portfolios der Investoren zugunsten von sofortigem Konsum verkleinert werden. Dadurch werden die Investoren anfälliger für zukünftige Liquiditätsschocks. Realistischerweise wird sich jedoch das Zinsniveau tendenziell parallel zu der Zeitpräferenzrate entwickeln. Daher werden langfristige Bewegungen des Zinsniveaus nur zusammen mit einer veränderten Zeitpräferenzrate der Investoren einhergehen. Ein solcher Effekt kann in einem modifizierten theoretischen Modell weiter untersucht werden.

[23] Die genannten Ansätze abstrahieren jedoch auch von Effekten der Restlaufzeit, einer weiteren, insbesondere für Liquiditätsbetrachtungen wesentlichen Eigenschaft von Anleihen.

The outcome of any serious research
can only be to make two questions grow
where only one grew before.

Thorstein Veblen[1]

# Kapitel 6

# Fazit und Ausblick

Diese Arbeit beschäftigt sich mit der Quantifizierung von Liquiditätsspreads auf Anleihen, d. h. von Abschlägen auf die Preise von Anleihen, die nicht sofort, in beliebiger Menge oder ohne Preiseinfluss ge- oder verkauft werden können. Die Literatur zu dieser Frage ist sehr heterogen. Die Heterogenität beruht auf der Mehrdimensionalität des Begriffs Liquidität, der eine Preis-, eine Zeit- und eine Mengendimension besitzt. Vereinfacht man den Begriff Liquidität zu stark, so erhält man eine nicht für jede Fragestellung zufriedenstellende Modellierung von Liquidität auf realen Finanzmärkten. Eine realistische Abbildung aller Dimensionen und ihrer wechselseitigen Abhängigkeiten führt jedoch zu einer hohen Modellkomplexität. Um solche Modelle mathematisch handhabbar zu machen, sind andere Elemente wie beispielsweise die Stochastik der Zinsentwicklung, die Abbildung des Kreditrisikos und die Ausgestaltung der Wertpapiere in solchen Ansätzen in der Literatur oft sehr einfach gehalten.

Bei theoretischen Modellen zur Bewertung von Anleihen werden daher oft Anleihen mit unendlich langer Laufzeit (consol bonds) betrachtet. Eine beschränkte Laufzeit ist jedoch – neben dem Zinsrisiko – eines der wesentlichen Merkmale tatsächlich gehandelter Anleihen. Bei der Quantifizierung von Liquiditätsprämien haben wir in dieser Studie daher explizit Anleihen mit endlicher Laufzeit unter Berücksichtigung von Zinsänderungsrisiken betrachtet.

---

[1] Das Zitat stammt aus der Arbeit "The Evolution of the Scientific Point of View", die 1919 veröffentlicht wurde. Entnommen aus Veblen (1961, S. 32-55).

Zur Analyse der Liquiditätsspreads entwerfen wir ein konsumbasiertes Gleichgewichtsmodell mit preisnehmenden Marktteilnehmern. Investoren können liquide und illiquide Anleihen handeln. Während deren Cash-Flows identisch sind, unterscheiden sie sich in ihrer Handelbarkeit aufgrund von Friktionen. Neben Leerverkaufsbeschränkungen, die für alle Anleihen gelten, existieren Marktzutrittsbeschränkungen. Diese führen zu einer Enge des Markts für das illiquide Wertpapier. Beide Wertpapiere werden von Investoren mit unterschiedlich langen Investitionshorizonten gehandelt. Die Heterogenität bezüglich ihres Investitionshorizonts führt im Gleichgewicht zu Handel zwischen beiden Gruppen. Dadurch hat die Liquidität einen Wert, so dass das illiquide Papier zu einem Preis unterhalb des liquiden Papiers notiert.

Die Höhe des Abschlags hängt von verschiedenen Faktoren ab. Eine zentrale Rolle bei der Bestimmung des Liquiditätsspreads spielen die optimalen Handelsstrategien der Investoren. Überraschenderweise fragen hauptsächlich die Investoren mit langfristigem Investitionshorizont liquide Anleihen nach. Die langfristigen Investoren bauen einen Puffer an liquiden Anleihen auf, um den kurzfristig orientierten Investoren die Liquidation ihrer Anleihebestände bei Auftreten eines Liquiditätsschocks, d. h. eines plötzlichen Liquiditätsbedarfs, zu ermöglichen.

Wie zu erwarten ist, nimmt der Liquiditätsspread mit steigender Risikoaversion der Investoren zu. Je risikoaverser die Investoren sind, desto höhere Nutzeneinbußen entstehen ihnen im Fall eines Liquiditätsschocks. Ein höheres Angebot an illiquiden Anleihen vergrößert ebenso den Spread. Die illiquiden Anleihen können nicht vor ihrer Fälligkeit (in $T$) veräußert werden und ermöglichen somit – über beide Gruppen von Investoren aggregiert betrachtet – nur Konsum in $T$. Daher sinkt der Wert einer zusätzlichen Einheit Konsum in $T$ aufgrund des abnehmenden Grenznutzens mit steigendem Angebot an illiquiden Anleihen ab. Daher steigt – relativ gesehen – der Wert von liquiden Anleihen, die durch den Verkauf an die nicht explizit modellierten weiteren Investoren zusätzliche Konsummöglichkeiten vor $T$ bieten. Erwartungsgemäß steigt der Spread mit steigender Wahrscheinlichkeit eines Liquiditätsschocks. Der Zusammenhang zwischen beiden Größen ist jedoch nicht linear, sondern konkav, da sich die Investoren durch eine entsprechende Zusammenstellung ihrer Portfolios auf das Auftreten von Liquiditätsschocks vorbereiten und somit einen Teil der Zunahme der Wahrscheinlichkeit kompensieren. Die Allokation der liquiden und illiquiden Anleihen beeinflusst den Liquiditätsspread erheblich. Der Spread ist dabei umso höher, je mehr illiquide Anleihen im Besitz der kurzfristigen Investoren sind, da sie sämtliche Anleihen im Fall eines Schocks veräußern. Ferner sinkt der Spread, je mehr liquide Anleihen im Besitz der langfristigen Investoren sind. Dagegen spielt der Bestand der liquiden Anleihen der kurzfristigen Investoren kaum eine Rolle, da diese während eines Schocks – unabhängig von dem Bestand an liquiden Anleihen – ihren gesamten Bestand an illiquiden Anleihen auflösen. Die Laufzeitstruktur der Liquiditätsspreads kann verschiedene Formen aufweisen. Das gleiche gilt für den Einfluss des Alters der Anleihen. Je nach Wahl der anderen Parameter steigt oder sinkt der Spread mit dem Alter der Anleihen. Der Liquiditätsspread reagiert bei Variation des Alters oder der Laufzeit auf die dadurch hervorgerufene Änderung der dynamischen Handelsstrategien der Investoren.

Alle bisher diskutierten Effekte zeigen sich bereits in einem Modell ohne Zinsunsicherheit. Berücksichtigt man nun explizit Zinsänderungsrisiken, erhält man zwei weitere wesentliche Ergebnisse. Erstens ist die Höhe des Zinssatzes für liquide Anleihen ein wichtiger Einflussfaktor auf den Liquiditätsspread.[2] Je höher der Zinssatz ist, desto größere Anleiheportfolios werden von den Investoren gehalten. Dadurch sinkt der Spread. Über diesen Mechanismus wird die Höhe des Liquiditätspreads nicht nur durch den momentanen Zinssatz, sondern auch durch die historischen Zinssätze beeinflusst. Zweitens erhöht das Zinsrisiko den Liquiditätsspread. Da ein höheres Risiko die Attraktivität von Anleihen senkt, verringern die Investoren ihre Bestände. Hierdurch steigt die Anfälligkeit gegenüber einem Liquiditätsschock. Der Einfluss des Zinsrisikos ist für realistisch gewählte Parameter nicht sehr hoch und wird erst bei vergleichsweise hohen Zinsvolatilitäten deutlich spürbar.

Ein wichtiges Problem der empirischen Analyse von Liquiditätsspreads besteht darin, geeignete Instrumente zu finden, die sich in ihrer Liquidität unterscheiden, während sie in Bezug auf andere Risikoquellen nahezu identisch sind. In unserer Studie verwenden wir dazu Anleihen der Bundesrepublik Deutschland als liquide Wertpapiere. Ihre illiquiden Gegenstücke werden durch Anleihen der Bundesländer Baden-Württemberg und Bayern sowie Anleihen der Kreditanstalt für Wiederaufbau (KfW) gebildet. Der Untersuchungszeitraum erstreckt sich von Beginn der Währungsunion im Jahre 1999 bis zum Jahr 2003. Die illiquiden Anleihen weisen das gleiche Zinsrisiko wie die Bundeswertpapiere auf. Auch das Kreditrisiko ist vergleichbar. Für KfW-Anleihen gibt es eine gesetzlich garantierte Haftung der Bundesrepublik Deutschland. Für Anleihen der Bundesländer existiert keine

[2] Der Einfluss des Zinssatzes würde sich auch in einer komparativ-statischen Untersuchung des Modells unter Zinssicherheit zeigen. In unserer Arbeit konzentrieren wir uns jedoch auf die Wirkung von Zinsunsicherheit und haben die Wirkung der Höhe des Zinssatzes mit Hilfe eines Modells mit stochastisch schwankenden Zinssätzen untersucht.

explizite Haftung. Es lassen sich jedoch implizit aus dem Grundgesetz ähnliche Pflichten für die Bundesrepublik Deutschland ableiten. Im Durchschnitt sind die Renditen der Anleihen der Bundesländer höher als die der KfW-Anleihen. Die Differenz ist jedoch nur an 23,4% der Beobachtungszeitpunkte signifikant positiv. Es gibt sogar teilweise (5,7% der Beobachtungszeitpunkte) einen signifikant negativen Renditeunterschied.

Der durch die unterschiedlichen Emittenten hervorgerufene Effekt ist jedoch wesentlich kleiner als die Unterschiede, die sich durch Laufzeit, Alter und Kuponhöhe der Anleihen ergeben. Im überwiegenden Teil des Untersuchungszeitraums steigt der Liquiditätsspread mit der Restlaufzeit einer Anleihe an. Gegen Ende des Zeitraums flacht dieser Effekt jedoch ab und kehrt sich teilweise um. Eine mögliche Erklärung für dieses Phänomen könnte das Verhalten der Aktienkurse in dem betrachteten Zeitraum liefern. Durch die schlechte Performance der Aktienmärkte ab dem Jahr 2000 haben Anleger vermutlich Mittel aus Aktienanlagen abgezogen und ihren Bestand an liquiden Wertpapieren aufgestockt. Falls sie diese Liquiditätsreserven während der Erholung der Aktienmärkte im Jahr 2003 aufgelöst haben, hätte dies eine Umkehrung des Laufzeiteinflusses zur Folge. Mit zunehmendem Alter und steigendem Kupon der Anleihe erhöht sich deren Liquiditätsprämie. Als Ursachen kommen ein steuerlicher Kuponeffekt oder der Bond-Aging-Effekt in Frage. Aufgrund des im Lauf des Untersuchungszeitraums stetig sinkenden Zinsniveaus ist jedoch eine Trennung der beiden Effekte nicht möglich. Alter und Kuponhöhe sind stark korreliert. Ein weiteres auffälliges Ergebnis ist die geringe Erklärungskraft des Emissionsvolumens einer Anleihe. Es liegt nahe, dass die Größe einer bestimmten Wertpapieremission deren Liquidität nur zu einem Teil bestimmt. Einen größeren Einfluss besitzt offenbar vielmehr die Größe des Markts für nahe Substitute des Wertpapiers, wie z. B. im Falle einer Bundesanleihe die Größe des Markts für die gesamte Asset-Klasse vergleichbarer Bundeswertpapiere.

Die dynamische Analyse der Liquiditätsspreads bestätigt die negative Korrelation der Spreads mit dem Zinsniveau. Ebenso kann die von dem Modell vorhergesagte Abhängigkeit der Liquiditätsspreads von der Historie des Zinsniveaus teilweise bestätigt werden. Langfristig schwächt sich diese Pfadabhängigkeit ab. Wie im Modell hat die Volatilität des Zinssatzes auch bei der empirischen Untersuchung nur einen geringen Einfluss auf die Höhe der Liquiditätsprämie.

Wie in der eingangs dieses Abschnitts zitierten Aussage von Veblen angedeutet wird, führen die in dieser Arbeit dargestellten Erkenntnisse über Liquiditätsspreads selbst wieder zu neuen Fragen. Die einleitend erwähnte Schwierigkeit, dass die formale Erfassung von

Liquidität eine komplexe Modellstruktur erfordert, gilt auch für unseren Ansatz. Unser Modell besitzt einen fünfdimensionalen Zustandsraum (inklusive Zeit). Trotz einiger Vereinfachungen resultiert daraus ein hoher Aufwand an Rechenleistung zur Quantifizierung von Liquiditätsspreads. Bellman (1961, S. 94) prägte für dieses Problem den Ausdruck *curse of dimensionality*.

Ein möglicher Ausweg aus dieser Problematik besteht in der Verwendung alternativer numerischer Algorithmen, wie z. B. der auf Simulationstechniken basierenden Least-Squares Monte Carlo Methode, die u. a. von Longstaff (2001) zur Bestimmung optimaler Strategien in dynamischen Portfoliowahlproblemen angewendet wird. Neben diesen rein mathematischen Verbesserungen haben wir in unserer Arbeit bereits einen weiteren Ausweg skizziert. Im Rahmen des Modellvergleichs mit einem Modell mit momentanem Liquiditätsspread sind die wesentlichen ökonomischen Eigenschaften unseres Modells herausgearbeitet worden, die in den einfacheren Modellen nicht enthalten sind. Durch entsprechende Modifikationen der Stochastik der Zustandsvariablen können diese Eigenschaften, wie Korrelation mit dem Zinssatz und Pfadabhängigkeit, auch bei einfacheren Modellen implementiert werden. Diese könnte man dann insbesondere für empirische Analysen einsetzen. Unsere empirische Analyse ist durch die Tatsache limitiert, dass das Modell viele schwer zu ermittelnde Größen enthält. Neben den Risikopräferenzparametern sind insbesondere Angaben über Marktanteile, Handelsaktivität sowie Investitionshorizonte der Teilnehmer auf liquiden und illiquiden Anleihemärkten notwendig. Diese Angaben sind – falls überhaupt – nur indirekt ermittelbar. Neben einer möglichen Reduktion der relevanten Größen für den Liquiditätsspread erfordert ein vereinfachtes Modell weniger Rechenleistung zur Durchführung einer Bewertung. Dies eröffnet auch die Möglichkeit, latente Größen mit Hilfe empirischer Daten zu kalibrieren.

Ein vereinfachtes Modell kann auch die Basis für eine weitere interessante Fragestellung für zukünftige Untersuchungen bilden, nämlich die Erweiterung des Modells auf mehrere liquide und illiquide Wertpapiere. In unserer Untersuchung haben wir uns auf ein einzelnes liquides und illiquides Wertpapier beschränkt. Ihre Cash-Flows sind identisch. Die beiden Wertpapiere sind somit bezüglich des Konsums, den sie ihren Inhabern am Ende der Laufzeit ermöglichen, substitutive Güter. Hebt man die Aufnahme identischer Cash-Flows auf, löst man die strenge Substitutionsbeziehung zwischen liquiden und illiquiden Anleihen auf. Neben der Modellierung von Anleihen mit unterschiedlichen Laufzeiten besteht eine für die Praxis äußerst relevante Erweiterung des Modells darin, ausfallgefährdete Cash-Flows in das Modell mit einzubeziehen. In Abschnitt 3.4.1 haben wir entsprechende mögliche Modifikationen des Modells skizziert. In einem solchen Modell müssten die Investoren ihre Anlageentscheidung simultan bezüglich Bonitätsgrad, Liquiditätsgrad und Laufzeit treffen. Eine solche Analyse ermöglicht es, den Spread von Unternehmensanleihen in eine Kreditrisiko- und eine Liquiditätskomponente aufzuspalten. Eine Trennung der beiden Komponenten erlaubt eine genauere Bewertung kreditrisikobehafteter Anleihen, deren Volumina in den letzten Jahren im Zuge der zunehmenden Verbriefung von Forderungen rasant angestiegen sind.

# Anhang A

# Herleitung der Euler-Gleichungen im zeitdiskreten Portfoliowahlmodell

Die Lösung eines Portfoliowahlproblems kann mit Hilfe der Euler-Gleichungen charakterisiert werden. Wir werden die Herleitung dieser Gleichungen in einem mehrperiodigen Konsum- und Portfoliowahlproblems darstellen. Wir betrachten einen Investor mit zeitadditiver Nutzenfunktion und konstanter Zeitpräferenzrate $\delta$, der den erwarteten Nutzen seines Konsums $c(t)$ in den Zeitpunkten $t = 0, 1, 2, ..., T$ maximiert. In jedem Zeitpunkt kann er zwei Wertpapiere handeln, deren (diskrete) Renditen in der Periode $(t, t+1]$ durch die Zufallsvariablen $\tilde{r}_1(t)$ und $\tilde{r}_2(t)$ beschrieben werden. Zu Beginn besitzt der Investor ein Anfangsvermögen in Höhe von $W(0)$. Zusätzlich fließen ihm in jeder Periode exogene Cash-Flows in Höhe von $e(t)$ zu. Seine Strategie wird über den Konsum $c(t)$ und die Beträge $W_i(t)$ $(i = 1, 2)$ charakterisiert, die der Investor nach den Transaktionen in $t$ in Wertpapier $i$ investiert hat. Die optimale Strategie wird mit $\{c^*(t), W_1^*(t), W_2^*(t)\}$ gekennzeichnet. Das Optimierungsproblem lautet formal:

$$\max_{c(t),\ W_1(t),\ W_2(t)} \mathbb{E}_0 \left[ \sum_{t=0}^{T} e^{-\delta t} u(c(t)) \right] \tag{A.1}$$

u. d. N.

$$W(t+1) = W_1(t)(1+\tilde{r}_1(t)) + W_2(t)(1+\tilde{r}_2(t)) \tag{A.2}$$

$$W_1(t) + W_2(t) = W(t) + e(t) - c(t) \tag{A.3}$$

Die Dynamik des Vermögens (A.2) und die Budgetbedingung (A.3) bilden die Nebenbedingungen des Problems.

## A.1 Euler-Gleichungen im Fall eines vollkommenen Finanzmarkts

Sei $J(W(t), t)$ die indirekte Nutzenfunktion mit

$$J(W(t), t) = \max_{c(t),\ W_1(t),\ W_2(t)} \mathbb{E}_t \left[ \sum_{s=t}^{T} e^{-\delta s} u(c(s)) \right] \tag{A.4}$$

unter den Nebenbedingungen (A.2) und (A.3). $J(W(t), t)$ erfüllt die Bellman-Gleichung

$$J(W(t), t) = \max_{c(t),\ W_1(t),\ W_2(t)} \left\{ u(c(t)) + e^{-\delta} \mathbb{E}_t \left[ J(W(t+1), t+1) \right] \right\} \tag{A.5}$$

unter den gleichen Nebenbedingungen. Die Optimalitätsbedingungen für die drei Entscheidungsvariablen aus der Bellman-Gleichung führen nach Einsetzen der Vermögensentwicklung (A.2) zu den folgenden drei Bedingungen erster Ordnung:

$$\begin{aligned} u'(c^*(t)) + \eta_{Budget} &= 0 & \text{(A.6)} \\ e^{-\delta} \mathbb{E}_t \left[ \frac{\partial J(W(t+1), t+1)}{\partial W(t+1)} (1 + \tilde{r}_1(t)) \right] + \eta_{Budget} &= 0 & \text{(A.7)} \\ e^{-\delta} \mathbb{E}_t \left[ \frac{\partial J(W(t+1), t+1)}{\partial W(t+1)} (1 + \tilde{r}_2(t)) \right] + \eta_{Budget} &= 0 & \text{(A.8)} \end{aligned}$$

Dabei bezeichnet $\eta_{Budget}$ den Lagrange-Multiplikator der Budgetbedingung (A.3). Löst man Gleichung (A.6) nach dem Lagrange-Multiplikator auf und setzt diesen in die Gleichungen (A.7) und (A.8) ein, so erhält man:

$$\begin{aligned} u'(c^*(t)) &= e^{-\delta} \mathbb{E}_t \left[ \frac{\partial J(W(t+1), t+1)}{\partial W(t+1)} (1 + \tilde{r}_1(t)) \right] & \text{(A.9)} \\ u'(c^*(t)) &= e^{-\delta} \mathbb{E}_t \left[ \frac{\partial J(W(t+1), t+1)}{\partial W(t+1)} (1 + \tilde{r}_2(t)) \right] & \text{(A.10)} \end{aligned}$$

Gemäß der Bellman-Gleichung können wir die indirekte Nutzenfunktion auch in Abhängigkeit der optimalen Strategie des Investors ausdrücken:

$$J(W(t), t) = u(c^*(t)) + e^{-\delta} \mathbb{E}_t \left[ J(W_1^*(t)(1 + \tilde{r}_1(t)) + W_2^*(t)(1 + \tilde{r}_2(t)), t+1) \right] \tag{A.11}$$

Wir bilden nun die Ableitung nach dem Vermögen $W(t)$:

$$\begin{aligned} \frac{\partial J(W(t), t)}{\partial W(t)} &= u'(c^*(t)) \frac{\partial c^*(t)}{\partial W(t)} \\ &\quad + e^{-\delta} \mathbb{E}_t \left[ \frac{\partial J(W(t+1), t+1)}{\partial W(t+1)} \frac{\partial W_1^*(t)}{\partial W(t)} (1 + \tilde{r}_1(t)) \right] \\ &\quad + e^{-\delta} \mathbb{E}_t \left[ \frac{\partial J(W(t+1), t+1)}{\partial W(t+1)} \frac{\partial W_2^*(t)}{\partial W(t)} (1 + \tilde{r}_2(t)) \right] \end{aligned} \tag{A.12}$$

Mit Hilfe der Bedingungen erster Ordnung (A.9) und (A.10) kann dieser Ausdruck zu der Gleichung

$$\frac{\partial J(W(t),t)}{\partial W(t)} = u'(c^*(t))\frac{\partial c^*(t)}{\partial W(t)} + \frac{\partial W_1^*(t)}{\partial W(t)}u'(c^*(t)) + \frac{\partial W_2^*(t)}{\partial W(t)}u'(c^*(t)) \qquad \text{(A.13)}$$

vereinfacht werden. Zusätzlich liefert die Differentiation der Budgetbedingung (A.3) den Zusammenhang

$$\frac{\partial c^*(t)}{\partial W(t)} = 1 - \frac{\partial W_1^*(t)}{\partial W(t)} - \frac{\partial W_2^*(t)}{\partial W(t)}, \qquad \text{(A.14)}$$

der eingesetzt in Gleichung (A.13) das Envelope-Theorem

$$\frac{\partial J(W(t),t)}{\partial W(t)} = u'(c^*(t)) \qquad \text{(A.15)}$$

ergibt. Dieser Zusammenhang gilt für alle Zeitpunkte. Das Einsetzen von Gleichung (A.15) für den Zeitpunkt $t+1$ in die Gleichungen (A.9) und (A.10) liefert die Euler-Gleichungen:

$$u'(c^*(t)) = e^{-\delta}\mathbb{E}_t\left[u'(c^*(t+1))(1+\tilde{r}_1)\right] \qquad \text{(A.16)}$$

$$u'(c^*(t)) = e^{-\delta}\mathbb{E}_t\left[u'(c^*(t+1))(1+\tilde{r}_2)\right] \qquad \text{(A.17)}$$

## A.2 Euler-Gleichungen bei Verbot von Leerverkäufen

Bei der Analyse im vorhergehenden Abschnitt sind wir davon ausgegangen, dass der Investor keinen Einschränkungen bezüglich seiner Handelsstrategie unterliegt. Da im vorgestellten Gleichgewichtsmodell jedoch Leerverkaufsbeschränkungen gelten, wollen wir den Einfluss dieser Friktionen auf die Euler-Gleichungen darstellen. Das Optimierungsproblem enthält in diesem Fall zwei zusätzliche Nebenbedingungen (A.21) und (A.22):

$$\max_{c(t),\, W_1(t),\, W_2(t)} \mathbb{E}_0\left[\sum_{t=0}^{T} e^{-\delta t}u(c(t))\right] \qquad \text{(A.18)}$$

u. d. N.

$$W(t+1) = W_1(t)(1+\tilde{r}_1(t)) + W_2(t)(1+\tilde{r}_2(t)) \qquad \text{(A.19)}$$

$$W_1(t) + W_2(t) = W(t) + e(t) - c(t) \qquad \text{(A.20)}$$

$$W_1(t) \geq 0 \qquad \text{(A.21)}$$

$$W_2(t) \geq 0 \qquad \text{(A.22)}$$

Die beiden neuen Nebenbedingungen in Form von Ungleichungen erfordern die Einführung zweier zusätzlicher Lagrange-Multiplikatoren $\eta_{LV1} \geq 0$ und $\eta_{LV2} \geq 0$. Die entsprechenden Kuhn-Tucker-Optimalitätsbedingungen für die Bellman-Gleichung (A.5) lauten:

$$u'(c^*(t)) + \eta_{Budget} = 0 \tag{A.23}$$

$$e^{-\delta}\mathbb{E}_t\left[\frac{\partial J(W(t+1),t+1)}{\partial W(t+1)}(1+\tilde{r}_1(t))\right] + \eta_{Budget} + \eta_{LV1} = 0 \tag{A.24}$$

$$e^{-\delta}\mathbb{E}_t\left[\frac{\partial J(W(t+1),t+1)}{\partial W(t+1)}(1+\tilde{r}_2(t))\right] + \eta_{Budget} + \eta_{LV2} = 0 \tag{A.25}$$

Nach Elimination des Multiplikators $\eta_{Budget}$ ergibt sich:

$$u'(c^*(t)) = e^{-\delta}\mathbb{E}_t\left[\frac{\partial J(W(t+1),t+1)}{\partial W(t+1)}(1+\tilde{r}_1(t))\right] + \eta_{LV1} \tag{A.26}$$

$$u'(c^*(t)) = e^{-\delta}\mathbb{E}_t\left[\frac{\partial J(W(t+1),t+1)}{\partial W(t+1)}(1+\tilde{r}_2(t))\right] + \eta_{LV2} \tag{A.27}$$

Bildet man nun die Ableitung der indirekten Nutzenfunktion nach dem aktuellen Vermögen analog zu dem Vorgehen im Abschnitt zuvor, so erhält man nach Einsetzen der Optimalitätsbedingungen (A.26) und (A.27):

$$\frac{\partial J(W(t),t)}{\partial W(t)} = u'(c^*(t)) - \frac{\partial W_1^*(t)}{\partial W(t)}\eta_{LV1} - \frac{\partial W_2^*(t)}{\partial W(t)}\eta_{LV2} \tag{A.28}$$

Mit Hilfe der Kuhn-Tucker-Bedingungen des komplementären Schlupfs

$$W_1^*(t) \cdot \eta_{LV1} = 0 \qquad W_2^*(t) \cdot \eta_{LV2} = 0 \tag{A.29}$$

lässt sich zeigen, dass die letzten beiden Terme in Gleichung (A.28) gleich Null sind,[1] so dass wir wieder das Envelope-Theorem

$$\frac{\partial J(W(t),t)}{\partial W(t)} = u'(c^*(t)) \tag{A.30}$$

erhalten. Durch Einsetzen des Envelope-Theorems in die Gleichungen (A.26) und (A.27) können wir die Euler-Gleichungen im Fall von Leerverkaufsbeschränkungen

$$u'(c^*(t)) \geq e^{-\delta}\mathbb{E}_t\left[u'(c^*(t+1))(1+\tilde{r}_1)\right] \tag{A.31}$$

$$u'(c^*(t)) \geq e^{-\delta}\mathbb{E}_t\left[u'(c^*(t+1))(1+\tilde{r}_2)\right] \tag{A.32}$$

[1] Wir nutzen dabei die Tatsache aus, dass aus $f(x) \cdot g(x) = 0$ für $x \in \mathcal{I}$ die Beziehung $f'(x) \cdot g(x) = 0$ für $x \in \mathcal{I}$ folgt. Der entsprechende Beweis nutzt zunächst die Konstanz des Produkts der Funktionen aus:

$$f(x) \cdot g(x) = 0 \Rightarrow \frac{\partial}{\partial x}(f(x) \cdot g(x)) = f'(x) \cdot g(x) + f(x) \cdot g'(x) = 0$$

Da jedoch für jedes $x \in \mathcal{I}$ entweder $g(x)$ oder $f(x)$ Null betragen muss, ist einer der beiden Terme $f'(x) \cdot g(x)$ und $f(x) \cdot g'(x)$ gleich Null. Aus der Gleichung folgt dies dann auch für den anderen.

ermitteln. Dabei haben wir anstelle der expliziten Angabe der Lagrange-Multiplikatoren für die Leerverkaufsbeschränkungen deren aus den Kuhn-Tucker-Bedingungen folgende Nichtnegativität ausgenutzt und die Euler-Gleichungen in Form von Ungleichungen ausgedrückt. Alternativ kann man die Euler-Gleichungen auch unter Ausnutzung des Satzes vom komplementären Schlupf mit Hilfe einer Fallunterscheidung darstellen:

$$u'(c^*(t)) = e^{-\delta}\mathbb{E}_t\left[u'(c^*(t+1))(1+\tilde{r}_1)\right] \quad \text{oder} \quad W_1^*(t) = 0 \tag{A.33}$$

$$u'(c^*(t)) = e^{-\delta}\mathbb{E}_t\left[u'(c^*(t+1))(1+\tilde{r}_2)\right] \quad \text{oder} \quad W_2^*(t) = 0 \tag{A.34}$$

Dabei gilt jeweils die zweite Alternative im Falle einer bindenden Leerverkaufsbeschränkung für Wertpapier 1 bzw. 2.

# Anhang B

# Zur Wirkung der reduzierten Modellkomplexität nach Auftreten eines Liquiditätsschocks

Wir untersuchen die Unterschiede zwischen dem Optimierungsproblem des langfristigen Investors nach einem Liquiditätsschock aus Abschnitt 3.3.1 und der reduzierten Variante aus Abschnitt 3.3.2. Wir betrachten ein Modell mit 5 Zeitpunkten $t = 0, 1, 2, 3, 4$. Wir spezifizieren die Modellparameter wie im Referenzfall aus Kapitel 4, d. h. $T = 4$; $\kappa_r = 0,3$; $\theta_r = 0,05$; $\sigma_r = 0,05$; $\Theta_r = -0,5$; $r(0) = 0,05$; $A_1(0) = A_2(0) = 4$; $\bar{A} = 8$; $a_1(0) = a_2(0) = 2$; $\bar{e} = 10$; $\bar{e}_T = 4$; $\delta = 0,05$ und $\gamma = 2$. Wir nehmen an, dass der Liquiditätsschock unmittelbar in $\tau_{LQ} = 0$ auftritt.

## B.1 Optimales Verhalten des langfristigen Investors nach Abschnitt 3.3.1

Die Optimalitätsbedingungen für das Verhalten des langfristigen Investors im allgemeinen Fall sind bereits in Abschnitt 3.3.1 hergeleitet worden. Auch mit den konkreteren Spezifikationen der Zustandsvariablen aus Abschnitt 3.4 ist die Lösung des Optimierungsproblems noch von beträchtlicher Komplexität, so dass wir keine explizite Lösung angeben können.

Um trotzdem die Struktur der Strategie des Investors zu erfassen, werden wir zunächst den Fall der Zinsunsicherheit ausblenden, d. h. die Rendite der liquiden Anleihe beträgt über die Zeit hinweg konstant $y$. Wäre es dem Investor gestattet, Short-Positionen im liquiden Zerobond einzugehen, so würde in jedem Zeitpunkt $t > \tau_{LQ}$ die Euler-Gleichung (3.46) erfüllt sein:

$$c_1^*(t)^{-\gamma} B(t,T) = e^{-\delta} \mathbb{E}_t \left[ c_1^*(t+1)^{-\gamma} B(t+1,T) \right] \tag{B.1}$$

Löst man dieses rekursive Gleichung explizit, so ergibt sich dadurch:

$$c_1(t) = e^{(t-\tau_{LQ})(y-\delta)/\gamma} c_1(\tau_{LQ}) \qquad \text{für } t > \tau_{LQ} \tag{B.2}$$

Entspricht die Zeitpräferenzrate $\delta$ genau der Verzinsung der liquiden Anleihe, so konsumiert der Investor in jeder Periode den gleichen Betrag. Ist der Zinssatz höher als die Zeitpräferenzrate, so steigt der Konsum mit der Zeit an. Der Investor legt also im Vergleich zum vorherigen Fall mehr Mittel in der Anleihe an, um den aus seiner Sicht attraktiven Kapitalmarktzinssatz auszunutzen. Im umgekehrten Fall konsumiert der Investor zunächst mehr. Für realistische Parameterwerte verändert sich die Höhe des Konsums jedoch nicht wesentlich.[1]

Die oben beschriebene Strategie der Konsumglättung ist jedoch in der Regel nur durch Leerverkäufe implementierbar, da der langfristige Investor bei Auftreten eines Liquiditätsschocks zunächst den Kaufpreis der illiquiden Anleihen finanzieren muss, die er von dem kurzfristigen Anleger erwirbt. Dies schmälert seine Konsummöglichkeiten in $\tau_{LQ}$ und erhöht sie in der letzten Periode $T$. Aufgrund des Leerverkaufsverbots kann der Investor die Einzahlungen aus den Anleihen jedoch nicht in die Vorperioden übertragen, falls er nicht über einen sehr großen Bestand an liquiden Anleihen verfügt. Wir illustrieren diesen Effekt anhand eines einfachen Beispiels. Wir betrachten die optimale Strategie des langfristigen Investors, der $T = 4$-jährige Anleihen hält. Wir nehmen an, dass unmittelbar in $t = 0$ – noch bevor Handel stattgefunden hat – ein Liquiditätsschock auftritt. Die Investoren halten also noch ihre Anfangsausstattung an Wertpapieren. Als Diskretisie-

[1] Bei der angenommen Zeitpräferenzrate von $\delta = 0{,}05$ würde eine Verzinsung von $y = 8\%$ bzw. $y = 3\%$ dazu führen, dass der Konsum innerhalb von 4 Jahren um 6,2% erhöht bzw. um 3,9% verringert. Die Wahrscheinlichkeit, dass eine solche starke Veränderung der Rendite einer vierjährigen Anleihe innerhalb eines Jahres bei den Parametern des Referenzfalls auftritt, liegt unter $0{,}02\%$. Die optimale Strategie besteht bei dieser Wahl der Parameter somit im wesentlichen aus einer Glättung des Konsums über die Zeit.

rungsintervall wird ein Jahr $\Delta t = 1$ gewählt. In Tabelle B.1 wird die optimale Konsum- und Handelsstrategie für verschieden hohe Zinsniveaus $y \in \{0,03;\ 0,05;\ 0,08\}$ dargestellt.

Tabelle B.1: Optimale Konsum- und Handelsstrategie nach $\tau_{LQ}$ (Zinssicherheit)

In den folgenden Tabellen geben wir das optimale Verhalten des langfristigen Investors nach einem Liquiditätsschock in $\tau_{LQ} = 0$ an. Wir gehen dabei von einem konstanten Zinsniveau $y$ aus und berechnen die optimale Konsum- und Handelsstrategie des Investors nach einem Liquiditätsschock sowie den daraus resultierenden Liquiditätsspread für verschiedene Zinsniveaus. Die übrigen Parameter sind wie im Referenzfall gewählt: $T = 4$; $A_1(0) = A_2(0) = 4$; $\bar{A} = 8$; $a_1(0) = a_2(0) = 2$; $\bar{e} = 10$; $\bar{e}_T = 4$; $\delta = 0,05$ und $\gamma = 2$.

$y = 3,0\%$

| $t$ | 0 | 1 | 2 | 3 | 4 |
|---|---|---|---|---|---|
| gehaltene liquide Bonds $a_1(t)$ | 2,000 | 0,000 | 0,000 | 0,000 | 0,000 |
| Konsum $c(t)$ | 9,654 | 10,000 | 10,000 | 10,000 | 12,000 |

$\Rightarrow$ Liquiditätsspread: $\lambda(0) = 12,88\%$

$y = 5,0\%$

| $t$ | 0 | 1 | 2 | 3 | 4 |
|---|---|---|---|---|---|
| gehaltene liquide Bonds $a_1(t)$ | 2,000 | 0,000 | 0,000 | 0,000 | 0,000 |
| Konsum $c(t)$ | 9,55926 | 10,000 | 10,000 | 10,000 | 12,000 |

$\Rightarrow$ Liquiditätsspread: $\lambda(0) = 11,37\%$

$y = 8,0\%$

| $t$ | 0 | 1 | 2 | 3 | 4 |
|---|---|---|---|---|---|
| gehaltene liquide Bonds $a_1(t)$ | 2,000 | 0,180 | 0,172 | 0,000 | 0,000 |
| Konsum $c(t)$ | 9,430 | 9,858 | 10,007 | 10,159 | 12,000 |

$\Rightarrow$ Liquiditätsspread: $\lambda(0) = 9,05\%$

Wie die Berechnungen zeigen, wird die Strategie des langfristigen Investors wesentlich von den Leerverkaufsbeschränkungen bestimmt. Zwischen dem Zeitpunkt des Liquiditätsschocks und der Fälligkeit der Anleihen wird das Konsumniveau in etwa konstant gehalten. Erst bei relativ hohen Zinssätzen ist der langfristige Investor bereit, in frühen Perioden auf Konsum zu verzichten und Mittel in liquiden Anleihen anzulegen. Liquide Anleihen bieten im Gegensatz zu illiquiden Anleihen die Möglichkeit, durch vorzeitigen

Verkauf die Höhe des Konsums in den Perioden vor Fälligkeit $T$ zu erhöhen. Da in den betrachteten Fällen der langfristige Investor seinen Konsum zur Finanzierung des Kaufs der illiquiden Anleihen senken muss, weisen liquide Anleihen eine geringere Rendite auf. Es ergibt sich ein positiver Liquiditätsspread.

Tabelle B.2: Optimale Konsum- und Handelsstrategie nach $\tau_{LQ}$ (Zinsunsicherheit)

In dieser Tabelle geben wir das optimale Verhalten des langfristigen Investors nach einem Liquiditätsschock in $\tau_{LQ} = 0$ an. Es herrscht Zinsunsicherheit nach der in Abschnitt 3.4.1 beschriebenen diskreten Variante des Modells von Cox, Ingersoll und Ross (1985b). Die Parameter sind wie im Referenzfall gewählt: $T = 4$; $\kappa_r = 0,3$; $\theta_r = 0,05$; $\sigma_r = 0,05$; $\Theta_r = -0,5$; $A_1(0) = A_2(0) = 4$; $\bar{A} = 8$; $a_1(0) = a_2(0) = 2$; $\bar{e} = 10$; $\bar{e}_T = 4$; $\delta = 0,05$, $\gamma = 2$ und $r(0) = 0,05$. Zum Vergleich geben wir die optimalen Entscheidungen unter Zinssicherheit bei einem Zinsniveau von $y = 0,0516$ (der Rendite der vierjährigen Anleihen in $t = 0$ im Fall mit Zinsunsicherheit) an.

Zinsunsicherheit

| $t$ | 0 | 1 | 2 | 3 | 4 |
|---|---|---|---|---|---|
| gehaltene liquide Bonds $a_1(t)$ | 2,000 | 0,000 - 0,081 | 0,000 - 0,058 | 0,000 | 0,000 |
| Konsum $c(t)$ | 9,558 | 9,933 - 10,000 | 9,963 - 10,059 | 9,963 - 10,059 | 12,000 |

$\Rightarrow$ Liquiditätsspread: $\lambda(0) = 11,26\%$

Zinssicherheit, $y = 5,16\%$

| $t$ | 0 | 1 | 2 | 3 | 4 |
|---|---|---|---|---|---|
| gehaltene liquide Bonds $a_1(t)$ | 2,000 | 0,000 | 0,009 | 0,008 | 0,000 |
| Konsum $c(t)$ | 9,55185 | 9,992 | 10,000 | 10,008 | 12,000 |

$\Rightarrow$ Liquiditätsspread: $\lambda(0) = 11,26\%$

Wir werden nun zusätzlich Zinsunsicherheit (mit den Parameter des Referenzfalls) berücksichtigen. Die Entscheidungen des Investors hängen in diesem Fall von der Realisation des Zinssatzes ab. In Tabelle B.2 skizzieren wir die optimale Strategie des langfristigen Investors, in dem wir zu jedem Zeitpunkt die Bandbreite angeben, innerhalb derer sich die optimale Strategie bewegt.

Wir vergleichen die optimale Strategie unter Zinsunsicherheit mit der optimalen Strategie bei einem konstanten Zinsniveau $y = 0,0516$. In beiden Szenarien hat eine $T = 4$-jährige liquide Nullkuponanleihe in $t = 0$ denselben Preis. Wie die Berechnungen zeigen, weicht die Strategie unter Zinsunsicherheit nur geringfügig von der Strategie unter Sicherheit ab. Auf den Liquiditätsspread besitzt die Zinsunsicherheit in diesem Fall überhaupt keinen Einfluss, da der optimale Konsum in $t = T$ durch die Leerverkaufsbeschränkung in beiden Fällen dem minimalen Wert $c_1(4) = 12$ entspricht. Der Konsum in $t = 0$ sowie der Liquiditätsabschlag sind somit gleich.

## B.2 Vergleich mit dem reduzierten Modell aus Abschnitt 3.3.2

In Abschnitt 3.3.2 wird eine reduzierte Variante des Optimierungsproblems der langfristigen Investoren dargestellt. In dieser Variante bleibt die Rendite der liquiden Anleihe von $\tau_{LQ}$ an bis zur Fälligkeit in $T$ konstant. Ferner konsumieren die langfristigen Investoren in jeder Periode zwischen $\tau_{LQ}$ und $T$ (Randpunkte exklusive) den gleichen Betrag. Alles weitere bleibt unverändert.

Offensichtlich berücksichtigen die beiden zusätzlichen Einschränkungen die im vorhergehenden Abschnitt gewonnenen Erkenntnisse über die Struktur der optimalen Strategie des langfristigen Investors. Der Liquiditätsspread entsteht auch im reduzierten Problem aufgrund der Tatsache, dass die liquiden Anleihen Konsummöglichkeiten in Perioden vor Fälligkeit $T$ generieren. Der optimale Konsumplan des Investors wird jedoch gegebenenfalls durch die zusätzlichen Einschränkungen verändert. Wir wollen im Folgenden die bestehenden Unterschiede quantitativ analysieren.

Betrachtet man zunächst die in Abschnitt B.1 explizit berechneten optimalen Strategien, so liefert das vereinfachte Problem (3.56) bis (3.61) für die dort analysierten Fälle die gleichen Werte für $P_{LQ}(\tau_{LQ}, T)$ und $c^*_{1,LQ}(\tau_{LQ})$.[2] Für die gewählten Parameter ergibt sich also trotz einer Reduktion des Problems keine Abweichung zwischen den Lösungen des exakten und des vereinfachten Problems.

[2] Die Unterschiede der Werte liegen unterhalb der numerischen Genauigkeit der verwendeten Routinen.

Im reduzierten Modell hält der Investor seinen Konsum in $t = \tau_{LQ} + 1, ..., T - 1$ konstant. Daher sind intuitiv dann Auswirkungen der Modellreduktion zu erwarten, wenn der Investor Anreize besitzt, von einer Strategie der Konsumglättung abzuweichen. Dies ist insbesondere dann der Fall, wenn der Zinssatz und die Zeitpräferenzrate spürbar voneinander abweichen. Wir untersuchen daher die Abweichungen zwischen beiden Modellen für verschieden hohe, deterministische Zinsniveaus von von $r = 0,03$ bis $r = 0,08$.[3] Zusätzlich variieren wir zunächst den von den langfristigen Investoren gehaltenen Bestand an liquiden Wertpapieren von $a_1(0) = 0$ bis $a_1(0) = 8$. Wir berechnen jeweils die prozentuale Abweichung der Werte von $c^*_{1,LQ}(\tau_{LQ})$ und $P_{LQ}(\tau_{LQ}, T)$ im reduzierten Modell von dem ursprünglichen Problem. In Abbildung B.1 sind die Ergebnisse für den optimalen Konsum $c^*_{1,LQ}(\tau_{LQ})$ dargestellt. Die Abweichungen zeigen die folgende Struktur. Für kleine Bestände an liquiden Anleihen sind keine Abweichungen messbar, da die optimale Strategie nach $\tau_{LQ}$ aufgrund der Leerverkaufsbeschränkungen darin besteht, jeweils den gesamten Einkommensstrom $e(t)$ zu konsumieren. Abweichungen zeigen sich nur, falls der langfristige Investor zum Zeitpunkt eines Liquiditätsschock über einen so hohen Bestand an liquiden Anleihen verfügt, dass er nicht seine gesamte Anleiheposition zur Finanzierung des Kaufs der illiquiden Anleihen von den kurzfristigen Investoren aufgeben muss. Die Abweichungen sind dabei fast im gesamten Parameterbereich von nur geringer Größe (für die Parameter des Referenzfalls unter 0,01%). Liegt jedoch der Zinssatz unterhalb der Zeitpräferenzrate, $r < \delta$, so gibt es einen kleinen Bereich mit etwas ausgeprägteren Abweichungen (mit einer maximalen Abweichung bis zu 0,25%).[4] Über die Euler-Gleichung (3.51)

$$P_{LQ}(\tau_{LQ}, T) = e^{-\delta(T-\tau_{LQ})} \left( \frac{c^*_1(T)}{c^*_1(\tau_{LQ})} \right)^{-\gamma} \tag{B.3}$$

übertragen sich die Abweichungen der Größe $c^*_1(\tau_{LQ})$ auf den Preisabschlag des illiquiden Papiers bei Auftreten eines Liquiditätsschocks. Die Größe $c^*_1(T)$ stimmt im reduzierten

[3] Wie bereits in Fußnote 1 erwähnt, liegt der kurzfristige Zinssatz nach einem Jahr bei den Parameterwerten des Referenzfalls mit einer Wahrscheinlichkeit von über 99,98% in diesem Bereich.

[4] Dieser Bereich ist dadurch gekennzeichnet, dass der Investor liquide Anleihen von solchem Umfang besitzt, dass sie nur geringfügig über dem Betrag liegen, den er zur Finanzierung des Kaufs der illiquiden Anleihen benötigt. Kann der langfristige Investor seinen Konsum in jedem Zeitpunkt frei bestimmen, so würde er in den frühen Perioden nach $\tau_{LQ}$ seinen Bestand an liquiden Anleihen für Konsumzwecke auflösen, während er in den späteren Perioden lediglich seinen Einkommensstrom in Höhe von $\bar{e}$ bzw. $\bar{e}_T$ konsumiert. Trägt man die Höhe des optimalen Konsum zwischen den Zeitpunkten $\tau_{LQ}$ und $T$ über der Zeit ab, so ergibt sich eine geknickte Funktion. Diese geknickte Funktion wird von der konstanten Funktion im reduzierten Modell schlechter approximiert als die streng monoton ansteigenden (im Fall $r > \delta$) oder fallenden Funktionen (für große $a_1(\tau_{LQ})$ im Fall $r < \delta$).

Abbildung B.1: Effekt der reduzierten Komplexität auf $c^*_{1,LQ}(\tau_{LQ})$

In der Grafik sind die aufgrund der Reduktion der Komplexität hervorgerufenen, prozentualen Abweichungen des Konsum $c^*_{1,LQ}(\tau_{LQ})$ des langfristigen Investors zum Zeitpunkt $\tau_{LQ} = 0$ eines Liquiditätsschocks über dem Bestand $a_1(\tau_{LQ})$ an liquiden Anleihen aufgetragen. Wir gehen dabei von einem konstanten Zinsniveau $r$ aus, das wir von $r = 0,03$ bis $r = 0,08$ variieren. Die übrigen Parameter sind wie im Referenzfall gewählt: $T = 4$; $A_1(0) = A_2(0) = 4$; $\bar{A} = 8$; $a_1(0) = a_2(0) = 2$; $\bar{e} = 10$; $\bar{e}_T = 4$; $\delta = 0,05$ und $\gamma = 2$.

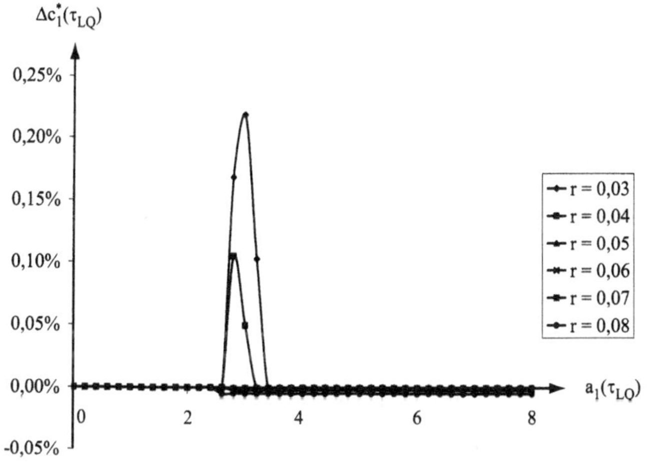


und im ursprünglichen Optimierungsproblem meist überein. Da der Investor in der letzten Periode den Rückfluss aus den illiquiden Anleihen erhält und er diesen aufgrund der Leerverkaufsbeschränkung nicht in die vorhergehenden Perioden transferieren kann, hat der Investor seinen Bestand an liquiden Anleihen in der Regel vor $T$ aufgelöst. Abweichungen ergeben sich lediglich in Fällen, in denen der langfristige Investor über einen sehr hohen Bestand an liquiden Anleihen verfügt. Die Ergebnisse über die Höhe der Abweichung des Preises $P_{LQ}(\tau_{LQ}, T)$ sind in Abbildung B.2 dargestellt. Bei den bisherigen Untersuchungen haben wir den Bestand an illiquiden Anleihen, die der langfristige Investor hält, konstant gehalten. Wir wiederholen die Analyse nun für verschieden hohe Bestände $A_1(\tau_{LQ})$. Damit wird gleichzeitig der Bestand der kurzfristigen Investoren in die entgegengesetzte Richtung variiert. Die Ergebnisse sind in Abbildung B.3 zusammengefasst und bestätigen die vorher erhaltenen Erkenntnisse. Die Abweichungen sind insgesamt auf sehr geringem Ni-

Abbildung B.2: Effekt der reduzierten Komplexität auf $P_{LQ}(\tau_{LQ}, T)$

In der Grafik sind die aufgrund der Reduktion der Komplexität hervorgerufenen, prozentualen Abweichungen des Preises $P_{LQ}(\tau_{LQ}, T)$ der illiquiden Anleihen zum Zeitpunkt $\tau_{LQ} = 0$ eines Liquiditätsschocks über dem Bestand $a_1(\tau_{LQ})$ an liquiden Anleihen aufgetragen. Wir gehen dabei von einem konstanten Zinsniveau $r$ aus, das wir von $r = 0,03$ bis $r = 0,08$ variieren. Die übrigen Parameter sind wie im Referenzfall gewählt: $T = 4$; $A_1(0) = A_2(0) = 4$; $\bar{A} = 8$; $a_1(0) = a_2(0) = 2$; $\bar{e} = 10$; $\bar{e}_T = 4$; $\delta = 0,05$ und $\gamma = 2$.

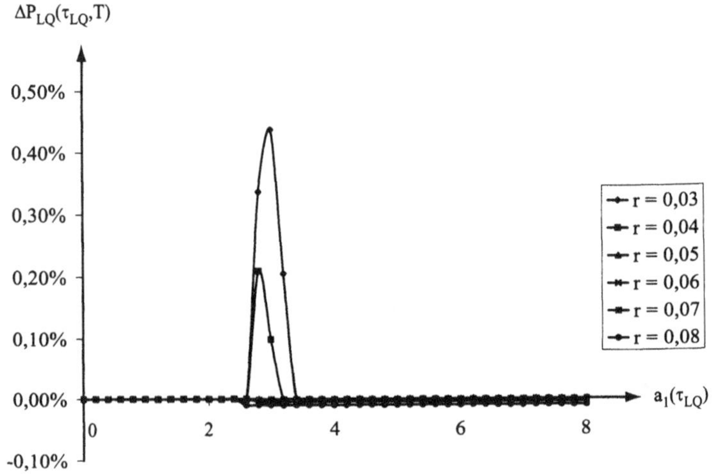


veau (unter 0,01%) mit der bereits diskutierten Ausnahme für den Fall, dass $r < \delta$ gilt und das Verhältnis $a_1(\tau_{LQ})$ zu $A_1(\tau_{LQ})$ in dem oben skizzierten Bereich liegt. Für diesen Bereich sind die maximalen Abweichungen unter $0,40\%$.

Die nur geringen Abweichungen zeigen, dass die ökonomischen Faktoren den Abschlag auf die illiquiden Anleihen im reduzierte Problem auf dieselbe Weise wie im ursprünglichen Problem beeinflussen. Unter Berücksichtigung der Tatsache, dass zur Lösung des Modells ohnehin numerische Verfahren notwendig sind, die zwangsläufig mit einem gewissen Fehler behaftet sind, sind die Abweichungen nur gering. Hingegen ist der Gewinn an Rechenzeit beträchtlich. Die Reduktion der Komplexität des Problems von $O(3^N)$ auf $(O^1)$ bewirkt selbst bei dem kleinen Problem mit deterministischem Zinssatz und 5 Zeitpunkten eine Beschleunigung der Rechenzeit um den Faktor 100 bis 500. Bei Zinsunsicherheit erhöht

Abbildung B.3: Effekt der reduzierten Komplexität auf $c^*_{1,LQ}(\tau_{LQ})$

In der Grafik sind die aufgrund der Reduktion der Komplexität hervorgerufenen, prozentualen Abweichungen des Konsum $c^*_{1,LQ}(\tau_{LQ})$ des langfristigen Investors zum Zeitpunkt eines Liquiditätsschocks über seinen Bestand $A_1(\tau_{LQ})$ an illiquiden Anleihen aufgetragen. Wir gehen dabei von einem konstanten Zinsniveau $r$ aus, das wir von $r = 0,03$ bis $r = 0,08$ variieren. Die übrigen Parameter sind wie im Referenzfall gewählt: $T = 4$, $A_1(0) = A_2(0) = 4$, $\bar{A} = 8$, $a_1(0) = a_2(0) = 2$, $\bar{e} = 10$, $\bar{e}_T = 4$, $\delta = 0,05$ und $\gamma = 2$.

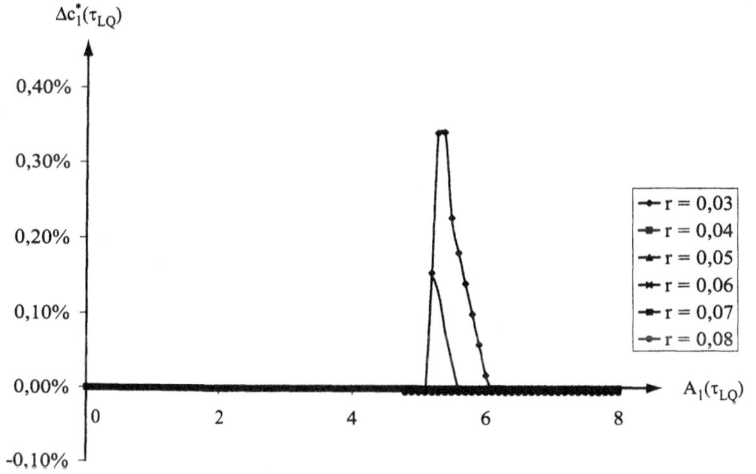


sich der Beschleunigungsfaktor sogar auf 10.000 bis 20.000. Bei Problemen mit mehreren Zeitpunkten wächst der Geschwindigkeitsvorteil weiter an. Da das reduzierte Problem dieselbe ökonomische Struktur wie das ursprüngliche Problem aufweist, sprechen die Geschwindigkeitsvorteile klar für seine Anwendung. Wir werden daher in dieser Studie bei der Analyse in $\tau_{LQ}$ das reduzierte Problem verwenden.

# Anhang C

# Diskretisierung der stochastischen Zinsentwicklung

Der Prozess des risikolosen Zinssatzes $r(t)$ wird im Modell von Cox, Ingersoll und Ross (1985b) durch den Square-Root-Prozess

$$dr(t) = \kappa_r(\theta_r - r(t))dt + \sigma_r\sqrt{r(t)}dz(t) \tag{C.1}$$

beschrieben, der von dem Wiener Prozess $z(t)$ getrieben wird. In unserem Modell diskretisieren wir den kurzfristigen Zinssatz $r(t)$ mit Hilfe eines Trinomialbaums. Die Basis dafür bildet die normalverteilte Variable $\phi(t) = \sqrt{r(t)}$. Entsprechend den Empfehlungen von Hull und White (1990) diskretisieren wir die Variable $\phi(t)$ mit $\Delta\phi = \sqrt{3\sigma_r^2\Delta t/4}$, wobei $\Delta t$ das Intervall der Diskretisierung der Zeit angibt. Somit ergibt sich der Trinomialbaum in Abbildung C.1.

Abbildung C.1: Trinomialbaum für den Zinssatz $r(t)$

In den Knoten geben wir die Höhe des kurzfristigen Zinssatz $r(t)$ an, während die Größen an den Pfeilen die entsprechenden Übergangswahrscheinlichkeiten bezeichnen.

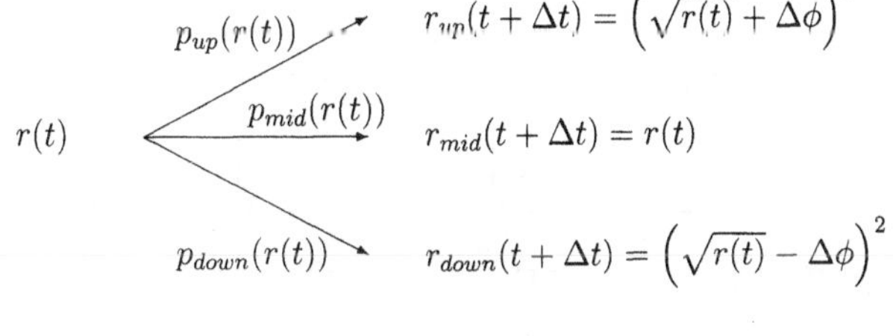

Die entsprechenden Übergangswahrscheinlichkeiten $p_{up}(r(t))$, $p_{mid}(r(t))$ und $p_{down}(r(t))$ werden mit Hilfe der bedingten Dichtefunktion $\varphi(\varrho|r(t))$ (siehe Gleichung (3.95)) des kurzfristigen Zinssatzes bestimmt.

$$p_{up}(r(t)) = \int_{(r_{mid}(t+\Delta t)+r_{up}(t+\Delta t))/2}^{\infty} \varphi(\varrho|r(t))d\varrho \tag{C.2}$$

$$p_{mid}(r(t)) = \int_{(r_{down}(t+\Delta t)+r_{mid}(t+\Delta t))/2}^{(r_{mid}(t+\Delta t)+r_{up}(t+\Delta t))/2} \varphi(\varrho|r(t))d\varrho \tag{C.3}$$

$$p_{down}(r(t)) = \int_{0}^{(r_{down}(t+\Delta t)+r_{mid}(t+\Delta t))/2} \varphi(\varrho|r(t))d\varrho \tag{C.4}$$

Dadurch approximieren wir die stetige Verteilung durch eine diskrete Verteilung mit drei Ausprägungen. Aufgrund der Mean-Reverting-Eigenschaft des Baums sind extrem

Abbildung C.2: Tatsächliche und approximierte Verteilung des kurzfristigen Zinssatzes

Wir charakterisieren die Verteilung des kurzfristigen Zinssatzes nach vier Jahren $r(T = 4)$ gemäß Cox, Ingersoll und Ross (1985b). Die Parameter lauten: $r(0) = 0,05$; $\kappa = 0,3$; $\theta = 0,05$ und $\sigma = 0,05$. Neben der Dichtefunktion (glatte Kurve) des zeitstetigen Modells bilden wir das Histogramm der diskreten Approximation ab. Die Zeit $T$ wird in zehn Perioden aufgeteilt, $\Delta t = T/10$, wobei der Trinomialbaum pro Periode maximal sieben Knoten enthält. Der Zinssatz eines Knotens bildet jeweils die Mitte einer Klasse des Histogramms.

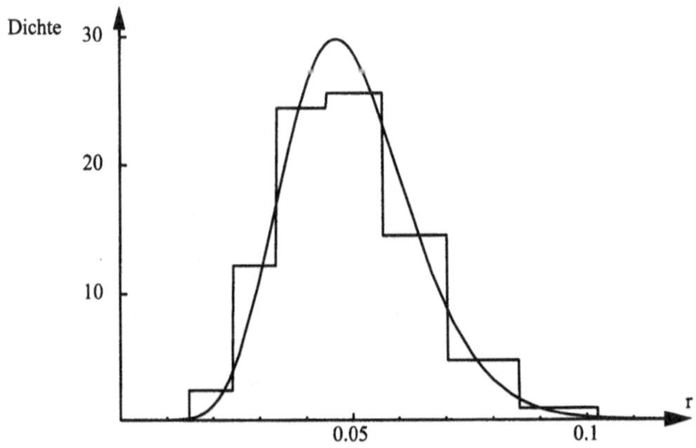

hohe bzw. extrem niedrige Zinssätze sehr unwahrscheinlich. Wir schneiden daher den Baum nach unten und oben hin ab. Ist beispielsweise der Zinssatz $r(t)$ am oberen Rand des Baums, so weisen die Nachfolgerknoten die Zinssätze $r(t)$, $(r(t)^{0,5} - \Delta\phi)^2$ und $(r(t)^{0,5} - 2\Delta\phi)^2$ auf. Befindet sich $r(t)$ am unteren Rand des Baums weisen alle drei Nachfolgerknoten Zinssätze auf, die größer gleich $r(t)$ sind. Für die meisten Parametrisierungen muss der Baum nur wenige Knoten pro Zeitpunkt enthalten, um den stetigen Prozess mit zufriedenstellender Genauigkeit zu approximieren.

Ein Beispiel dafür haben wir in Abbildung C.2 aufgeführt. Die Parameterwerte werden wie im Referenzfall aus Kapitel 4 gewählt. Wir beschränken nun die maximale Knotenanzahl auf sieben pro Zeitpunkt und diskretisieren den Zeitraum $T$ in 10 Perioden. Trotz der Diskretisierung stimmen tatsächliche Verteilung und approximierte Verteilung weitgehend überein. Für unsere Berechnungen verwenden wir daher in den meisten Fällen sieben Knoten pro Zeitpunkt zur Diskretisierung der Zustandsvariable $r(t)$.

# Literaturverzeichnis


ACHARYA, V. UND L. PEDERSEN (2005): Asset Pricing with Liquidity Risk, *Journal of Financial Economics* 77, 375-410.

AIYAGARI, R. UND M. GERTLER (1991): Asset Returns with Transaction Costs and Uninsured Individual Risk, *Journal of Monetary Economics* 27, 311-331.

ALMGREN, R. UND N. CHRISS (2000): Optimal Execution of Portfolio Transactions, *Journal of Risk* 3, 5-39.

AMENDINGER, J., P. IMKELLER UND M. SCHWEIZER (1998): Additional Logarithmic Utility of an Insider, *Stochastic Processes and Their Applications* 75, 263-286.

AMIHUD, Y. UND H. MENDELSON (1986): Asset Pricing and the Bid-Ask Spread, *Journal of Financial Economics* 17, 223-249.

AMIHUD, Y. UND H. MENDELSON (1991): Liquidity, Maturity, and the Yields on U.S. Treasury Securities, *Journal of Finance* 46, 1411-1426.

BANGIA, A., F. DIEBOLD, T. SCHUERMANN UND J. STROUGHAIR (1999): Liquidity on the Outside, *RISK* 12 (Jun.), 68-73.

BANGIA, A., F. DIEBOLD, T. SCHUERMANN UND J. STROUGHAIR (2002): Modeling Liquidity Risk, With Implications for Traditional Market Risk Measurement and Management, in: S. Figlewski S und R. Levich (Hrsg.): *Risk Management: The State of the Art*, New York University Salomon Center Series on Financial Markets and Institutions, Bd. 8, Kluwer Academic, Boston.

BASAK, S. (1997): Consumption Choice and Asset Pricing with a Non-Price-Taking Agent, *Economic Theory* 10, 437-462.

BELLMAN, R. (1961): *Adaptive Control Processes*, Princeton University Press, Princeton.

BERTSIMAS, D. UND A. LO (1998): Optimal Control of Execution Costs, *Journal of Financial Markets* 1, 1-50.

BIELECKI, T. UND S. PLISKA (2000): Risk Sensitive Asset Management with Transaction Costs, *Finance and Stochastics* 4, 1-33.

BLACK, F. (1976): The Pricing of Commodity Contracts, *Journal of Financial Economics* 3, 167-179.

BLACK, F. UND M. SCHOLES (1973): The Pricing of Options and Corporate Liabilities, *Journal of Political Economy* 81, 637-654.

BOLLERSLEV, T. (1986): Generalized Autoregressive Conditional Heteroscedasticity, *Journal of Econometrics* 31, 307-327.

BRAUN, T. (1998): *Liquidität und Konkurrenz*, Physica, Heidelberg.

BREEDEN, D. (1979): An Intertemporal Asset Pricing Model with Stochastic Consumption and Investment Opportunities, *Journal of Financial Economics* 7, 265-296.

BRENNAN, M. UND E. SCHWARTZ (1985): Evaluating Natural Resource Investments, *Journal of Business* 58, 135-157.

BROER, D. UND W. JANSEN (1998): Dynamic Portfolio Adjustment and Capital Controls: An Euler Equation Approach, *Southern Economic Journal* 64, 902-921.

BRUNNERMEIER, M. (2001): *Asset Pricing under Asymmetric Information - Bubbles, Crashes, Technical Analysis and Herding*, Oxford University Press.

BRYANT, J. (1980): A Model of Reserves, Bank Runs, and Deposit Insurance, *Journal of Banking and Finance* 4, 335-344.

BÜHLER, W. UND P. SAUERBIER (2003): Modeling Illiquid Securities: A Survey, Working Paper, Universität Mannheim.

CARR, P. UND V. LINETSKY (2000): The Valuation of Executive Stock Options in an Intensity-Based Framework, *European Finance Review* 4, 211-230.

CHERIAN, J., E. JACQUIER UND R. JARROW (2004): A Model of the Convenience Yields in On-the-run Treasuries, *Review of Derivatives Research* 7, 79-97.

CONNOR, G. (1984): A Unified Beta Pricing Theory, *Journal of Economic Theory* 34, 13-31.

CONSTANTINIDES, G. (1979): Multiperiod Consumption and Investment Behavior with Convex Transactions Costs, *Management Science* 25, 1127-1137.

CONSTANTINIDES, G. (1997): Transaction Costs and the Pricing of Financial Assets, *Multinational Financial Journal* 1, 93-99.

CONSTANTINIDES, G. UND T. ZARIPHOPOULOU (1999): Bounds on Prices of Contingent Claims in an Intertemporal Economy with Proportional Transaction Costs and General Preferences, *Finance and Stochastics* 3, 345-369.

COX, J. UND C.-F. HUANG (1989): Optimal Consumption and Portfolio Policies when Asset Prices Follow a Diffusion Process, *Journal of Economic Theory* 49, 33-83.

COX, J., J. INGERSOLL UND S. ROSS (1985a): An Intertemporal General Equilibrium Model of Asset Prices, *Econometrica* 53, 363-384.

COX, J., J. INGERSOLL UND S. ROSS (1985b): A Theory of the Term Structure of Interest Rates, *Econometrica* 53, 385-408.

CUOCO, D. UND J. CVITANIC (1998): Optimal Consumption Choices for a 'Large Investor', *Journal of Economic Dynamics and Control* 22, 401-436.

DAVIS, M. UND A. NORMAN (1990): Portfolio Selection with Transaction Costs, *Mathematics of Operations Research* 15, 676-713.

DAVIS, M., V. PANAS UND T. ZARIPHOPOULOU (1993): European Option Pricing with Transaction Costs, *SIAM Journal of Control and Optimization* 31, 470-493.

DETEMPLE, J. AND S. SUNDARESAN (1999): Nontraded Asset Valuation with Portfolio Constraints: A Binomial Approach, *Review of Financial Studies* 12, 835-872.

DIAMOND, D. UND P. DYBVIG (1983): Bank Runs, Deposit Insurance, and Liquidity, *Journal of Political Economy* 91, 401-419.

DUFFIE, D. (2001): *Dynamic Asset Pricing Theory*, 3. Auflage, Princeton University Press, Princeton.

DUFFIE, D., N. GARLEANU UND L. PEDERSEN (2000): Valuation in Dynamic Bargaining Markets, Working Paper, Stanford University.

DUFFIE, D. UND K. SINGLETON (1997): An Econometric Model of the Term Structure of Interest Rate Swap Yields, *Journal of Finance* 52, 1287-1321.

DUFFIE, D. UND K. SINGLETON (1999): Modeling Term Structures of Defaultable Bonds, *Review of Financial Studies* 12, 687-720.

DUFFIE, D. UND K. SINGLETON (2003): *Credit Risk*, Princeton University Press, Princeton.

DUFFIE, D. UND T.-S. SUN (1990): Transaction Costs and Portfolio Choice in a Discrete-Continuous Time Setting, *Journal of Economic Dynamics and Control* 14, 35-51.

DUFFIE, D. UND W. ZAME (1989): The Consumption-Based Capital Asset Pricing Model, *Econometrica* 57, 1279-1297.

DUFFIE, D. UND A. ZIEGLER (2003): Liquidation Risk, *Financial Analysts Journal* 59 (Mai/Jun), 42-51.

DUMAS, B. (1991): Super Contact and Related Optimality Conditions, *Journal of Economic Dynamics and Control* 15, 675-685.

DUMAS, B. UND E. LUCIANO (1991): An Exact Solution to a Dynamic Portfolio Choice Problem under Transactions Costs, *Journal of Finance* 46, 577-595.

EASTHAM, J. UND K. HASTINGS (1988): Optimal Impulse Control of Portfolios, *Mathematics of Operations Research* 13, 588-605.

ELTON, E. UND C. GREEN (1998): Tax and Liquidity Effects in Pricing Government Bonds, *Journal of Finance* 53, 1533-1562.

ENGLE, R. (1982): Autoregressive Conditional Heteroscedasticity with Estimates of Variance of United Kingdom Inflation, *Econometrica* 50, 987-1008.

ERICSSON, J. UND O. RENAULT (2005): Liquidity and Credit Risk, erscheint in: *Journal of Finance.*

FINNERTY, J. (1996): Measuring the Impact of Marketability Restrictions on Stock Prices, Working Paper, Fordham University.

FISHER, L. (1959): Determinants of Risk Premiums on Corporate Bonds, *Journal of Political Economy* 67, 217-237.

FLEMING, M. (2003): Measuring Treasury Market Liquidity, *Federal Reserve Bank of New York Economic Policy Review* 9, 83-108.

FÖLLINGER, O. (1994): *Regelungstechnik: Einführung in die Methoden und ihre Anwendung*, 8. Auflage, Hüthig, Heidelberg.

FREY, R. UND A. STREMME (1997): Market Volatility and Feedback Effects from Dynamic Hedging, *Mathematical Finance* 3, 1-23.

GARBADE, K. (1982): *Securities Markets*, McGraw-Hill, New York.

GIBSON, R. UND N. MOUGEOT (2004): The Pricing of Systematic Liquidity Risk: Empirical Evidence from the US Stock Market, *Journal of Banking and Finance* 28, 157-178.

GRANNAN, E. UND G. SWINDLE (1996): Minimizing Transaction Costs of Option Hedging Strategies, *Mathematical Finance* 6, 341-364.

GRINBLATT, M. (2002): An Analytic Solution for Interest Rate Swap Spreads, *International Review of Finance* 2, 113-149.

GROSSMAN, S. UND M. MILLER (1988): Liquidity and Market Structure, *Journal of Finance* 43, 617-637.

HANSEN, L. UND K. SINGLETON (1982): Generalized Instrumental Variables Estimation of Nonlinear Rational Expectations Models, *Econometrica* 50, 1269-1286.

HANSEN, L. UND K. SINGLETON (1983): Stochastic Consumption, Risk Aversion, and the Temporal Behavior of Asset Returns, *Journal of Political Economy* 91, 249-265.

HARRIS, L. (1990): *Liquidity, Trading Rules and Electronic Trading Systems*, New York University Salomon Center Monograph Series in Finance and Economics, Monograph 1990-4.

HARRISON, M. UND S. PLISKA (1981): Martingales and Stochastic Integrals in the Theory of Continuous Trading, *Stochastic Processes and Their Applications* 11, 215-260.

HASBROUCK, J. (1991a): Measuring the Information Content of Stock Trades, *Journal of Finance* 56, 179-207.

HASBROUCK, J. (1991b): The Summary Informativeness of Stock Trades: An Econometric Analysis, *Review of Financial Studies* 4, 571-595.

HE, H. (2000): Modeling Term Structures of Swap Spreads, International Center for Finance Working Paper No. 00-16, Yale University.

HEATH, D., R. JARROW UND A. MORTON (1992): Bond Pricing and the Term Structure of Interest Rates: A New Methodology for Contingent Claim Valuation, *Econometrica* 60, 77-105.

HEATON, J. UND D. LUCAS (1995): The Importance of Investor Heterogeneity and Financial Market Imperfections for the Behavior of Asset Prices, *Carnegie-Rochester Conference Series on Political Economy* 42, 1-32.

HEATON, J. UND D. LUCAS (1996): Evaluating the Effects of Incomplete Markets on Risk Sharing and Asset Prices, *Journal of Political Economy* 104, 443-487.

HEATON, J. UND D. LUCAS (1997): Market Frictions, Savings Behavior, and Portfolio Choice, *Macroeconomic Dynamics* 1, 76-101.

HEATON, J. UND D. LUCAS (2000): Portfolio Choice in the Presence of Background Risk, *Economic Journal* 110, 1-26.

HENDERSON, V. UND D. HOBSON (2002): Real Options with Constant Relative Risk Aversion, *Journal of Economic Dynamics and Control* 27, 329-355.

HICKS, J. (1939): *Value and Capital*, Clarendon Press, Oxford.

HIRSHLEIFER, J. (1972): Liquidity, Uncertainty, and the Accumulation of Information, in: C. Carter und J. Ford (Hrsg.): *Uncertainty and Expectations in Economics: Essays in Honour of G.L.S. Shackle*, Basil Blackwell, Oxford.

HODGES, S. UND A. NEUBERGER (1989): Optimal Replication of Contingent Claims Under Transaction Costs, *Review of Futures Markets* 8, 222-239.

HOLMSTRÖM, B. UND J. TIROLE (2001): LAPM: A Liquidity-Based Asset Pricing Model, *Journal of Finance* 56, 1837-1867.

HOUWELING, P., A. MENTINK UND T. VORST (2005): Comparing Possible Proxies of Corporate Bond Liquidity, *Journal of Banking and Finance* 29, 1331-1358.

HUANG, J.-Z. UND M. HUANG (2003): How much of the Corporate-Treasury Yield Spread is Due to Credit Risk?, Working Paper, Stanford University.

HUANG, M. (2003): Liquidity Shocks and Equilibrium Liquidity Premia, *Journal of Economic Theory* 109, 104-129.

HUBERMAN, G. UND W. STANZL (2004): Price Manipulation and Quasi-Arbitrage, *Econometrica* 74, 1247-1276.

HUBERMAN, G. UND W. STANZL (2005): Optimal Liquidity Trading, erscheint in: *Review of Finance*.

HULL, J. UND A. WHITE (1990): Valuing Derivative Securities Using the Explicit Finite Difference Method, *Journal of Financial and Quantitative Analysis* 25, 87-100.

JACOBY, G., D. FOWLER UND A. GOTTESMAN (2000): The Capital Asset Pricing Model and the Liquidity Effect, *Journal of Financial Markets* 3, 69-81.

JACOBY, G., A. GOTTESMAN UND D. FOWLER (2001): On Asset Pricing and the Bid-Ask Spread, Working Paper, University of Manitoba.

JANKOWITSCH, R., H. MÖSENBACHER UND S. PICHLER (2003): Measuring the Liquidity Impact on EMU Government Bond Prices, Working Paper, Wirtschaftsuniversität Wien.

JANOSI, T., R. JARROW UND Y. YILDIRIM (2004): Estimating Expected Losses and Liquidity Discounts Implicit in Debt Prices, in: P. Jorion (Hrsg.): *Innovations in Risk Management: Seminal Papers from the Journal of Risk*, Risk Books, London.

JARROW, R. (1992): Market Manipulation, Bubbles, Corners, and Short Squeezes, *Journal of Financial and Quantitative Analysis* 27, 311-336.

JARROW, R. (2001): Default Parameter Estimation Using Market Prices, *Financial Analysts Journal* 57 (Sep./Okt.), 75-92.

JARROW, R. UND S. TURNBULL (1997): An Integrated Approach to the Hedging and Pricing of Eurodollar Derivatives, *Journal of Risk and Insurance* 64, 271-299.

KAMARA, A. (1994): Liquidity, Taxes, and Short-Term Treasury Yields, *Journal of Financial and Quantitative Analysis* 29, 403-417.

KANE, A. (1994): Trading Cost Premiums in Capital Asset Returns - A Closed Form Solution, *Journal of Banking and Finance* 18, 1177-1183.

KEMPF, A. (1998): Was messen Liquiditätsmaße?, *Die Betriebswirtschaft* 58, 299-311.

KEMPF, A. (1999): *Wertpapierliquidität und Wertpapierpreise*, Gabler, Wiesbaden.

KEMPF, A. UND M. UHRIG-HOMBURG (2000): Liquidity and Its Impact on Bond Prices, *Schmalenbach Business Review* 52, 26-44.

KEYNES, J. (1930): *A Treatise on Money*, Vol. II, Macmillan, London.

KORN, R. (1997): *Optimal Portfolios*, World Scientific Publishing, Singapur.

KORN, R. (1998): Portfolio Optimization with Strictly Positive Transaction Costs and Impulse Control, *Finance and Stochastics* 2, 85-114.

KOZIOL, C. UND P. SAUERBIER (2004): Valuation of Bond Illiquidity: An Option-Theoretical Approach, Working Paper, Universität Mannheim.

KRAKOVSKY, A. (1999a): Gap Risk in Credit Trading, *RISK* 12 (Mrz.), 65-67.

KRAKOVSKY, A. (1999b): Pricing Liquidity into Derivatives, *RISK* 12 (Dez.), 65-67.

KRISHNAMURTHY, A. (2002): The Bond/Old-Bond Spread, *Journal of Financial Economics* 66, 463-506.

LASSAK, G. (1991): Liquidität am deutschen Rentenmarkt, *Zeitschrift für Betriebswirtschaft* 61, 75-86.

LELAND, H. (1985): Option Pricing and Replication with Transaction Costs, *Journal of Finance* 40, 1283-1301.

LINDENBERG, E. (1979): Capital Market Equilibrium with Price Affecting Institutional Investors, in: E. Elton and M. Gruber (Hrsg.): *Portfolio Theory 25 Years after*, North-Holland, Amsterdam.

LIU, H. UND M. LOEWENSTEIN (2002): Optimal Portfolio Selection with Transaction Costs and Finite Horizons, *Review of Financial Studies* 15, 805-835.

LIU, J. UND F. LONGSTAFF (2004): Losing Money on Arbitrages: Optimal Dynamic Portfolio Choice in Markets with Arbitrage Opportunities, *Review of Financial Studies* 17, 611-642.

LIU, J., F. LONGSTAFF UND R. MANDELL (2004): The Market Price of Risk in Interest Rate Swaps: The Roles of Default and Liquidity Risks, erscheint in: *Journal of Business*.

LO, A., H. MAMAYSKY UND J. WANG (2004): Asset Prices and Trading Volume under Fixed Transactions Costs, *Journal of Political Economy* 112, 1054-1090.

LOEWENSTEIN, M. UND G. WILLARD (2002): Liquidity and Arbitrage, Working Paper, University of Maryland.

LONGSTAFF, F. (1995): How much can Marketability affect Security Values?, *Journal of Finance* 50, 1767-1774.

LONGSTAFF, F. (2001): Optimal Portfolio Choice and the Valuation of Illiquid Securities, *Review of Financial Studies* 14, 407-431.

LONGSTAFF, F. (2005): Asset Pricing in Markets with Illiquid Assets, Working Paper, Anderson School, UCLA.

LUCAS, R. (1978): Asset Prices in an Exchange Economy, *Econometrica* 46, 1429-1445.

MADHAVAN, A. (2000): Market Microstructure: A Survey, *Journal of Financial Markets* 3, 205-258.

MAGILL, M. UND G. CONSTANTINIDES (1976): Portfolio Selection with Transaction Costs, *Journal of Economic Theory* 13, 245-263.

MEHRA, R. UND E. PRESCOTT (1985): The Equity Premium: A Puzzle, *Journal of Monetary Economics* 15, 145-161.

MERTON, R. (1969): Lifetime Portfolio Selection under Uncertainty: The Continuous Time Case, *Review of Economics and Statistics* 51, 247-257.

MERTON, R. (1973): An Intertemporal Capital Asset Pricing Model, *Econometrica* 41, 867-888.

MERTON, R. (1974): On the Pricing of Corporate Debt: The Risk Structure of Interest Rates, *Journal of Finance* 29, 449-470.

NAZARETH, M. (2002): Portfolio Selection with Random Transaction Costs, Working Paper, University of Chicago.

MORTON, A. UND S. PLISKA (1995): Optimal Portfolio Management with Fixed Transaction Costs, *Mathematical Finance* 5, 337-356.

OSBORNE, M. UND A. RUBINSTEIN (1990): *Bargaining and Markets*, Academic Press, San Diego.

PERRAUDIN, W. UND A. TAYLOR (2003): Liquidity and Bond Market Spreads, Working Paper, University of London.

PHILLIPS, P. UND P. PERRON (1988): Testing for a Unit Root in Time Series Regression, *Biometrika* 75, 335-346.

PIKOVSKY, I. UND I. KARATZAS (1996): Anticipative Portfolio Optimization, *Advances in Applied Probability* 28, 1095-1122.

PRATT, J. (1964): Risk Aversion in the Small and in the Large, *Econometrica* 32, 122-136.

PRITSKER, M. (2002a): Large Investors: Implications for Equilibrium Asset Returns, Shock Absorption, and Liquidity, Working Paper, Federal Reserve Board.

PRITSKER, M. (2002b): Large Investors and Liquidity: A Review of the Literature, in: Bank for International Settlements: Risk Measurement and Systemic Risk, Proceedings of the 3rd Joint Central Bank Research Conference, Committee on the Global Financial System.

REDDING, L. (1999): Negative Nominal Interest Rates and the Liquidity Premium, *Economic Letters* 62, 213-216.

RICHARD, S. (1975): Optimal Consumption, Portfolio, and Life Insurance Rules for an Uncertain Lived Individual in a Continuous Time Model, *Journal of Financial Economics* 2, 187-203.

ROGERS, L. (2001): The Relaxed Investor and Parameter Uncertainty, *Finance and Stochastics* 5, 131-154.

ROGERS, L. UND O. ZANE (2002): A Simple Model of Liquidity Effects, in: P. Schönbucher und K. Sandmann (Hrsg.): *Advances in Finance and Stochastics: Essays in Honor of Dieter Sondermann*, Springer, Heidelberg.

ROSS, S. (1976): The Arbitrage Theory of Capital Asset Prices, *Journal of Economic Theory* 13, 341-360.

SAITO, M. (1999): Dynamic Allocation and Pricing in Incomplete Markets, *Monetary and Economic Studies* 17, 45-75.

SARIG, O. UND A. WARGA (1989): Bond Price Data and Bond Market Liquidity, *Journal of Financial and Quantitative Analysis* 24, 367-378.

SCARF, H. (1960): The Optimality of $(S, s)$ Policies in the Dynamic Inventory Problem, in: K. Arrow, S. Karlin und P. Suppes (Hrsg.): *Mathematical Methods in the Social Sciences, 1959: Proceedings of the First Stanford Symposium*, Stanford University Press.

SCHÖNBUCHER, P. UND P. WILMOTT (2000): The Feedback Effect of Hedging in Illiquid Markets, *SIAM Journal of Applied Mathematics* 61, 232-272.

SHARPE, W. (1964): Capital Asset Prices: A Theory of Market Equilibrium under Conditions of Risk, *Journal of Finance* 19, 425-442.

SHREVE, S. UND H. SONER (1994): Optimal Investment and Consumption with Transaction Costs, *Annals of Applied Probability* 4, 609-692.

SMITH, L. (1999): Liquidity and Correlation Risk, *Equity Derivatives Yearbook 1999*, 17-19.

SPECHT, B., K. THURMAN UND A. WEHMEIER (2000): Die deutschen Bundesländer: Einführung in Credit und Pricing, Working Paper, Dresdner Kleinwort Benson, Fixed Income Credit Research.

STREBULAEV, I. (2001): Many Faces of Liquidity and Asset Pricing: Evidence from the U.S. Treasury Securities Market, Working Paper, London Business School.

SUBRAMANIAN, A. UND R. JARROW (2001): The Liquidity Discount, *Mathematical Finance* 11, 447-474.

SVENSSON, L. (1994): Estimating and Interpreting Forward Interest Rates: Sweden 1992-94, NBER Working Paper 4871.

SVENSSON, L. UND I. WERNER (1993): Nontraded Assets in Incomplete Markets: Pricing and Portfolio Choice, *European Economic Review* 37, 1149-1168.

SWAN, P. (2000): Does 'Illiquidity' rather than 'Risk Aversion' Explain the Equity Premium Puzzle? - The Value of Endogenous Market Trading, Working Paper, University of Sydney.

SWAN, P. (2001): Will the true Marginal Investor please stand up? Asset Prices with Immutable Security Trading by Investors, Working Paper, University of Sydney.

TALEB, N. (1997): *Dynamic Hedging: Managing Vanilla and Exotic Options*, John Wiley & Sons, New York.

VON THADDEN, E.-L. (1998): Intermediated versus Direct Investment: Optimal Liquidity Provision and Dynamic Incentive Compatibility, *Journal of Financial Intermediation* 7, 177-197.

TOFT, K (1996): On the Mean Variance Trade-Off in Option Replication with Transaction Costs, *Journal of Financial and Quantitative Analysis* 31, 233-263.

TUCKMAN, B. UND J.-L. VILA (1992): Arbitrage with Holding Costs: A Utility-Based Approach, *Journal of Finance* 47, 1283-1302.

TYCHON, P. AND V. VANNETELBOSCH (2004): A Model of Corporate Bond Pricing with Liquidity/Marketability Risk, Working Paper, Université Catholique de Louvain.

VAYANOS, D. (1998): Transaction Costs and Asset Prices: A Dynamic Equilibrium Model, *Review of Financial Studies* 11, 1-58.

VAYANOS, D. (2004): Flight to Quality, Flight to Liquidity, and the Pricing of Risk, NBER Working Paper 10327.

VAYANOS, D. UND J.-L. VILA (1999): Equilibrium Interest Rate and Liquidity Premium with Transaction Costs, *Economic Theory* 13, 509-539.

VEBLEN, T. (1961): *The Place of Science in Modern Civilisation and Other Essays*, Russell & Russell, New York.

WARGA, A. (1992): Bond Returns, Liquidity, and Missing Data, *Journal of Financial and Quantitative Analysis* 27, 605-617.

WHITE, A. (1980): A Heteroscedasticity-Consistent Covariance Matrix Estimator and a Direct Test for Heteroscedasticity, *Econometrica* 48, 817-838.

FSC
www.fsc.org
MIX
Papier | Fördert gute Waldnutzung
FSC® C083411

Kolibri 360 GmbH
Ferdinand-Jühlke-Straße 7
99095 Erfurt, Deutschland
produktsicherheit@kolibri360.de